Bert Roebben

Religionspädagogik der Hoffnung

Forum
Theologie und Pädagogik

herausgegeben von

Prof. Dr. Robert Schelander
(Wien)

Prof. Dr. Martin Schreiner
(Hildesheim)

und

Prof. Dr. Werner Simon
(Mainz)

Band 19

LIT

Inhaltsverzeichnis

Einführung

Welche Menschen sind es, die uns als Ziel unserer Erziehung vor Augen stehen? Sind wir überhaupt in der Lage, frei von dem uns dominierenden Markt und den Medien, die mit aller Macht auf die Anpassung der zukünftigen Generationen an ihr Profitstreben bedacht sind, neu über den Menschen und seine Zukunft nachzudenken? Ist eine neue Anthropologie denkbar, die die Menschen nicht auf ihre Konsumentenrolle reduziert? Ist eine neue Theologie denkbar, die nicht der Religion des Marktes und der Medien huldigt? Für die Ausrichtung von Bildung sind dies wesentliche Fragen. Kinder und Jugendliche wehren sich von sich aus dagegen, nur von ökonomischen Interessen in Beschlag genommen zu werden. Sie lassen sich nicht ohne Weiteres auf x-beliebige Weise formen, anpassen oder bändigen. Sie sind und werden immer mehr sie selbst, auf dem Weg nach sinn-vollem Wachstum, nach der Erfüllung ihrer eigenen Lebensbestimmung. In dem Protest, dem Ruf vieler Kinder und Jugendlicher – so jung und oft schon am Ende – nach Besinnung, in ihrer Sehnsucht nach Geborgenheit und Orientierung können wir den Konkurs des Machbarkeitsideals unserer Zeit erblicken. In jedem Kind kommt die Zukunft in überraschender Weise ans Licht.

In der Spätmoderne, in der die großen sinnstiftenden Erzählungen über den Menschen und seine Erziehung ihre Plausibilität verloren haben, werden ErzieherInnen und LehrerInnen in alles andere als leicht zu beantwortender Weise mit der moralischen und religiösen Frage nach Sinnorientierung im Leben des Kindes konfrontiert. Wie können sie Mut zu einer Hoffnung auf Zukunft vermitteln? Im Jahr 1997 beantwortet Paulo Freire diese Frage folgendermaßen: „Die Matrix der Hoffnung ist die gleiche wie die der Erziehbarkeit des menschlichen Wesens: die Unfertigkeit seines Wesens, das bewusst geworden ist. Es wäre ein schreiender Widerspruch, wenn sich das menschliche Wesen, das sich in unfertigem Zustand befindet und sich dessen bewusst ist, nicht in einen permanenten Prozess hoffnungsvoller Suche einbrächte. Dieser Prozess ist die Erziehung. Weil wir aber zahllosen Begrenzungen unterworfen sind, schwierigen Hindernissen, die zu überwinden sind – den vorherrschenden Einflüssen fatalistischer Geschichtsentwürfe, der Macht der neo-liberalen Ideologie, deren perverse Ethik sich in den Marktgesetzen gründet – genau deshalb gab es für uns vielleicht niemals eine größere Notwendigkeit als heute, in der erzieherischen Praxis den Sinn der Hoffnung herauszustellen“ (Freire 2007, 119-120).

Vorrangiges Ziel dieses Buches ist es, die religionspädagogische und religionsdidaktische Professionalität von ErzieherInnen und LehrerInnen unter den Vorzeichen der Hoffnung neu zu begründen und zu orientieren – junge Menschen und ihre BegleiterInnen gemeinsam „in einem permanenten Prozess hoffnungsvoller Suche“ neu zu bestärken. Religiöse Bildung ist wesentlich „Alphabetisierung der Hoffnung“ (Baldermann 1996, 15-23). Die große Herausforderung besteht im Entwurf einer neuen, befreienden Perspektive des Menschseins, in Kooperation mit den Kindern und Jugendlichen und in der Realisierung von Hoffnung für die Zukunft dieser Welt. Welcher Sachverstand ist für dieses kulturelle Umdenken erforderlich? Zweifelsohne domänenspezifische bzw. inhaltliche Kenntnis im Bereich von Moral und Religion. Zweifelsohne didaktische Handlungskompetenzen, um das Eine und das Andere einleuchtend zu vermitteln. Zweifelsohne kommunikative Kompetenz, um junge Menschen darüber miteinander und mit sich selbst ins Gespräch zu bringen. Aber was vor allem gefragt ist, ist das pädagogische Interesse, die Bereitschaft zwischendurch zu verweilen (vom lat. *inter-esse*) – im ‚Zwischenraum‘ von Tradition und Jugendkulturen, von Vergangenheit und Zukunft, von Schon und Noch-nicht. Der Lehrer hat ein Lebensziel, er weiß, wie es sich anfühlt, als moralische oder religiöse Person durch das Leben zu gehen. Er wagt das Ringen mit der Komplexität der modernen Situation, er lässt sich durch täglich neue Entwicklungen in seiner Wert-, Norm- und Sinnorientierung anfragen, er schöpft aus seiner spirituellen Quelle, um diese Suche auszuhalten und ihr Bedeutung zu geben. Er ist beseelt. Inmitten der Professionalität klingt also heute die Frage nach der Spiritualität durch. Das ‚Was‘ (theologischer Gegenstand) und das ‚Wie‘ (didaktische Kompetenz) moralischer und religiöser Bildung fragen heute nach einer spezifischen Einbettung in das ‚Wozu‘ (existenzielle Orientierung) dieser Bildung.

In seiner „Theologie der Hoffnung“ beschreibt Jürgen Moltmann (1965) die Heilsgeschichte als ein konkretes Aufeinandertreffen des Menschen mit Gott inmitten von ständig wechselnden Lebensumständen. Es besteht kein göttlicher Plan, der einfach vom Menschen befolgt werden muss oder kann. Es besteht allein die Offenheit des Handelns und Denkens von Menschen mit dem Ziel, solidarisch miteinander leben zu wollen. In der Hoffnung auf eine bessere Welt, inmitten von Kontrast-, Sinn- und Motivationserfahrungen (Stachel & Mieth 1978, 28-29), suchen sie zusammen nach einer besseren Zukunft, so wie Gott diese für Menschen geträumt hat. Das Besondere dieser Zukunft ist, dass sie nicht planbar ist. Sie ist Zukunft in dem Sinne, dass sie durch Menschen auf Menschen zukommt und von Menschen bejaht werden muss. Diese Begegnung fällt dem Menschen zu, „ungeachtet aber nicht ohne ihn selbst“ (Burggraeve 1981, 87-94). Die Hoffnung auf eine bessere Welt geht von einem starken Engagement des Menschen aus, aber zugleich mit paradoxer Offenheit für eine neue Zukunft, die lediglich zu empfangen und letztendlich nicht zu bewerkstelligen ist. Diese Hoffnung regt zum Nachdenken an, es ist eine vernünftige Hoffnung, eine begründete Hoffnung, eine *spes quaerens intellectum* – eine Hoffung auf der Suche nach Vernunft (Moltmann 1965, 27-30). Meiner Meinung nach lädt uns diese Theologie der Hoffnung heute ein zu einer eigenen, reflektierten und gelebten Antwort, was Bildung sein soll, zu einer „Pädagogik der Hoffnung“ (Paulo Freire). Kinder und Jugendliche zu Hause, in der Schule und in der Gesellschaft haben ein Recht auf einen erneuerten „Sinn der Hoffnung“. Mit den Worten der amerikanischen Religionspädagogin Mary Elizabeth Mullino Moore: „The measure of our teaching is the degree to which our message and manner conform to the love of God and participate in hope for a transformed world“ (Moore 1995, 78). Mein bescheidener Beitrag in diesem Diskurs ist eine ‚Religionspädagogik der Hoffnung‘ – eine Reflexion des Verhältnisses von Bildung und Religion innerhalb und außerhalb der Schule, unter dem Vorzeichen der Hoffnung.

Drei große Abschnitte sind in diesem Buch zu finden. Der erste Teil des Buches beschreibt das Spannungsfeld von Bildung und Religion. Im ersten Kapitel stelle ich dar, wie spätmoderne, junge Menschen ihre moralische Identität in einer komplexen, urbanisierten und pluralisierten Gesellschaft entwickeln. Ich beschreibe die aktuelle Moralpädagogik und zeichne Konturen eines heutigen, verantwortungsbewussten Konzeptes moralischer Bildung. Das zweite Kapitel exploriert zeitgenössische Jugendkulturen und hält Ausschau nach Möglichkeiten, das sogenannte neue religiöse Verlangen von Jugendlichen adäquat zu untersuchen. Die Beziehung zwischen jugendlicher Religiosität und den verschwindenden traditionellen, religiösen Institutionen wird beschrieben und konfrontiert mit dem Menschenrecht auf religiöse Bildung. Das dritte Kapitel geht einen Schritt weiter und untersucht, wie Menschen – alle Menschen, auch die, die mit Einschränkungen leben müssen – ein Recht auf passende moralische und religiöse Bildungsprozesse haben. Humanisierung, begriffen als Bestimmungsgrund und Ziel eines jeden Bildungsprozesses, als Menschenrecht, wird von diesem inklusiven Standpunkt der Bildung ausgearbeitet. Die in den Förderschulen entwickelten Maßnahmen scheinen nicht allein für Menschen mit Behinderung wichtig zu sein, sondern können die gesamte Schulwelt und das Zusammenleben nachdenklich stimmen. Erfahrungslernen, Subjektwerdung und Verlangsamung sind drei der zentralen Einsichten, die hier präsentiert werden.

Im zweiten Teil des Buches gehe ich konkret auf den Lernort Schule ein und untersuche, wie religiöse Bildung in der Öffentlichkeit der Schule stattfinden kann. Themen wie die Wiederentdeckung der religiösen Erfahrung in innovativen Lernräumen oder narthikalen Räumen (Kapitel 4), Theologisieren mit Kindern und Jugendlichen im Spannungsfeld von Angebot und Selbstreflexion (Kapitel 5) und biblische Narrativität als irritierende und produktive Fremdheit im Religionsunterricht (Kapitel 6) kommen zur Sprache. Danach erläutere ich die dringende Aufgabe einer ‚europa-gerechten' religiösen Bildung, die es wagt, sich mit religiöser und weltanschaulicher Diversität im Lernort Schule auseinanderzusetzen (Kapitel 7). Ich plädiere dafür, Jugendliche nicht zu unterfordern und ihnen Handwerkzeug zu überreichen, um völlig in der Gegenwart oder Präsenz des religiös Anderen lernen zu können. Und ich schließe mit einer Analyse des Spannungsfeldes zwischen Lehrerausbildung und Theologie bzw. katholischer Theologie (Kapitel 8), so wie diese im Rahmen eines konfessionellen Religionsunterrichts in Flandern und Deutschland (und in vielen anderen europäischen Ländern) erörtert wird.

Im dritten Teil führe ich aus, dass junge Menschen viel Zeit in anderen Lebensdomänen, außerhalb von Schule und Familie, verbringen – was auch die religiöse Bildung grundsätzlich prägt. Dabei fällt auf, dass die Reflexionskraft, die die Schule meistens bieten kann, in diese Aktivitäten übertragen und transformiert wird. Meiner Meinung nach sind weitere Untersuchungen erforderlich, die aufzeigen, inwiefern das breite Feld der Freizeitbeschäftigung (religiös orientiert oder nicht) den Lernprozess von Jugendlichen im Religionsunterricht beeinflusst. In Kapitel 9 zeige ich auf, wie junge Erwachsene die religiöse Kommunikation in der spätmodernen Gesellschaft erleben und beurteilen. In Kapitel 10 präsentiere ich ein Bildungsmodell für die Arbeit mit Jugendlichen und jungen Erwachsenen, pädagogisch begriffen als personales Angebot und theologisch umgearbeitet als ‚Sorge um die Seele'. Kapitel 11 bietet Einsicht in ein Ausbildungsprogramm, das für professionelle Begleiter von Jugendlichen in- und außerhalb von Schule angeboten wird. Darin wird festgestellt, dass Jugendliche unter der Voraussetzung eines ausreichenden Impulsreichtums ihre eigene religiöse Sprache entwickeln (können). Dieses

Kapitel wird mit einem theologischen Leseschlüssel der ‚praktischen Kulturtheologie' abgeschlossen, einem Interpretationsmodell, das auch im Entwickeln von sinnvollen – transformativen und verbindlichen – Bildungsaktivitäten mit Jugendlichen und jungen Erwachsenen ebenso außerhalb der Schule hilfreich sein kann. Bildung, in Verbindung mit existenziellen (moralischen und spirituellen) Fragen, kennt jedenfalls keine Grenzen.

Dieses Buch ist ein Niederschlag meiner geistig-geistlichen Reise, die ich als Forscher seit der Publikation meiner Dissertation über moralische Erziehung vor 15 Jahren unternommen habe (Roebben 1995a). Beim Schreiben meiner Dissertation habe ich in den frühen neunziger Jahren viel über die Erkenntnisse der Bildungstradition, wie sie unter anderem von deutschen und österreichischen Religionspädagogen vertreten wird, gelernt. Dieses Material habe ich entsprechend der Situation im niederländischen Sprachraum während meiner Lehrtätigkeit in Leuven (1995 bis 2000) und Tilburg (1995 bis 2007) verarbeitet und interpretiert. Präsentiert habe ich es auch vor (größtenteils englischsprachigen) internationalen Foren, bei der Kontaktaufnahme mit wissenschaftlichen Forschungsprojekten sowie in Vorträgen auf Tagungen und Kongressen (für mehr Info siehe www.seekingsense.be). Ich betrachte es als große Ehre, diese Erkenntnisse nun als Europäer wieder zur deutschsprachigen Diskursgemeinschaft zurückzubringen und zur Diskussion vorzulegen. Unterabschnitte dieses Buches wurden bereits auf Niederländisch, Englisch oder Deutsch (siehe angefügte Liste) veröffentlicht. Dieses Buch ist bereits teilweise auf Niederländisch als "Godsdienstpedagogiek van de hoop" (2007 und 2008[2]) und auf Englisch als "Seeking Sense in the City. European Perspectives on Religious Education" (2009) erschienen.

Für die deutsche Übersetzung und die Kommentare zu diesem Buch bin ich folgenden Menschen dankbar: Gerhard Büttner (Dortmund), Kim de Wildt (Dortmund), Anne Gessler (Leuven), Lisa Goratzka (Dortmund), Janieta Jesuthasan (Dortmund), Katharina Kammeyer (Dortmund), Maria-Regina Kastenhofer (Wien), Beate Kowalski (Dortmund), Norbert Mette (Dortmund), Thomas Ruster (Dortmund), Anke Rüter (Dortmund), Thomas Roddey (Paderborn), Sabine Winter (Dortmund) und Ton Zondervan (Tilburg). Ganz herzlich danke ich meinen wissenschaftlichen Mitarbeiterinnen Veronika Burggraf und Kathrin Hanneken und meiner studentischen Hilfskraft Kira Heuer für ihre Hilfe bei der Korrektur des Manuskriptes und Frau Godelief Ginneberge (Leuven) für die Erstellung der reproreifen Druckvorlage. Ich danke den Kollegen Robert Schelander

(Wien), Martin Schreiner (Hildesheim) und Werner Simon (Mainz) für die Veröffentlichung in der Reihe ‚Forum Theologie und Pädagogik'. Ich hoffe, dass dieses Buch die Hoffnung der LeserInnen auf ihrer Suche nach Vernunft – im Leben und Lernen – bestärkt.

Das Bild auf dem Einband dieses Buches inspiriert mich auf besondere Art und Weise für meine Arbeit als wissenschaftlicher Religionspädagoge. Das abgebildete, vierzig Meter lange Kunstwerk aus Stahl und Stein mit dem Titel „Sternenweg" wurde am französischen Ufer des Rheins in Neuf-Brisach errichtet, auf der Höhe der deutschen Stadt Breisach, wo Schwarzwald und Elsass aufeinandertreffen. Der Künstler Helmut Lutz (geboren 1941 in Freiburg im Breisgau) entwarf dieses Kunstwerk mit der Intention, dass es als Kommunikationsplattform für Menschen diene, die natürliche und spirituelle Grenzen überschreiten und über dieses Thema mit anderen ins Gespräch kommen wollen. Das kolossale Kunstwerk hat die großen europäischen Flüsse bereist und wurde in Rom, Santiago de Compostela, Jerusalem und Sarajevo ausgestellt.

Wenn man das Bild näher betrachtet, rücken drei Elemente in den Fokus der Aufmerksamkeit: der „Sternenweg", der Rhein und die romanische Kirche, das St. Stephansmünster, hoch erhaben über Breisach auf der anderen Seite des Flusses. Diese drei Elemente symbolisieren respektiv die Themen Dialog, Grenze und Perspektive. Seit meiner Besichtigung des Ausstellungsortes 2003 hat mich das Zusammenspiel dieser drei Elemente inspiriert, über religiöse Bildung nachzudenken. Jeder, der junge Menschen in spiritueller Hinsicht begleiten will, ruft diesen die Begrenztheit des Lebens und die Beschränktheit der eigenen Interpretation dieser Grenzen ins Bewusstsein. Dabei werden Perspektiven und Panoramen in ihrer ganzen Vielfalt aufgezeigt. Jedoch kann man ohne genaue Angabe einer bestimmten Tradition nicht von religiöser Erfahrung oder religiöser Erziehung sprechen. Hierfür ist die Lehrperson selber auf die lebendige Beziehung zu einer spirituellen Tradition, einer Kirche, einer Gemeinschaft usw angewiesen. Nicht zuletzt bietet die Lehrkraft eine Kommunikationsplattform an, auf der Menschen austauschen können, was sie gesehen und gehört haben – was sie in der Gegenwart des Anderen gelernt haben. Auf diese Weise fördert sie das Gespräch über das, was letztendlich nicht artikuliert werden kann, aber der Realität entspricht. Auf dem Coverbild sind die drei angesprochenen Elemente von Raureif bedeckt. Stille ist auf das Grenzgebiet des Rheines herabgestiegen. Religiöse Bildung kann letztendlich ihr eigenes Ziel nicht realisieren. Am Ende bleibt nur Stillschweigen.

Bert Roebben
Dortmund, Vorjahr 2011

Teil 1
Bildung und Religion

Kapitel 1
Moralische Bildung und Kulturwandel

„Die Jugend lebt in moralischem Verfall, und das liegt hauptsächlich an ihren konsumorientierten Freizeitaktivitäten, an fehlendem elterlichen Interesse und mangelnder Autorität und am Versagen der religiösen und moralischen Erziehung". Dieser Satz könnte dem Bildungspamphlet einer rechtsgerichteten Partei entstammen. Nichts jedoch ist weniger wahr. Die Passage ist die Übersetzung eines Textes von H.M. Sherwood, des Staatssekretärs des Bildungswesens des Staates Indiana (USA) über den Niedergang der Moral der Jugend anno 1925 (Troth 1930, 48). Laut Sherwood ist die einzige Antwort auf diese Krise die Charaktererziehung. Seine Vorschläge klingen sehr amerikanisch: zu Fuß gehen anstatt mit dem Auto zu fahren, mehr drinnen als draußen spielen, Freizeitaktivitäten, die den Charakter formen, anstelle materieller Belohnungen, die Betonung häuslicher Werte und das Wiederaufleben der religiösen Bildung in Sonntagsschulen. Ihnen liegt das Bedürfnis zugrunde, Jugendlichen mehr Willensstärke und Durchsetzungskraft zu vermitteln. Dieses Bedürfnis besteht heutzutage gleichermaßen. Es scheint nichts Neues unter der Sonne zu geben. Kann man den heutigen Ruf nach einem erneuerten Wertegefühl, das die Desintegration der Gesellschaft und Bildung anpackt und das gemeinsame Werte wiederaufleben lässt, dann ohne Weiteres relativieren und als unbegründete Panik abtun? Geht es heutzutage wieder um das Gleiche, nur in einer anderen Erscheinungsform? Das Einzige, was wir mit Sicherheit wissen, ist der historische Ablauf der Situation aus dem aufgeführten Beispiel: Nach den *roaring twenties* ‚crashte' die Gesellschaft, sowohl in Europa als auch in den USA, und das im wahrsten Sinne des Wortes. Und das ist eine gefährliche Erinnerung.

Moralpädagogik als Seismograph

Die heutige Theorie der moralischen Bildung ist ein Seismograph der Bewegungen in der Gesellschaft. Die Moralpädagogik registriert die stillschweigenden Veränderungen durch Methodenentwicklung, sie fängt Schockwellen durch radikale Standpunktbestimmungen für das Wohlergehen des Kindes auf, und sie wird zur Verantwortung gerufen, wenn die Gesellschaft aufgrund der Risse in ihrer legitimierenden Rahmenerzählung auseinanderzufallen droht. Die moralische Bildung und ihre Praxistheoretiker befinden sich oft in einer schwierigen Situation. Wenn etwas schiefläuft, werden sie dafür verantwortlich gemacht. Denn Moralität muss für sozialen Zusammenhalt sorgen und Bildung betrifft eines der kostbarsten Güter der Menschheit: das Wohlergehen künftiger Generationen.

In diesem Kapitel möchte ich die aktuellen Entwicklungen der Moralpädagogik beschreiben, ihre Stärken und Schwächen analysieren und sie in ein umfassendes Modell der moralischen Bildung integrieren. In der gegenwärtigen Literatur wird die Frage nach einem solchen Modell immer deutlicher, da man die Erfahrung gemacht hat, dass einseitige Methoden die gegenwärtige moralische Unsicherheit nur verstärkt haben. Meiner Meinung nach kommt diese Analyse auch dem Selbstverständnis der spätmodernen Gesellschaft zugute. Die Moralpädagogen bemühen sich schließlich, aus der Erziehung ein Zukunftsprojekt zu machen, das sich auf die moralische und finanzielle Unterstützung aller Bürger verlassen kann. Das Projekt einer menschenwürdigen Gesellschaft steht und fällt mit der Bereitschaft, etwas ins Erziehungs- und Bildungswesen zu investieren. Es ist ungerecht, Schulen und Erziehungseinrichtungen für den sogenannten Werteverfall verantwortlich zu machen, während man die Voraussetzungen, wie u.a. die finanzielle und professionelle Unterstützung des Lehrerberufes, abbaut oder zumindest diesen nicht genug remuneriert (Carr 1996) oder Lehrer sogar als unmündige Ausführer der Befehle des Staates oder der Kirchen betrachtet (Dasberg 1996).

Selbstkritik der Moralpädagogen

Die Erforschung der gegenwärtigen Moralpädagogik ist eine spannende Angelegenheit, vor allem, da namhafte Wissenschaftler ihr eigenes Werk, ihre Methoden und Theorien wieder in Zweifel gezogen haben. Wie kommt es nämlich, dass die methodische Entwicklung der moralischen Bildung und die Zunahme der Jugendkriminalität parallel verlaufen (Damon & Colby 1996)? Es gibt unzählige Interpretationen, aber Selbstkritik scheint unvermeidlich zu sein. Es sind vor allem die Vertreter der liberalen Theorien der siebziger Jahre, die klein beigeben. Den Heranwachsenden seine eigenen Werte entdecken zu lassen, wie in der *value clarification* vorgeschlagen wird, reicht nicht aus, moralische Begleitung und Beurteilung sind unumgänglich, betont M. Harmin (1988), ein einstiger Vertreter dieser Theorie. Sein Kollege H. Kirschenbaum geht noch weiter in seiner Selbstbeurteilung (1991-1992, 773-774). Er liefert eine genaue kritische Analyse seiner Untersuchungsresultate, eine Analyse, die uns zum Nachdenken anregen sollte. Was ist das globale Projekt und das Ziel der moralischen Bildung? Auf die Einladung, die Wertefindung junger Menschen von autoritären Strukturen, die jahrhundertelang bestimmt haben was gut und böse ist, zu befreien, hat die Bildungswelt damals mit großer Begeisterung reagiert. Vielleicht war es jedoch nicht mehr als eine fixe Idee, die zwar bei den Unterrichtenden gut anschlug, der aber auf die Dauer Tiefgang, theoretisches Fundament und Langzeitplanung fehlte. Wahrscheinlich war diese Entwicklung, als Reaktion auf den repressiven Erziehungsstil der Vergangenheit, unumgänglich, aber man ist von einem Extrem ins andere umgeschlagen. "Suffice to say for now that we were so passionate about the importance of giving young people the skills necessary to make their own responsible decisions that we overstated our case" (774). Sein Beitrag endet mit der ausdrücklichen Bitte, unfruchtbare Extrempositionen hinter sich zu lassen und gemeinsam die Herausforderungen anzunehmen, die auf uns warten. Besonders wichtig ist es, wissenschaftliche Theorien als Langzeitplanungen zu verstehen. Die Entwicklung eines umfassenden Modells kann diese Bedingungen erfüllen.

W. Damon und A. Gregory vertreten auch diesen Standpunkt (1997). Sie plädieren für eine integrale Vorgehensweise, die die Einseitigkeit der Kohlbergschen Theorie der Wertentwicklung übersteigt. Auf den Ruf der Gesellschaft nach moralischer Bildung seien die Wissenschaftler begeistert eingegangen, aber sie haben wenig Erfolg verbucht. Laut Damon und Gregory gibt es hierfür drei Gründe (1997, 121-122): erstens waren die verschiedenen Methoden nicht gut genug miteinander verbunden, zweitens fehlte ihnen eine deutliche Handlungsorientierung und drittens richteten sie sich vor allem auf moralisches Fehlverhalten von Kindern. Dadurch fühlten Kinder sich nicht wirklich in ihre moralische Bildung einbezogen. Die Folgen dieser drei Gründe sind kumulativ: "They conspire to demoralise young people who are subject to them" (1997, 123) mit dem Effekt, dass Kinder die Orientierung verlieren und zynisch werden. Den beiden Autoren zufolge fordert diese Situation die Gesellschaft heraus, darüber nachzudenken, ob sie überhaupt noch bereit ist, sich für das Wohlergehen der Jugendlichen einzusetzen und dies auch offiziell festzulegen, zum Beispiel in einer *Youth Charter*. Laut D. Boyd ist diese Situation eine intern politische Frage an die Moralpädagogik: Die penible Situation der heutigen Jugend stört die privilegierte Perspektive der Theoretiker gründlich. Ihre autonom-ethische Sichtweise der moralischen Bildung, die sich mit dem konkreten *struggle for life* der Jugendlichen mit den Altersgenossen und der sozialen Situation der Familie nicht auseinandersetzen muss, gerät ins Wanken (Boyd 1996, 27).

Übersicht

In diesem Kapitel geht es um eine Neuorientierung der moralpädagogischen Forschung aufgrund der heutigen radikalen Selbstkritik. Historisch gesehen konnten die Entwickler neuer Theorien nicht anders, als sich von ihren Vorgängern zu distanzieren und dabei auch manchmal in das andere Extrem zu verfallen. Wir verfügen heutzutage über eine Übersicht der Entwicklungen der letzten fünfzig Jahre und können die Vor- und Nachteile von bestimmten Methoden gegeneinander abwägen. Es ist jedoch die Frage, ob wir es auch wirklich besser machen werden als in der nahen Vergangenheit und ob wir dem Ruf nach einer polis-bezogenen Moralpädagogik, d.h. einer Moralpädagogik, die "the parameters that differentiate social groups" (Boyd 1996, 29) kennt und sich mit den konkreten Lösungen, die Menschen in ihrem alltäglichen Leben für ihre Nöte, Fragen und Verlangen in Bezug auf Moral suchen, beschäftigt, auch wirklich Folge leisten.

Der Aufbau ist der folgende: Zuerst beschreibe ich kurz die vier meistverbreiteten Modelle moralischer Bildung. Der zweite Paragraph umfasst eine Beschreibung der Widersprüche, die in der alltäglichen Praxis und dem sozialen Diskurs moralischer Bildung zwischen diesen Modellen auftauchen. Diese Widersprüche sind der Anlass, nach der Orientierung und Ausarbeitung einer umfassenden und integralen Theorie der moralischen Bildung zu fragen. Im dritten Paragraphen werden im Zusammenhang mit dieser Theorie zwei Weiterentwicklungen der zukünftigen Moralpädagogik vorgestellt und ausgearbeitet. Dabei stehen die Konzepte „Ethik der Verletzlichkeit" und „Schlussendlichkeitsperspektive" im Mittelpunkt. So versuche ich die ultimativen Fragen in der allgemeinen bzw. moralischen Bildung zu verstärken und schlage eine Brücke zu den kommenden Kapiteln.

1. Modelle moralischer Bildung

So wie auf vielen anderen Gebieten gesellschaftlichen Lebens waren die Veränderungen in der moralischen Bildung während der letzten fünfzig Jahre tiefgreifend. Die Geschichten, die Angehörige der Generation meiner Eltern über ihre damalige moralische und religiöse Erziehung erzählen, überraschen mich noch immer. Die geradlinige und unanfechtbare Autorität des Vaters, das unerbittliche Streben nach Gerechtigkeit, das Einhalten formeller Regeln und eine passende (religiöse) Antwort auf Schuldgefühle nach Ungehorsam gegenüber einer dieser Regeln standen außer Frage. Am meisten überrascht mich jedoch die Flexibilität, mit der diese Leute die Zeit der Veränderung positiv überstanden haben. Die neue Zeit war nicht nur die Befreiung von einem monolithischen und linearen Denkgebäude, sondern beinhaltete auch die Möglichkeit, die neu erworbene Freiheit mit einem wahrhaftigen, selbst gewählten und selbstständig zu realisierenden Lebensprojekt auszufüllen. Historisch betrachtet hat diese enorme Herausforderung die neuen Methoden der Werterhellung und Wertentwicklung in den siebziger Jahren des vorigen Jahrhunderts hervorgebracht und zu einer Erfolgsformel für Erziehung und Unterricht gemacht. Im Folgenden biete ich eine kurze Übersicht über vier verschiedene Modelle der moralischen Bildung, die historisch betrachtet aufeinander aufbauen, die jedoch heute nebeneinander vorkommen oder sich mehr oder weniger vermischen. Für eine ausführliche Analyse und Kritik kann auf andere Quellen verwiesen werden (Halstead 1996, 8-11; Nijhuis 1996, 113-129; Roebben 1995a, 23-85; Van der Ven 1985, 38-51).

Wertvermittlung

Dies ist das traditionelle Modell, das jahrhundertelang die konkrete Praxis der moralischen Bildung bestimmte. Werte und Normen werden von der einen Generation an die andere weitergegeben, manchmal zielgerichtet und strategisch (durch intellektuelle Indoktrinierung oder emotionelle Moralisierung), meistens jedoch unbewusst und unreflektiert. Normen und die dahinterstehenden Wertorientierungen gelten als Spielregeln und Bindemittel der Gesellschaft und verdienen darum in der Erziehung besondere Aufmerksamkeit. Methodisch gesehen gehören Training in tugendhaften Haltungen, Lernen anhand von Beispielen, Charakterformung und religiöse Übungen zur Praxis der Wertvermittlung. Der Inhalt der Werte, die ihrerseits die Normen stützen, wird durch die Legitimierungskraft der fundierenden Erzählung, in der sie weitergegeben werden, bestimmt. Ein treffendes Beispiel ist zweifellos die Katholische Jugendbewegung der fünfziger Jahre in Flandern. Für Kinder, Jugendliche und junge Erwachsene war dies eine Lehrschule, in welcher sie eine sozial verankerte, moralisch taugliche und religiös veredelte Lebenshaltung erlernten, die sie ihrerseits an die folgende Generation weitergeben sollten.

Dieses Modell hat in den letzten Jahren wieder an Bedeutung gewonnen, wenn auch in einem vollkommen anderen Zusammenhang und mit anderen Inhalten und Methoden. Der Grundgedanke bleibt jedoch der gleiche: Junge Menschen müssen zu vollwertigen Bürgern erzogen werden, die in unserem demokratischen System rechtschaffen (d.h. respektvoll und verantwortungsvoll) mit anderen umgehen und so das Überleben der Gesellschaft sichern. Vor allem in einem Kontext von sozialer Desintegration werden diese Werte wieder hoch geschätzt. Man sucht strategisch nach Wegen, um sie tiefgreifend bei Jugendlichen zu verankern. Der Autor, der in den U.S.A. als Theoretiker dieses weitverzweigten *Character Education Approach* betrachtet wird, ist der Moralpädagoge T. Lickona. Er stellt sich gegen den Wertpositivismus und den Personalismus, den er fälschlicherweise als Philosophie, "which emphazes individual autonomy and subjective feelings" (Lickona 1991, 320), betrachtet, in der amerikanischen Gesellschaft, die in seinen Augen besonders noch verstärkt werden durch die gängigen Methoden, welche hauptsächlich von der Wertentwicklung beinflusst sind. Er ist der Meinung, dass das systematische Einüben eines guten Charakters (der das Gute kennt, danach verlangt und konsequent danach handelt) in der Schule stattfinden kann, in der Klasse, bei allerlei Randaktivitäten, durch das gute Beispiel des Lehrers usw. In seiner umfassenden Studie beschreibt er viele gelungene Initiativen, aber sein Unterton ist autoritär und einseitig auf die Lehrperson gerichtet. Die SchülerInnen dürfen den Lehrstoff zwar kritisch befragen, aber nur mit einer bestimmten Absicht, zum Beispiel im Zusammenhang mit dem *value of the year* (1991, 166). Die unausgesprochene Wertorientierung des Autors wird vor allem im Zusammenhang mit der Sexualerziehung deutlich: Er wehrt sich gegen die medizinisch-technische Kondomkampagne in den Schulen und plädiert für ein radikales *true love can wait*. Dies entspricht meiner Meinung nach jedoch nicht der tatsächlichen Lebenssituation der Jugendlichen (unzureichende Information, frühe sexuelle Intimität, Sexualität ohne dauerhaftes Lebensprojekt wegen Verlängerung der Jugendbiographie) und hilft ihnen darum nicht weiter. Laut Lickona kann echte Liebe warten und ist "Virginity the key to successful dating" (1991, 358). Seine Beschreibungen der ehelichen Sexualität bei tugendhaften jungen Erwachsenen klingen zwar attraktiv, aber wenig realistisch. Für junge Menschen, die ihre intime Beziehung in Würde und Authentizität leben wollen und denen jeder biographische Rat, der diesen Lernprozess fördert, willkommen ist, ist diese Antwort unbefriedigend.

Die Kritik in Bezug auf die Wertvermittlung ist klar und deutlich. Wie kann man heutzutage die Werte und Normen, die vermittelt werden müssen, ohne die Beteiligung der zukünftigen Erwachsenen festlegen? In einer homogenen Gesellschaft konnte man ein Wertsystem noch von oben bestimmen. In unserer heutigen pluralistischen Gesellschaft ist dieses Bestimmen ein Verhandeln zwischen den Mitgliedern einer Gruppe und verschiedener Gruppen untereinander. Außerdem spielen in einer Gemeinschaft nicht nur pädagogische, sondern verschiedene und zum Teil widersprüchliche Einflüsse eine Rolle (Halstead 1996, 9).

Werterhellung

Diese Methode muss in historischer Perspektive betrachtet werden, sie ist der pädagogische Exponent des gesellschaftlichen Bewusstwerdungsprozesses der sechziger Jahre des vorigen Jahrhunderts. Als die traditionell für Sinnfragen Zuständigen ihre formelle Autorität verloren und nun auf inhaltliche Argumentation angewiesen waren, betrachtete die moralische Bildung es als ihre Aufgabe, Jugendliche ihren eigenen Werten gegenüber offen und empfänglich zu machen, ihnen beizubringen, diese Werte auszudrücken und zu verantworten. Ein erster Schritt in dieser Bewusstwerdung war die Verdeutlichung der eigenen Wertorientierung. Für die damaligen Lehrer muss es eine wirkliche Offenbarung und eine manchmal überwältigende Erfahrung gewesen sein, Jugendliche anzuspornen, Subjekt in ihrer eigenen Lebensgeschichte zu werden. Die Theoretiker der *Values Clarification*, auf die bereits in der Einleitung verwiesen wurde und die vor allem aufgrund der Veröffentlichung des Praxisbuches der Wertvermittlung Furore machten (ein Buch, von dem 600.000 Exemplare verkauft wurden und das mehrmals übersetzt wurde) (Simon, Howe & Kirschenbaum 1978), waren über die Möglichkeiten begeistert. Vor allem die Wertbezogenheit der konkreten Situationen, die in der Klasse besprochen wurden, das persönliche Engagement der SchülerInnen auf dem Gebiet der Moralität, die konkrete Erfahrung des Pluralismus und die Vielfältigkeit der Lernprozesse beflügelten die Phantasie. Man muss diese Methode im historischen Befreiungsprozess als vielleicht ungenügende, aber notwendige Etappe betrachten. Wie gesagt, die Begeisterung war groß, die Praxisbezogenheit auch (einen persönlichen Standpunkt einzunehmen ist schließlich ein Prozess, der intensive Begleitung voraussetzt), aber die theoretische Forschung stockte und die Werterhellung schien auf die Dauer nicht mehr lebensfähig. Sie schien vor allem in den Augen der Verfechter der Wertevermittlung nicht mehr zu sein als "a set of methods in search of a theory" (Lickona 1991, 239).

Die Kritik besteht, wie bereits in der Einleitung aufgegriffen, hierin: Die Werterhellung ist auf Sand gebaut. Die Bedeutsamkeit des Ausdrückens eigener Werte wird in diesem Modell deutlich, aber die Rechtfertigung gegenüber moralischen Kriterien, die der Zögling beachten muss "in order to respect others as a matter of principle" (Carr 1996, 4) und die er mitteilen und verantworten können muss, fehlt. So wird dem Wertrelativismus die Tür geöffnet, was wiederum zu Fluchtverhalten bei Schülerinnen und Schüler führt. „Ihm wird beigebracht, sich keinesfalls mit anderen zusammen auf die Suche nach der wahren Humanität zu begeben. Folglich wird ihm moralische Indifferenz vorgespiegelt" (Henri Rijksen, zitiert in Roebben 1995a, 43). Schlussendlich wird durch dieses Modell ein „alles ist egal, nichts macht einen Unterschied" vermittelt.

Wertentwicklung

Wenn es einen Forscher gibt, der in der Geschichte der Moralpädagogik als bahnbrechend gelten wird, besteht eine große Chance, dass diese Ehre L. Kohlberg posthum zufallen wird. Seine empirische, kulturübergreifende Erforschung der Entwicklung des moralischen Urteilsvermögens des Menschen wird allgemein als Matrix für zahlreiche neue theoretische und praktische Entwürfe der allgemeinen, sozialen, moralischen und religiösen Erziehung betrachtet. Was bei der Werterhellung in ihrem Streben nach moralischer Autonomie fehlte, nämlich eine grundlegende Theorie mit plausiblen Kriterien für Forschung und Praxisreflexion, ist in Kohlbergs *Values Development Theory* ausreichend anwesend (Kohlberg 1981 und 1984). Er möchte wissen, nach welchen Urteilsstrukturen der Mensch ein moralisches Urteil fällt, welche Gründe ihn leiten, wodurch er sich rechtfertigt. In diesem Zusammenhang werden drei Niveaus, die ihrerseits aus zwei Stadien bestehen, unterschieden: das präkonventionelle, das konventionelle und das postkonventionelle Niveau. Auf dem ersten Niveau beurteilt das Kind den Unterschied zwischen Gut und Böse nach den Prinzipien von Belohnung und Strafe, auf dem zweiten nach den Vereinbarungen und Konventionen der moralischen Gruppe und auf dem dritten Niveau in Übereinstimmung mit dem eigenen Gewissen. Ein Kind entwickelt sich und sollte in der Erziehung herausgefordert werden, einen Schritt nach vorne zu tun *(one step beyond),* um schließlich postkonventionell und konventionskritisch urteilen zu können, das bedeutet, eventuell gegen sozial akzeptierte Werte und Normen zu handeln (einschließlich derjenigen, mit denen man selbst aufgewachsen ist), um ein größeres Ziel zu erreichen, nämlich eine gewissenhafte Entscheidung.

Diese Methode war in verschiedener Hinsicht in den siebziger Jahren bahnbrechend (Bucher 1995, 44-49). Im Gegensatz zu einem statisch gedachten Wertvermittlungsmodell war hier das Prinzip „Entwicklung" zentral, wodurch die altersabhängige Verarbeitungskapazität des Kindes ernst genommen wird. In Interaktion mit Erwachsenen wurde das Kind angespornt, seine eigene Entwicklung in die Hand zu nehmen und eine eigene moralische Identität zu bilden. Vor allem die intellektuellen Fähigkeiten wurden hierbei angesprochen, auch als Reaktion gegen das oft irrationale Tugend- und Charaktertraining des Vermittlungsmodells. Außerdem bezweckt die Wertentwicklung eine interdisziplinäre Vorgehensweise: Die Beziehung zwischen Entwicklungspsychologie und Philosophie/Anthropologie wurde in die Beschreibung des Kriteriums „Gerechtigkeit" als vorläufiger Endpunkt und Ziel der moralischen Bildung aufgenommen. Hiermit protestierte Kohlberg vor allem gegen seine amerikanischen Kollegen, die meinten, eine wertfreie Psychologie verteidigen zu müssen. Diese offene Haltung auf dem Gebiet der Humanwissenschaften hat viele dazu herausgefordert, das Erbe Kohlbergs zu integrieren und zu überdenken. So war der Beitrag vom belgischen Professor Louis Janssens im Jahr 1976 eine der ersten europäischen Übersetzungen von Kohlbergs Werk und vor allem ein neuer hermeneutischer Schlüssel für die Moraltheologie, in welcher vor allem das Konzept „Entwicklung" als Beschreibung des Wachsens der menschlichen Moralität im Mittelpunkt steht (Janssens 1976).

Kohlberg musste einige Kritik verarbeiten. Ein wichtiger Kritikpunkt, den er später selbst in sein Model aufgenommen hat, ist die formelle und intellektuelle Art, wie Kinder herausgefordert werden, zu einem folgenden Stadium überzugehen. Wenn man bessere Gründe angeben kann für eine bestimmte moralische Position, heißt das noch nicht, dass man auch wirklich moralisch gerecht handelt. Darum hat sich Kohlberg im zweiten Teil seiner Forschungslaufbahn vor allem mit „just community" beschäftigt (Bucher 1995, 69-71): mit konkreten Orte wie Schulen, Gefängnissen, Krankenhäusern, an denen Menschen aufgrund bestimmter Ereignisse moralisch handeln und eingeladen werden, Insider zu werden und durch Dialog, Verantwortung und Veränderung wirklich an der Situation beteiligt zu sein.

Wertkommunikation

Auf der Basis der Theorie des kommunikativen Handels von J. Habermas hat der niederländische Pastoraltheologe J.A. Van der Ven eine besonders herausfordernde und fundierte Theorie eingeführt, die im Kontext einer pluralistischen Gesellschaft über die eigene Art der ethischen Optik des Zusammenlebens und Erziehens nachdenken will, und die diese Reflexion gerade als Objekt (Thema und Ziel) der moralischen Bildung betrachtet (Van der Ven 1995). Wertkommunikation will junge Menschen im Kontext eines Dialoges über Werte und Normen anlässlich einer konkreten Situation dazu bringen, ihre ethisch-argumentative Kompetenz zu verbessern und sich die Frage zu stellen, „ob die betreffenden Werte und Normen noch Gültigkeit haben, und ob sie es verdienen, durch die heutige Generation weitergegeben und durch die folgende fortgesetzt zu werden, ob sie die Generationen miteinander verbinden" (Van der Ven 1985, 38; Übersetzung BR). Dieses formelle Ziel beinhaltet drei Zielsetzungen: das Erwerben argumentativer Kompetenz (Um welche Werte und Normen geht es hier und mit welchen Argumenten kann man sie begründen?), sozialer Kompetenz (Perspektivwechsel) und fachlicher Kompetenz (das Sammeln von relevanten Fakten im Zusammenhang mit dem gegebenen Problem). Das Ziel ist also formell und jede Situation kann zum Inhalt von Wertkommunikation werden. Die Basisidee ist, dass Menschen ‚aneinander' ethisch werden, in der Sprache und durch die Sprache: Der moralische Anspruch der Wirklichkeit klingt im Dialog mit anderen durch. Die Sprache ist das Medium, durch das Menschen sich voreinander rechtfertigen können, ihre Bestrebungen ausdrücken, ihr Unvermögen äußern und sich zutiefst miteinander verbinden.

Dieses Ideal der Kommunikation ist zugleich auch die Schwäche und der Kritikpunkt von Van der Vens Modell. Kommunikation ist sehr verletzlich, die Bereitschaft, sich der Kritik und der Anfechtung des eigenen Standpunktes auszusetzen, basiert auf gegenseitigem Vertrauen, auf der Bereitschaft, sich durch andere bereichern zu lassen, und auf einer Gemeinschaft, die vom Wert der gemeinsamen Suche nach Wahrheit überzeugt ist. Kommunikation setzt eine lebendige *communio* von GesprächspartnerInnen, die einander akzeptieren, voraus, und dies ist bereits eine ethische Erfahrung (Roebben 1995a, 248-253). Van der Ven akzeptiert diese kritische Bemerkung. Man muss das gewissenhafte Engagement für den Anderen lange üben, bevor man das erreicht, was Van der Ven unter dem Ideal einer Kommunikationsgemeinschaft versteht und wie folgt definiert: „Kommunikation setzt Intersubjektivität voraus. Diese Intersubjektivität fordert einen besonderen Einsatz für diejenigen, deren Subjektsein Gewalt angetan wird. Kommunikation ist universal. Sie reicht bis zu denjenigen, die weder über die Sprache, noch über die

Stellung verfügen, sich selbst in der Kommunikation Gehör zu verschaffen" (Van der Ven 1986, 176; Übersetzung BR).

2. Ein umfassendes Modell der moralischen Bildung

Was sind heute die Aufgaben der Moralpädagogik? Wie kann sie der gesellschaftlichen Frage nach geteilten Werten gerecht werden, wie soll sie mit dem heutigen sozialen Kontext umgehen, der hermeneutischer Raum ist, in dem sie die Praxis, die Forschung und die Theorie verantworten muss? Auf jeden Fall nicht mit einer apodiktischen Aussprache, wie sie zum Beispiel dieses Zitat des amerikanischen Unterrichtsphilosophen W. Casement beinhaltet: "the best new model for moral education is none other than an old model" (zitiert in Roebben 1995a, 73) – damit flüchtet sie nur vor ihrer Verantwortung. Auch nicht durch eine symbolische Fahnenflucht, indem man die Jugendlichen selbst entscheiden lässt, wie es weitergehen soll. Über die Frage, welche Werte und Normen während der Schullaufbahn vermittelt werden sollen, schreibt L. Dasberg: „Das Abwälzen der Verantwortung für die Entscheidung ist nicht progressiv, demokratisch oder emanzipatorisch; es ist faul, gewissenlos und grausam" (Dasberg 1996, 15). Extreme Lösungen sind deutlich leichter zu finden als Lösungen, die der komplexen Wirklichkeit gerecht werden. Es ist eine unumstößliche Tatsache, dass die fortschreitende Pluralisierung der Gesellschaft den Ruf nach einer demokratischen Perspektive von geteilten Werten verstärkt, aber es ist eine ebenso unumstößliche Tatsache, dass gewisse Gruppen und Einzelpersonen diese Puralisierung ausnutzen, um eigene Werte und Normen durchzusetzen, notfalls mit (verbaler oder physischer) Gewalt. In diesem hermeneutischen Raum muss die Moralpädagogik ihren Standpunkt bestimmen und der moralischen Bildung neue Richtungen weisen.

Aus der Selbstanalyse der Forscher ging, wie in der Einleitung bereits beschrieben, hervor, dass ein umfassendes Modell die meisten Erfolgschancen hat. Was für ein Modell ist dies, und wie ist sein Verhältnis zu den Modellen der Vergangenheit, die soeben beschrieben wurden? Ich werde diese Frage in drei Schritten beantworten. Erst beschreibe ich die Widersprüche, die zu der eingangs erwähnten Selbstkritik und zur Entwicklung eines neuen umfassenden Konzeptes geführt haben. Danach wird das zentrale Argument meiner eigenen Forschung beschrieben, um diese unfruchtbaren Widersprüche in ein integral-dynamisches Modell aufzunehmen. Schließlich verweise ich auf einige interessante Perspektiven der Literatur, die auf besondere Weise auf die umfassende Art der moralischen Bildung aufmerksam machen.

Unfruchtbare Widersprüche

Durch die historische Analyse wurde deutlich, dass die aktuelle Moralpädagogik sich seit der Öffnung des moralischen Feldes in den sechziger Jahren des vorigen Jahrhunderts, durch die freie und fundierte Gewissensentscheidungen schließlich die Sache jedes Einzelnen wurden, vor allem in Gegensätzen entwickelt hat. Das eine Modell entwickelt sich als Gegenreaktion auf ein anderes, mit der Begründung, dass man etwas Wichtiges vergessen habe, das unbedingt nachgeholt werden müsste. Die Werterhellung hatte nur Erfolg wegen ihrer Kritik an der Wertvermittlung, so wie die Wertvermittlung als *Character Education* ihrerseits nur Zustimmung finden konnte, indem sie die vorigen Modelle verwarf. Verschiedene Forschungszweige der Humanwissenschaften wurden zu Hilfe gerufen, um die Richtigkeit der eigenen Position zu bestätigen. Welches sind nun die Einseitigkeiten, die auf Dauer zu unfruchtbaren Gegensätzen wurden?

Zuerst der Gegensatz kognitiv – affektiv (oder Verstand gegenüber Gefühl und Wille): Die Modelle der siebziger Jahre wehrten sich heftig gegen die Indoktrinierung, die affektive Moralisierung und die Charakterformung nach dem Wertvermittlungsmodell. Moralische Bildung darf laut Kohlberg kein unkritisches Akzeptieren und gedankenloses Nachahmen eines *bag of virtues* sein, es muss ein persönlich durchdachtes und verarbeitetes moralisches Urteil sein, das den Menschen befähigt, zur Not sogar jenes zu verwerfen, das ihm durch die Erziehung vorgegeben wurde. Moralische Bildung ist kritisches Denken, sie beruft sich auf eine Eigenschaft, die jeder Mensch besitzt: seine Ratio. T. Lickona bestreitet dies, zusammen mit S. Callahan: Kreative moralische Urteile finden auf der Basis eines „emotionally laden experience" statt (Lickona 1991, 51), es geht um eine affektive Kategorie, nicht um eine kognitive.

Ein anderer Gegensatz besteht zwischen einer normativen und einer instrumentalen Sichtweise: Der ursprüngliche Sinn der moralischen Bildung, nämlich das Streben nach vollständiger Erfüllung der Norm und des Sinnes menschlichen Handelns im Licht der menschlichen Würde, wird in manchen Modellen „der technischen Perfektionierung geopfert. Das Suchen nach der Perfektionierung der Mittel gewinnt die Überhand, die Perspektive verschwindet hinter dem Horizont. Das Ziel ist nur noch der effektive und effiziente Einsatz von Instrumenten und Mitteln“ (Nijhuis 1996, 33). So kann es laut Lickona in seiner Kritik der Wertvermittlung auf Dauer tatsächlich so weit kommen, dass eine Reihe von Methoden fruchtlos auf der Suche ist nach einer Theorie.

Ein weiterer Widerspruch ist autoritär versus antiautoritär oder paternalistisch versus liberal (Carr 1996, 12). Ist der Erwachsene ein Vorbild in der Erziehung oder bringt er nur das Gespräch in Gang? Bleibt er als Gleicher auf Distanz oder engagiert er sich aus einer Überlegenheitsposition, entweder im Voraus, indem er Regeln aufstellt, oder zwischendurch, indem er bei Wertkonflikten eingreift?

Ein anderer, häufig gehörter Gegensatz besteht zwischen „führen“ und „wachsen lassen“ (Bucher 1995, 66-68). Ist moralische Bildung ein biologischer Wachstumsprozess, der, wenn einige Grundvoraussetzungen erfüllt sind, automatisch zu moralischer Selbstständigkeit führt, oder braucht man formelles Training, Konditionierung und Modellierung? Wo ist die Grenze zwischen orientierungsloser Selbsterforschung und formalistischem Beispiel-Lernen?

Geht es bei moralischer Bildung um den Prozess oder um den Inhalt? Ist es besser, den Schülern formelle Denkkategorien beizubringen oder ihnen einen reproduzierbaren Lerninhalt zu übermitteln? Soll er eine neue Situation aus moralischer Perspektive systematisch beschreiben und beurteilen können, oder soll er die Geschichte der menschlichen Moralität studieren? Auch dieser Gegensatz, der mit der Vorstellung, die man von dem Schulfach Ethik hat, zusammenhängt, ist oft das Thema von Diskussionen.

Ein Gegensatz, der tief in die moralische Bildung eingreift und die vorigen Polaritäten noch verstärkt, ist der Unterschied zwischen Initiation und Kommunikation (Roebben 1994). Ist moralische Bildung nur eine Einführung in die Werte des moralischen Lebens, wie sie konkret vorgelebt werden, oder geht es auch um die Formulierung einer „Bewertung“ dieses Lebens in Absprache mit anderen? Wie ist das Verhältnis zwischen Sozialisation und Kritik, zwischen Anpassung und Widerstand?

Schließlich wird in der Moraltheologie auch oft zwischen einem liberalen und einem traditionellen Erziehungsstil unterschieden (Snik 1992-1993). Das Erziehungsziel der liberalen Moralpädagogen ist eine rationale Autonomie, die sich von der Verbundenheit mit moralischen Traditionen befreien kann und für sich selbst spricht. Die Traditionalisten weisen dann wieder auf die Grenzen dieses Modells hin. Schlussendlich sei das sogenannte liberale Urteil der liberalen Ethiker nichts anderes als der Ausdruck eines Gefühles im Zusammenhang mit einem ethischen Problem. Sie fordern darum Aufmerksamkeit für die Traditionsgebundenheit jeder moralischen Bildung. Manchmal plädieren sie sogar für die Wiederherstellung homogener moralischer Gemeinschaften, die sich gegen die liberale Sentimentalität wehren können.

Entwicklung als Brücke zwischen Initiation und Kommunikation

Der gemeinsame Faktor der neuen Entwürfe moralischer Bildung aus integraler und umfassender Perspektive ist das Konzept ‚Entwicklung'. Im Hinblick auf ein ganzes Menschenleben werden Einseitigkeiten durch den Begriff ‚Entwicklung' relativiert und integriert. „Wir haben endlos diskutiert, welches Modell zu bevorzugen sei, die Vermittlung oder die Verdeutlichung (…). Aber wir sind auf diese Art der wichtigsten Frage aus dem Weg gegangen, nämlich der Frage *when each approach is appropriate*" (Kirschenbaum 1992, 776). Wie die Moralität ist auch die moralische Bildung eine vielförmige Erscheinung. So müssen die traditionelle und die liberale Perspektive zum Beispiel nicht als zwei gegensätzliche Positionen im moralischen und sozialen Feld betrachtet werden, sie sind vielmehr komplementäre Konzeptualisierungen, die sich auf verschiedene Dimensionen und Momente der moralischen Entwicklung des Kindes beziehen. Moralische Bildung muss darum aus einer pluralistischen oder multidimensionalen Perspektive betrachtet werden (Ziebertz 1990). Das junge Kind hat ein Recht auf Erwachsene, die es mit guten Gewohnheiten und Regeln vertraut machen; der heranwachsende Jugendliche braucht die Freiheit, eine eigene Sicht auf die Welt und sich selbst entwickeln und Schlussfolgerungen in Bezug auf Werte und Normen ziehen zu können. Auch die anderen soeben aufgezeigten Gegensätze können aus dieser Perspektive betrachtet und aufgehoben werden. Die verschiedenen Pole schließen einander nicht aus, sie schließen einander vielmehr ein. Sie sind Phasen in einem Entwicklungsprozess und folgen aufeinander. Die Kunst besteht darin, zu bestimmen, welcher Konzeptualisierungsmodus zu welchem Zeitpunkt der Erziehung passend ist (Roebben 1994; 1995a, 207-273).

Das Problem des traditionellen Modells, das Wertvermittlung im Rahmen einer soliden und profilierten moralischen Gemeinschaft versteht und das in manchen Kreisen viel Erfolg hat, ist die Tatsache, dass ihre

Vertreter moralische Bildung einseitig als „Kultur der guten moralischen Gesinnung“ verstehen. In einer pluralistischen Gesellschaft müssen jedoch täglich schwierige ethische Entscheidungen getroffen werden, die Sachkenntnis, demokratische Überlegungen und ethische Argumentation verlangen. In dieser Debatte sind viele Stimmen zu hören, und keiner nimmt als unbeschriebenes Blatt daran teil. Das Formulieren- und Verantworten-Lernen von Perspektiven in gegenseitiger Absprache ist also vonnöten. Es ist der Verdienst der moralischen Bildung, dass man diese Debatte selbst als Chance zur moralischen Bildung betrachtet. Der Kommunitarismus (und seine Betonung eines kohärenten Gemeinschaftsideals für Erziehung und für den Aufbau der Gesellschaft) darf keine „leere Pathosformel“ (Lesch 1995, 122) sein, die uns hilft, das sogenannte spätmoderne Scheitern der universalen ethischen Perspektive und/oder der Demokratie zu verarbeiten. Wir müssen ihn vielmehr als „historische Erweiterung unserer sozialethischen Wahrnehmung“ (119) betrachten, die uns die Verletzlichkeit der Wertkommunikation auch in der Erziehung bewusst macht. Wertkommunikation setzt konkrete GesprächspartnerInnen und Gemeinschaften von Menschen aus Fleisch und Blut voraus, die ihre eigenen Werttraditionen nicht aufgeben, sondern das *commitment* fühlen, diese zu kultivieren, um einen pluralistischen Diskurs zu realisieren und zu bereichern. Außerdem ist es so, dass Wertinitiation in einer bestimmten Tradition des guten Lebens immer so geschehen muss, dass das Kind herausgefordert wird, mit und nach seinem eigenen Entwicklungstempo Argumente zu formulieren und zu verantworten, die diese Tradition als wertvoll erachten und die den Test des Dialogs überstehen. Es kommt also darauf an, Initiation und Kommunikation auf das persönliche Wachstum des Kindes abzustimmen, in einer ‚Zeit des Erziehens‘, die für jedes Kind anders ist.

Identitätsbildung und moralische Kompetenz

In der Literatur werden neue integrierende Sichtweisen der moralischen Bildung vorgestellt. Ich bespreche hier zwei, die einflussreich sind in einerseits der eher moralpsychologischen Tradition der USA und andererseits der moraltheologischen Tradition Deutschlands nach dem Zweiten Vatikanischen Konzil. Im einen Modell steht die Identität im Mittelpunkt, im anderen die moralische Kompetenz.

In letzter Zeit wird in der Moralpädagogik die Wichtigkeit der Aufmerksamkeit für die ganze Person und für ihre Identitätsformung betont. Moral ist in einem globalen Lebensentwurf verankert, der dazu beiträgt, dass

„eine Person nicht gespalten wird, sondern Gleichgewicht findet“, dass sie durch die Idealbilder des Lebensentwurfes vermeiden kann, dass „bestimmte Werte vergessen werden“, und schließlich, dass sie an den tragischen Umständen des Lebens wie Leiden, Unglück und Unrecht nicht zugrunde geht (Nijhuis 1996, 74 passim). Nur im Rahmen eines Lebensentwurfes oder ‚narrativer Identität‘ (Paul Ricoeur, ausführlich in Van der Ven 1998) in der Perspektive des ‚gelebten‘ und für die Person wichtigen Unterschiedes zwischen Gut und Böse kann von Menschen mit “a strong propensity to act according to their moral judgements”, von Menschen, die nach ihrer Einsicht handeln, die Rede sein (Damon & Gregory 1997, 117). Jugendliche haben ein Recht auf eine integrierte Sichtweise der Moralität, in der auch ihre moralische Subjektkraft zur Sprache kommt. Wenn dies nicht berücksichtigt wird, kann eigentlich von moralischer Mündigkeit nicht die Rede sein. Man betrachtet den Jugendlichen dann als prä-moralisch. Dass diese Sichtweise wichtige Folgen für die Erziehung hat, ist selbstverständlich. Denn wie soll man zum Beispiel jungen Menschen beibringen, verantwortlich mit Sexualität umzugehen, wenn sie noch nicht über eine voll entwickelte moralische Identität verfügen? (Roebben 1998b) Und wie kann man sie gegen die Frustrationen, die Tragik und das Leiden, das dieses besonders verletzliche Geschehen mit sich bringen kann, stark machen, wenn sie noch nicht in der Lage sind, diese in einer moralischen Biographie zu verarbeiten? Der fruchtbarste Weg zur Identitätsbildung ist deshalb vielleicht die Einladung, den Kontakt mit sich selbst nicht zu verlieren (indem man sich vor der Kritik anderer verschließt oder völlig in der Gruppe aufgeht), soziale Durchsetzungsfähigkeit und Widerstandskraft aufzubauen, aus Fehlern zu lernen (Oser 1996) und das, was unterwegs als Möglichkeit angeboten wird, „in der Synthesis eines individuell und sozial verantworteten Daseinsentwurfes zu verknüpfen“ (J.-P. Wils, zitiert in Beirer 1995, 92). Dies setzt ErzieherInnen voraus, die Jugendliche herausfordern, über die Beweggründe ihres Verhaltens und ihrer Überzeugungen zu sprechen (Tappan & Brown 1996, 106), und die einen ‚Spielraum‘ kreieren, in dem Jugendliche mit vielen Impulsen und Möglichkeiten (immer vorläufig) mit sich selbst ins Reine kommen können.

Ein zweites Konzept, das man fruchtbar in ein umfassendes Modell integrieren kann, ist die moralische Kompetenz. Eine Person wird als moralisch kompetent betrachtet, wenn sie zu einer intersubjektiv vermittelten Wahrnehmung der Wirklichkeit in der Lage ist, vermittelt durch das Zusammensein mit anderen (Eid 1995, 12-15). Der moralische Anspruch der Wirklichkeit ist, wie gesagt, ein Dialog. Laut Habermas spielen sogar in geschlossenen, traditionalistischen und autoritären Gemeinschaften dieselben intersubjektiv zu verantwortenden Begriffe wie Wahrheit, Rationalität und Gerechtigkeit eine Rolle (Lesch 1995, 128). Dass zum Beispiel ein Sektenmitglied in der Lage ist, an der ihm vorgehaltenen Lehre zu zweifeln, weist auf die Möglichkeit der Kommunikation (man will diese Zweifel wenigstens bei einem virtuellen Gesprächspartner loswerden) und auf die intersubjektive Wahrnehmung der Wirklichkeit hin. Es gibt keinen moralischen Solipsismus, außer als psychische Abweichung. Gerade bei dieser fundamentalen Erfahrung der Intersubjektivität wollen die Theoretiker der moralischen Kompetenz anknüpfen. Moralische Kompetenz bedeutet, sich in sozialer Kompetenz zu üben und das Risiko einzugehen, den Standpunkt eines anderen einzunehmen. Man kann dies in der Schule üben, indem man die Fremdheit des anderen als Thema nimmt, u.a. in Literatur, Film, Medienerziehung, interkulturellen Projekten, oder einfach indem man im Klassengespräch bestimmte Geschehnisse der Schule ausarbeitet (cf. Wertkommunikation und *just community*) (Roebben 1999c). Auch hier kommt der Begriff ‚Spielraum' vor: Der Erwachsene muss darauf achten, dass unter den Jugendlichen wenigstens ein Minimum an Vertrauen herrscht. "Making the classroom safe for diversity" (Lickona 1991, 276-278) ist sein Auftrag.

Beide Modelle gehen davon aus, dass ein Großteil der moralischen Bildung Selbsterziehung ist. Dies ist eine alte Weisheit, die wiederentdeckt wird: Erziehung ist Selbstdisziplinierung, man muss den Mut aufbringen, neue Erfahrungen zumindest zuzulassen und sie mit dem eigenen bisherigen Lebensaufbau zu konfrontieren. So entsteht soziale Beweglichkeit: Man lässt sich durch die Fremdheit einer Situation oder Begegnung überraschen und kommt dadurch zu einer neuen Phase der Integration. Hierbei ist der Weg das Ziel: „Solche Transformationen verändern die Struktur der Inhalte" (Bucher 1995, 68). Aufmerksamkeit für den Jugendlichen, der seine Geschichte erzählt, wird auch zu einer integrierten Sicht der Moralpädagogik beitragen. Es müsste deutlich geworden sein, dass vier historisch rekonstruierte Methoden in diesen Zusammenhang aufgenommen sind: die Spannung zwischen Initiation und Kommunikation, verbunden mit dem Prinzip Entwicklung und bereichert durch die Selbsterhellung *(self-clarification),* die bereit ist, Schritt für Schritt zu entdecken und zu verantworten, wo sie steht.

3. Ultimative Fragen der Moralpädagogik der Zukunft

Ethik bezieht sich per Definition auf die Zukunft. Sie fragt nach dem Unterschied zwischen Gut und Böse aus der Überzeugung, dass diese Frage heute und auch morgen Menschen anspricht und sie aufruft, dem Streben nach mehr Menschenwürde so menschlich wie möglich Gestalt zu geben. Die moralische Bildung folgt der Spur der Ethik. Sie reflektiert den sozialen Kontext, ist hermeneutisch auf ihn bezogen und stellt sich die Frage, wie sie dem Streben der heranwachsenden Jugend nach einer sinnvollen Zukunft und dem Verlangen der Gesellschaft nach sozialem Zusammenhalt in konkreten Umständen so gut wie möglich nachkommen kann. In diesem letzten Teil will ich auf zwei Grundbegriffe der aktuelleren Moralpädagogik eingehen, in deren Zusammenhang im Hinblick auf die Zukunft weitere Forschung, Reflexion und Praxis nötig ist: „gewissenhaftes Engagement" (Steutel 1992, 102) bei moralischen Argumentationen oder „moralische Sensibilität", und die transethische Dimension oder „Schlussendlichkeitsperspektive" jedes moralischen Denkens und Handelns.

Moralische Sensibilität und die Ethik der Verletzlichkeit

Menschen wollen irgendwo zu Hause sein, akzeptiert werden, in ihrem moralischen Subjektsein respektiert werden, jemand sein. Nur wenn man angesprochen wird, kann man auch ansprechbar sein. Moralische Sensibilität ist ein Konzept, das die beiden Aspekte gut widerspiegelt. Moral impliziert ein Berührt-Werden durch das Wohl und Weh der anderen oder *hermeneutic awareness* (Hastings 1996, 53), aber auch eine Berührbarkeit, ein vertrauensvoller Umgang mit der Wirklichkeit und den anderen im Wissen, dass da Fragmente von Antworten auf moralische Fragen, die man sich als autonome Person stellt, liegen (Roebben 1995b, Van Dam 1999). Die Erfahrung von Gut und Böse kann nur vermittelt und verstanden werden auf der Basis einer Kultur der Verletzlichkeit oder der geistigen Aufgeschlossenheit für diese Aspekte. Wie steht es um unsere Kultur der Verletzlichkeit, wie steht es um eine Gesellschaft, in der Kinder im Strudel des Verbrechens und der Korruption verschwinden, oder ‚unschuldiger' ausgedrückt, in der Kinder sich den Forderungen des Marktes, des Konsums, der Leistung und der Perfektion unterordnen müssen? In einer gehetzten Gesellschaft scheint für ‚kindliche Tugenden' wie Verletzlichkeit, Vorläufigkeit, Wachstum und Experimentierfreudigkeit kein Platz zu sein. Dürfen unsere Kinder noch Kind sein…?

Wie kann moralische Sensibilität oder Ansprechbarkeit in der Bildung wieder einen Platz finden? Meiner Meinung nach auf zwei sehr konkrete Arten (Roebben 1998c): durch Kontakt mit Altersgenossen und durch Reibereien mit Erwachsenen. Junge Menschen brauchen Chancen zur Interaktion mit Altersgenossen. Sie können die moralische Stimme nur hören lernen, indem sie selbst in Aktion treten, etwas unternehmen dürfen, sich für etwas verantwortlich wissen. Jugendbewegungen, Lager, Schülerräte, politische Mitarbeit, gemeinsame Projekte in der Schule, aber auch *class buddies and cross-age tutoring* (Lickona 1991, 313-315) und Responsabilisierung für die eigene Arbeit und den eigenen Arbeitsplatz (zum Beispiel das Atelier in der Berufsausbildung) können hierzu beitragen. Junge Menschen miteinander in Kontakt zu bringen, multiprofessionell, multikulturell und multireligiös, und sie in diesem Projekt zu responsabilisieren, kann einen Spielraum eröffnen, in dem die überraschende Andersheit des Anderen ans Licht kommen kann.

Kontakt mit Erwachsenen, die die Kraft ihrer Überzeugungen ausdrücken können (nicht unbedingt verbal, sondern vor allem durch ihren Lebensstil) und mit denen Jugendliche zusammenstoßen dürfen, ist eine zweite Möglichkeit, die moralische Sensibilität zu verschärfen. Reibung in der Erziehung ist auf den ersten Blick etwas Negatives, da es sich um einen Konflikt handelt. Aber dieser Konflikt kann auch heilsam sein: Reibung erzeugt Wärme, Engagement, Anwesenheit und Interesse (Roebben 1995e). Protest oder Gleichgültigkeit der Jugendlichen sind oft ein Ruf nach Interesse. Moralische Bildung ist eine im Voraus verlorene Sache, wenn Erwachsene von Jugendlichen ein sorgfältiges und verantwortliches Verhalten gegenüber Dritten erwarten, während sie selbst den Jugendlichen dieses Verhalten nicht entgegenbringen. In manchen Schulen werden prächtige *mission statements* aufgestellt und den Jugendlichen als moralische Norm auferlegt, ohne dass sie jemals konkret angesprochen werden, an der Entscheidung über deren Inhalt teilzunehmen (Taylor 1996, 140-141). Wer sich nicht einbezogen fühlt, kann auch kein wirkliches Engagement bei moralischem Urteilen und Handeln zeigen. Diese Erfahrung wird noch durch den Eindruck der Jugendlichen verstärkt, dass die edlen Werte, die von ihnen erwartet werden, „einer zweckrationalen utilitaristisch-kalkulativen Moral-Technologie“ (Eid 1995, 155) angehören, basierend auf Geld und Macht, als Oberbau einer neokapitalistischen Gesellschaft (Hull 1996). Oder wie ich es einmal in den Gängen eines amerikanischen Universitätscampus ausgedrückt hörte: “We are expensive, so we must be good”. Zynismus und/oder Fundamentalismus sind dann nicht weit entfernt.

Die ‚Schlussendlichkeitsperspektive' der moralischen Bildung

Wenn Menschen sich im Zusammenhang mit dramatischen moralischen Ereignissen die Frage stellen: „Was um Gottes willen tun wir eigentlich?", geht es um das Wohin oder die Zielrichtung der Erziehung. Bei zahlreichen Grenzerfahrungen, wenn die empirischen, philosophischen und ethischen Fähigkeiten des Menschen auszufallen scheinen, Grenzerfahrungen, die auch in der verletzlichen Unternehmung der Erziehung (betrachtet als ständiger Abschied vom Kind) vorkommen, taucht die Frage nach einer anderen Lebensperspektive auf. Ich nenne dies die ‚Schlussendlichkeitsperspektive' (auf Niederländisch: *uiteindelijkheidsperspectief*; auf Englisch: *perspective of the ultimate*) (vgl. Roebben 2001b). In unserer säkularisierten Gesellschaft haben die konventionellen Religionen, die diese Perspektive von Anfang an thematisieren und kultivieren, ihre gesellschaftliche Evidenz verloren. Menschen suchen auch heute noch fundamentale Erklärungen für die großen Lebensfragen, aber es ist deutlich geworden, dass die Lösungen der religiösen Mythologie (oft von Kirchen und Glaubensgemeinschaften vertreten) veraltet sind und in der moralischen Bildung keine Rolle mehr spielen können, sagt Hemming provozierend (1996, 41). Was wir in der konkreten Situation tun müssen, ist "*to regenerate community*" (1996, 42). Und das klingt hoffnungsvoll wie eine traditionelle Herausforderung.

Es wurde bereits wiederholt auf die Verletzlichkeit der moralischen Gemeinschaft als Ort des Dialoges hingewiesen. Im Licht der Größe und der Begrenztheit der Anderen werden Menschen mit ihren Schattenseiten konfrontiert; bei manchen ethischen Optionen ist ein letztes Warum nicht verbal-rational verfügbar, sondern nur rituell-narrativ; Menschen können einander zum Beispiel mit den besten Absichten das Leben versauern und in Unversöhnlichkeit verharren. Meiner Meinung nach kann die ethische Reflexion nur dann wirklich lebensfähig für den Wiederaufbau der Gesellschaft werden, wenn sie Bilder, Konzepte, Erzählungen und Erfahrungen des Transethischen in ihre eigenen Reflexionen aufnimmt. Unter Transethik verstehe ich die Affirmation der Endlichkeit der menschlichen Person und die Relativierung der Möglichkeiten der Ethik, in der Ethik selbst und als eine besondere Dimension der ethischen Kompetenz der Person. Diese Affirmation wird nicht extrinsisch (religiös oder weltanschaulich) angebracht, sondern gehört intrinsisch zum Objekt der Ethik selbst. „Alles ist Ethik, aber Ethik ist nicht alles." Wer dies bezweifelt, geht an ‚Ethizismus' zugrunde.

Diese transethische Dimension in der Ethik kann religiös sein, ist es aber nicht zwangsläufig. Es geht im Wesentlichen um das *basic trust* in den finalen Sinn der Wirklichkeit, aus der heraus man ethische Entscheidungen trifft. Der Gedankengang lautet: Ich engagiere mich für das gute Leben und den Unterschied zwischen Gut und Böse, da ich davon überzeugt bin, dass die Wirklichkeit schlussendlich genug Sinn in sich trägt, um diesen Unterschied machen zu können.

Der Vorteil eines (in erster Hinsicht jedenfalls) nichtreligiösen Ausdrucks dieses Urvertrauens ist, dass es Menschen in einer interkulturellen und interreligiösen Begegnung helfen könnte, dieses transethische Element auszudrücken und zu integrieren. Ein zweiter Vorteil ist, dass dieser Ausdruck inmitten der eigenen Professionalität geschehen kann. Menschen werden in ihrer eigenen ethischen Kompetenz (als Arzt oder Ärztin, BetriebsleiterIn, PolitikerIn, LehrerIn usw.) angesprochen, die Grenzen des ethischen Diskurses ihres Faches zu umschreiben und zusammen ein neues Sehen, Urteilen und Handeln anzustreben. Ich bin davon überzeugt, dass die Ethik auf diese Weise auch ihr eigenes Projekt besser realisieren kann, als relativ autonome Disziplin, die von erstickenden Absolutheitsansprüchen befreit ist. Auch das religiöse Gebiet wird auf die Art wieder zu Ehren gebracht: Es ist keine „elitäre Restkategorie“ (Bucher 1995, 64) mehr, die zu Hilfe gerufen wird, wenn die humane Ethik nicht mehr weiterkommt, sondern sie erfüllt genau jene kritische Funktion, die zur Entkräftung der Absolutheit anderer Lebensdimensionen nötig ist.

Schlussfolgerung

In Indifferenz kann niemand Erziehungsarbeit leisten. Grobe Indifferenz nährt Zynismus und auf lange Sicht auch Fundamentalismus. Differenziertheit dagegen eröffnet Raum für Beziehung und Verantwortung, Raum, in dem wir uns angesprochen wissen und in Antwortbereitschaft leben können. In diesem Punkt teilen wir unser Mensch-Sein. Unser Auftrag ist es, kreativ zu werden und unsere Unterschiede so einzusetzen, dass dieses Füreinander-Menschsein wachsen kann und attraktiv wird. Diese Humanität - Menschsein in Einheit und Verschiedenheit - ist letztendlich das spirituelle Projekt von heute. Dieses Projekt ist es, das Menschen auf eine neue Weise miteinander verbinden kann. Das Wort Spiritualität verweist, mehr als Identität, auf den ‚warmen Unterton‘ des Projekts. Es geht nämlich nicht um harte, sachliche Unterscheidungen, sondern um die warmen Momente der Begegnung.

Mit einer solchen Herangehensweise an Spiritualität, nun nämlich ausgehend von der universellen Erfahrung des Menschseins, vom Unterton der Humanität, der das Menschsein gleichzeitig trägt und möglich macht, lernen Menschen auf eine neue und verletzliche Art, die Schlussendlichkeitsperspektive der moralischen Erfahrung zu formulieren. In der Begegnung gehe ich aus mir selbst heraus und bekomme ein Gefühl für den Anderen. Der Andere, in seiner Verletzlichkeit, lehrt mich, mich selbst loszulassen und mich für das Gemeinwohl einzusetzen. Der Schwerpunkt liegt außerhalb meiner selbst, ich bin nicht das Zentrum des Kosmos. Obendrein kann diese Spiritualität mich auch von moralischer oder religiöser Selbstverherrlichung befreien. In all meinem Suchen bin ich bereits gefunden, ich muss nicht mehr auf mich aufmerksam machen, ich bin schon gesehen. Ich muss mich nicht rechtfertigen, ich bin schon von Grund auf angenommen. Und wenn ich falle, falle ich nie in völlige Sinnlosigkeit.

Spätmoderne Menschen verankern dieses Projekt, losgelöst von sozioreligiösen Gegebenheiten, in der persönlichen Sinnsuche. Der Philosoph Hans Joas (2004) spricht von Selbsttranszendierung und vom „Ergriffensein", von einem vertrauensvollen Wissen über die Tatsache, dass wir getragen und geliebt sind, um in Empfänglichkeit und mit offenen Händen zu leben. Diese grundlegende Möglichkeit ist uns als Menschen gemeinsam. Sie ist die Grundstruktur unseres Menschseins. Spiritualität als Grundvertrauen in eine Wirklichkeit, die nie definitiv zufällt, sondern immer offen bleibt für die Zukunft, geht von Menschen aus, die bereit sind, sich selbst zu übersteigen (oder sich zu transzendieren), Menschen, die den Kontakt mit sich selbst nicht verloren haben, die in der eigenen Seele und in der menschlichen Grundstruktur des eigenen Daseins zu Hause sind. Sie wissen um das Licht, das in ihnen strahlt. Sie sind imstande es zu akkumulieren, heller werden zu lassen und dann weiterzugeben, so wie ein Leuchtturm.

Damit die spirituelle Flamme weiter brennen und aufflackern kann, muss man sie nähren und dazu Prioritäten setzen. Als Ausblick dieses Kapitels formuliere ich fünf Prioritäten für eine spätmoderne moralische Bildung.

- *Differenziert* erziehen: zeigen, dass einem nichts egal ist; nicht der Gleichgültigkeit nachgeben; zeigen, wo man hingehört.
- *Verantwortlich* erziehen: sich ansprechen lassen; responsiv sein; gelegentlich um Rückmeldungen bitten.

- *Fantasievoll* erziehen: Geschichten vom eigenen Suchen erzählen; die Kinder und Jugendlichen einladen, eigene moralische Urteilskraft zu entwickeln.
- *Entschleunigend* erziehen: sich ruhig Zeit nehmen zum Betrachten und Genießen; sich nicht ins Chaos der virtuellen Realität hineinziehen lassen.
- *Feurig* erziehen: die eigene Begeisterung spüren lassen; zeigen, wo und wie sich Energie aus der Glut und den Funken des Engagements der anderen rundherum ziehen lässt; mitschwingen mit den großen Sehnsüchten unserer Zeit.

Kapitel 2
Jugendliche und Lebensorientierung

„Reisen, in die Leere hinein." – so lautet in etwa die Übersetzung von "*Into the void, we have to travel*", einem Graffitispruch auf einer Brücke zwischen Veghel und Den Bosch, im Süden der Niederlanden. Er gibt meinem Gefühl nach gut wieder, wie Jugendliche ihr Dasein empfinden. Jung zu sein ist schon immer eine äußerst spannende Aufgabe gewesen. Heute ist es das umso mehr, weil es darauf ankommt, sich in einer unbestimmten Welt, in einer Welt ‚voller Leere', eine Identität aufzubauen. Der Unterschied zwischen Gut und Böse, die Dynamik des menschlichen Handelns, die Grenze zwischen Selbstbehauptung und Aggressivität, die Definition von Mensch und Gesellschaft - genau das sind die großen Lebensfragen, die sich nicht mehr mit traditionellen Antworten lösen lassen. Gleichzeitig müssen junge Menschen in Bewegung bleiben: wachsen, nach vorne schauen, Pläne schmieden und ‚erwachsen' werden. Menschsein bedeutet grundlegend: beweglich und erzählend im Leben stehen. Außerdem heißt Menschsein heute auch, dass man in die Leere der Zeit, mitten hinein in die Absurditäten und Komplexitäten reist, Auge in Auge mit simplen Konklusionen und endgültigen Lösungen, die viel zu früh ausgesprochen werden.

In diesem Zusammenhang möchte ich eine Art Lageplan skizzieren, der die Beziehung zwischen Jugendlichen, Sinngebung und Lebensorientierung deutlich macht. Dabei richte ich meine theologische Aufmerksamkeit darauf, wie Menschen heute die Schlussendlichkeitsperspektive ihres Daseins formulieren und an die nächsten Generationen weitergeben. Auch dies geht aus meinem pädagogischen Interesse hervor, wobei ich untersuche, auf welche Weise Jugendliche die Sinndimension ihres Lebens verstehen und auf wen sie dabei zurückgreifen. Die Grundlage für das vorliegende Kapitel bilden Untersuchungsergebnisse, aus denen in vier Schritten theologische und religionspädagogische Schlussfolgerungen abgeleitet werden sollen. Zuerst wird kurz auf die Sackgasse eingegangen, in der viele Jugendstudien stecken bleiben. Von dort ausgehend beschreibe ich eine Möglichkeit, die Sinnsuche der Jugendlichen möglichst scharf und mit größtmöglicher Achtung vor den Jugendlichen unter die Lupe zu nehmen. In einem dritten Schritt stelle ich dieser Skizzierung eine theologische Frage gegenüber: Wie beeinflussen diese Entwicklungen den glaubenskommunikativen Auftrag der Kirchen und anderer traditioneller religiöser Institutionen? Am Ende dieses Kapitels werfe ich einen Blick auf religiöse Bildung – ein gegenwärtiges Recht junger Menschen.

1. Jugendstudien in der Sackgasse

In laufenden Jugendstudien kommen Fragen nach Weltanschauung und Religion fast nicht vor, und wenn doch, dann auf eine sehr spezifische Weise. Eine bestimmte Form von Religion, namentlich das Christentum in seiner (bis vor kurzem noch allgemein identifizierbaren) soziokulturellen und vor allem institutionellen Gestalt, wird als Bezugsrahmen für empirische Studien mit Jugendlichen gewählt. Man befragt Jugendliche über Kirchgang, Gebet, religiöse Vorstellungen, Kenntnisse und Haltungen, Zugehörigkeit zu kirchlichen Verbänden und ähnliches. Und das ist genau das Problem: Säkularisierung hat in breiten Kreisen dazu geführt, dass der christliche Bezugsrahmen seine Plausibilität verloren hat. Man lässt sich nicht mehr von der Kirche reinreden, Eltern setzen nicht mehr auf Glaubenserziehung, katholische Schulen wissen oft nicht mehr, auf welchen religiösen Grundlagen ihr Bildungskonzept beruht, katholischer Religionsunterricht ist oft ein sinnloses Laberfach geworden. Hieraus ergibt sich, dass Jugendliche ihr eigenes Dasein nicht mehr im Rahmen einer christlichen und/oder kirchlichen Terminologie erfahren. Das Christentum ist kein himmlischer Baldachin mehr, der das ganze Leben umspannt. Es ist eine Möglichkeit neben vielen geworden. Für ältere Menschen ist dieser Umbruch schmerzlich, viele haben jedoch auch gelernt, die Situation zu akzeptieren.

Der Optionscharakter des christlichen Glaubens ist zugleich auch das Neue an dieser Entwicklung. Der christliche Glaube wird zu einer bewussten Wahl und zum Resultat längerer Überlegungen und vertiefter Auseinandersetzung. Wenn Glaube funktional differenziert ist, müssen potentiell Gläubige viel expliziter darüber nachdenken, als wenn er immer und überall anwesend ist. Und dann werden auch Alternativen sichtbar. Säkularisation ist daher die eine Seite der Medaille, die andere ist die sogenannte Modernisierung von Religion. Menschen wollen nicht länger bevormundet werden, sondern den Kurs nach dem eigenen Kompass bestimmen. Sie wollen in einer modernen Gesellschaft ihrer Existenz selbst Sinn geben, selbst Bezugsrahmen entwerfen und austesten. Mit der Sinnkonstruktion auf Basis eigener Entscheidungen beschäftigen sich viele. Individualisierung, Pluralisierung und Ent-traditionalisierung sind hier Schlüsselbegriffe.

Für die Theologie ergibt sich dadurch ein ganz neuer Forschungsrahmen (Gabriel 1994; Boeve 1999). Viel eingehender als früher muss sie sich mit dem Kontext der Sinnsuche von ZeitgenossInnen beschäftigen (Drehsen 1994), die veränderte Präsenz von Religion und Glaube in der Gesellschaft orten (Ziebertz 1999) und herausfinden, was das für die religiöse Kommunikation der Glaubensgemeinschaften bedeutet (Roebben 1995c; 1997; 1999b). Denn trotz der Tatsache, dass Kirchen ihren Platz im öffentlichen Leben verloren haben und nun als Folge funktionaler Differenzierung versuchen, neben den Angeboten vieler anderer sinngebender Lebensbereiche (wie Arbeit, Freizeit, zwischenmenschlichen Beziehungen, Bildung, Wirtschaft usw.) in einer Nische zu überleben, bleiben Zeitgenossinnen und -genossen aktiv auch auf der Suche nach religiöser Sinngebung. Der religiöse Markt zieht in dieser spätmodernen Zeit eine bunte Schar enthusiastischer und neugieriger Menschen an. Viele erleben, dass ihnen eine moralische und weltanschauliche Perspektive auf ihre eigenen Lebensfragen fehlt, und dass sie gerne eine solche einnehmen würden, vorausgesetzt, dass das Angebot flexibel und nicht verbindlich ist und sie selbst bestimmen können, ob und wie viel Religion sie vom Markt mit nach Hause nehmen.

Jugendstudien stecken heute in einer Sackgasse. Oft zielen sie auf etwas, das nicht mehr da ist, nämlich den Glauben, der durch traditionelle religiöse Institutionen vermittelt wird. Die Säkularisierung hat ganze Arbeit geleistet: Jugendliche kommen häufig nicht mehr in die Kirche, wissen nicht mehr, worum es im christlichen Glauben geht, und kennen keine religiöse Sozialisierung, auf die sie zurückgreifen könnten, wenn es darum geht, ihre Lebensfragen zu deuten. Theorie- und institutionsgeleitete Jugendstudien über Religion sind nicht mehr angemessen. Man geht dort zu sehr von der Prämisse aus, dass sich bestehende Denkstrukturen und Institutionen, die Religiosität einen Rahmen geben, in den Köpfen und Herzen der Jugendlichen widerspiegeln (Knoblauch 1996). Dies hat zur Folge, dass man massive Ablehnung vonseiten der Jugendlichen erntet: Die Sprache, die Jugendlichen angeboten wird, um ihre Erfahrungen zu deuten, empfinden sie als nichtssagend. Begriffe wie ‚Gott' oder ‚Jesus', die verwendet werden, um Erfahrungen von Tiefe, religiöses Wissen oder Haltungen zu operationalisieren, stoßen bei ihnen auf Widerstand (Biemans/van der Ven 1994). Der Eindruck, dass hier eigentlich über die Säkularisierungsthese gesprochen wird, verstärkt sich, wenn Religion an ihren ‚rechtmäßigen Platz‘ verwiesen wird, so wie das in Jugendstudien oft passiert: in einer Klasse neben und abgekoppelt von anderen Lebensbereichen, wie ein gesondertes Segment von Wirklichkeit. Das Ergebnis solcher Untersuchungen ist in Bezug auf Glaubensthemen meist sehr unbefriedigend, weil nach einem lebensfremden (theoretischen und institutionsgeleiteten) Glauben gefragt wird, der nichts mehr mit anderen Bereichen des Lebens zu tun hat und in dieser Form auch nicht identifizierbar ist.

Alternativen dazu wurden kaum erforscht. Es liegen bislang noch sehr wenige Jugendstudien vor, die die Definition der Situation den Jugendlichen selbst überlassen hätten. Wie sehen Jugendliche selbst ihr religiöses Bewusstsein? Welche Worte verwenden sie selbst, um die mögliche Tiefe des Daseins zu deuten? Wie interpretieren sie selbst ihre Lebenswelt (Heimbrock 2000)? Wie sehen die Bricoleure ihre Sinnsuche, ihr Dekonstruieren und Rekonstruieren? Erst kürzlich wurden in Flandern und in den Niederlanden einige Studien durchgeführt, die genau darauf zielen. Einen erkennbaren Fokus gibt es in dieser Frage jedoch noch nicht. Es versteht sich von selbst, dass andere Forschungsmethoden im Vergleich zu rein quantitativ-empirischen im Rahmen dieser Arbeit geeigneter wären (Ziebertz 2000; 2001).

Einige erfolgreiche Beispiele aus den Niederlanden könnten den Forscherinnen und Forschern eine Richtung weisen. Der Jugendsoziologe J. de Hart hat bereits in den achtziger Jahren Studien auf das weltanschauliche Bricolageverhalten von Jugendlichen ausgerichtet. Aus ihnen kann man ablesen, dass Jugendliche von traditionellen religiösen Institutionen losgekoppelt wurden und nun eine gewisse spirituelle Selbstverwaltung pflegen (de Hart 1990). Zu ähnlichen Resultaten kommt auch die religionssoziologische Studie von Hans Alma (1993): Das Sinngebungspotential von Jugendlichen, an das die Kirchen so gerne anknüpfen würden, ist nicht länger von den Sinngebungsbegriffen derselben getragen. Selbst für kirchlich sozialisierte Jugendliche (die Gruppe, die Alma untersucht) ist dieser Sprachgebrauch im eigenen Leben so gut wie nicht mehr relevant, solche Begriffe sagen ihnen einfach nichts mehr. Die Querverbindungen zwischen Glauben und Leben werden nicht mehr als inspirierend für die eigene Biographie erlebt.

Für die Kulturpsychologen Jacques Janssen und Maarten Prins (2000) impliziert dies, dass man in derartigen Studien radikal neue Wege einschlagen muss: Will man etwas neu ins Visier nehmen, dann muss man die Linse wechseln. Sie stellten daher offene Fragen und führten Interviews, um das Gebetsverhalten von Jugendlichen zu untersuchen. Junge Menschen blocken bei dem Wort ‚Gott' ab – und zwar dann, wenn der Forscher oder Lehrer es verwendet. Das Paradoxale aber ist, dass sie selbst genau den gleichen Begriff ‚Gott' verwenden, wenn sie mit eigenen Worten beschreiben, an wen sie ihr Gebet richten. Janssen meint: „Wir müssen daraus schließen, dass die Bedeutung des Wortes ‚Gott' abhängig vom Kontext verschieden ist. In Fragebögen wird das Wort ‚Gott' von den Jugendlichen wahrscheinlich mit institutioneller Religion in Verbindung gebracht, während Jugendliche in ihrer eigenen Sprache das Wort neu erfinden, um damit ein zentrales Element ihres Gebets zu benennen, das sie nicht auf eine andere Weise definieren können. Jugendliche haben eine eigene *native language* (…). Sie verwenden dabei oft dieselben Worte, aber in einer neuen Bedeutung, die immer wieder aufs Neue entsteht" (Janssen & Prins 2000, 10; Übersetzung BR). „Die Religion Jugendlicher befindet sich in kontinuierlicher Rekonstruktion, in Relation zu persönlichen Erfahrungen" (Alma & Janssen 2000, 23; Übersetzung BR).

Aus dieser kurzen Beschreibung innovativer Studien gehen vorläufig zwei wichtige Diskussionspunkte im Zusammenhang mit der Entwicklung der Forschung hervor. An erster Stelle scheint die sogenannte Enkoppelungsthese, die behauptet, dass Jugendliche sich radikal vom Vorhandenen abgekoppelt haben, zumindest diskutabel zu sein (Bucher 1999, 2001b): Jugendliche übernehmen religiöse Traditionen und schaffen sich so eine „mit Symbolen gefüllte Werkzeugkiste" (Janssen & Prins 2000, 12; Übersetzung BR) und es verhält sich durchaus nicht so, dass sie sich nichts mehr aus der Vergangenheit machen würden. In ihrer Suche ordnen sie alte Begriffsfelder neu. Sie greifen auf die Bruchstücke der religiösen Sozialisation von früher zurück. Eine neue Frage, die dann allerdings wieder auftaucht, ist, ob man dabei auch über Attributionen hinausgeht: Ist die Grunderfahrung hinter diesen Begriffen auch noch bedeutsam für Jugendliche? Ist es, anders gesagt, einzig die funktionelle Seite von Religion *(Attribution),* die übrig bleibt und von der substantiellen Bedeutung von Religion *(Erfahrung)* entkoppelt wird (Roebben 2001a, 100-102)? Ist substantielles Bedeutung-Geben ohne die Koppelung an eine Glaubensgemeinschaft überhaupt möglich? Entsteht hier womöglich eine neue Form von Religion, als unbedingte Selbstreligion: eine neue Form religiösen Selbstbewusstseins, die freilich von der affirmativen Sprache der Religionen Gebrauch macht, sie aber als gänzlich individuelle Rekomposition neu formuliert (Campiche 1997)?

Ein zweites Problem ist damit verbunden: Angenommen, Religion basiert auf einem sich ständig neu zu entwickelnden Suchen, wobei die Erfahrung des Suchens bedeutsamer ist als das Finden: Wie können wir den Handlungsaspekt dieser Aufgabe dann untersuchen? Wenn „die Baupläne erst gezeichnet werden können, sobald die Gebäude fertig sind" (Janssen & Prins 2000, 11; Übersetzung BR), wie kommt man dann in Kontakt mit den Entwerferinnen und Entwerfern? Jugendliche handeln lieber als zu reflektieren. Sie fragen nicht nach dem Sinn der Dinge, sie machen Gebrauch vom Sinn. Sie wandeln eine chaotische und unübersichtliche Summe von Impulsen in ein für sie vitales Ganzes um. Wissen die jungen Bricoleure, was sie tun? Ist hier vielleicht die Rede von einer neuen Lebenswelt, die mit vielen Haken und Ösen aneinanderhängt, aber bei näherem Hinsehen für die Jugendlichen selbst eine Quelle für Inspiration und Sinngebung darstellt? Und ist das für sie vielleicht ein substantieller Erfahrungsreichtum, vorbei an traditioneller religiöser Substanz?

2. **Identitätsbildung und (religiöse) Sinngebung**

Es mag deutlich geworden sein, dass unorthodoxe und Grenzen verlegende Jugendwertestudien dringend nötig wären, Studien, die sich auf die Suche nach dem Leben der Jugendlichen begeben, die das Verhältnis von Sinngebung und Banalität ausloten, die fragen, mit welchen Grunderfahrungen die Sehnsucht nach religiöser Deutung verbunden ist. Die Forschenden werden dabei ihre eigenen Hypothesen soweit wie möglich außer Acht lassen und non-direktiv, im Vertrauen auf einen glücklichen Ausgang und auf die innere Sinnhaftigkeit des Geschehens, an ihre Arbeit mit den Jugendlichen herangehen müssen. Objektivität ist Voraussetzung. Denn manchmal lesen erwachsene Forschende nach dem Verlust religiöser Perspektiven im Leben Jugendlicher zu wenig ‚Neuigkeiten' in ihren Studien; aber es kann auch vorkommen, dass sie ‚zu viel' hineinlesen, lesen wollen oder zu lesen hoffen, weil sie sich wünschen, das sogenannte religiöse Erwachen unter den Jugendlichen feststellen zu können. Darunter kann sich eine Form von religiöser Domestizierung verstecken, die die Jugendlichen am allerwenigsten zu schätzen wissen.

Eine Frage fesselt uns jedoch noch immer: Warum schielen auch selbstbewusste junge Menschen in ihrer Suche nach Sinn immer wieder auf die religiöse Gesellschaft und die religiösen Institutionen, die im ‚Abseits' stehen? Möglicherweise aus zwei Gründen: Sie sind auf der Suche nach Bausteinen für ihr individualisiertes Sinngebungsprojekt und, sobald dieses Projekt sie zu überfordern droht, nach bedingungsloser Unterstützung. Menschen *wollen* heute frei sein, doch sie *müssen* auch frei sein. Das Rationale unserer Zeit schreibt uns vor, dass wir selbstständig und fest verankert im Leben stehen müssen. Dazu gehört auch, dass wir flexibel und eklektisch mit einer Vielzahl an religiösen Perspektiven umgehen können. Aber diese *Rationalität* geht oft auf Kosten von *Relationalität*; wir haben oft das Gefühl, auf dieser Suche uns selbst ausgeliefert zu sein. Das Paradoxe an der Modernisierung ist nämlich, dass wir Menschen frei und eigenständig sein müssen und dafür nur uns selbst als Kompass verwenden können. Die Modernität weckt in uns die Verheißung einer neuen globalen Verbundenheit, aber scheint sie dann doch nicht erfüllen zu können. In diesem Punkt haben Religionen etwas Besonderes zu bieten: Sie verweisen auf Formen von vorbehaltloser Verbundenheit und auf Gemeinschaftserfahrungen, die die Belastungen und die Mühsal der täglichen Arbeit in der Spätmoderne übersteigen. Sie bieten auch Trost, wenn das Innerweltliche uns überfordert und uns zu ersticken droht und unser Machbarkeitsideal an der Kontingenz des Daseins zerbricht. Menschen kann man nicht davon heilen, Sinngeber zu sein, und man kann sie scheinbar auch nicht davon heilen, religiös zu sein. Religion ist eine Form von Kontingenzbewältigung, ein Mittel gegen die Frustration, die mit der Vorläufigkeit unseres Daseins gegeben ist. Von alters her ist das die wichtigste Funktion, die Religion zukommt.

Modernisierung, Individualisierung und Pluralisierung bringen Risiken mit sich: Menschen sind oft mit der Einzigartigkeit ihres Lebensprojektes überfordert. Der Leistungstrieb ist überall zu spüren und hat etwas Paradoxes: Um sich zu einer erfolgreichen und einzigartigen Persönlichkeit zu entwickeln (und das fordert ja die Gesellschaft), muss man Zeit und Aufmerksamkeit aufbringen. Das genau aber ist es, was den Menschen von der Gesellschaft nicht zugestanden wird. Jugendliche leiden darunter besonders. „Leiste etwas, Leistung tut dir gut", so halten es ihnen Erwachsene vor. Junge Menschen sind zudem oft verblüfft über die spätmoderne Gier, mit der Erwachsene durchs Leben gehen, ihnen aber, mit dem Blick auf die Zukunft, allerhand Forderungen auferlegen: eine saubere Umwelt, eine neue ökonomische Weltordnung, eine tolerantere Gesellschaft, sicherer und verantwortlicher Umgang mit Sexualität und so fort. Jugendliche fühlen sich überfordert. Müssen sie das alles umsetzen? Und was ist der Grundstoff für diese Zukunft? Die Trümmer von heute (Mette 2001, 238-244)? Jugendliche werden aufgefordert, Verantwortung zu übernehmen, bekommen aber ansonsten von Erwachsenen wenige oder gar keine biographischen Hilfestellungen für die Umsetzung, denn auch diese sind der Ent-traditionalisierung und Pluralisierung unterworfen. Jugendliche werden dann und wann „halbierte Erwachsene“ (Koops 2000) genannt: Nach außen hin reif und beurteilt nach den Maßstäben der Erwachsenen werden sie doch ohne Einblick in das Wie und Warum dieses Erwachsenseins alleine gelassen (Roebben 1995c, 330-333). Auch der Einfluss der ‚individualisierten Jugendbiographie‘, d.h. der Tatsache, dass die Jugendzeit viel länger als früher dauert und junge Menschen bereits sehr früh und ohne Orientierungshilfe unter ständig sich ändernden Bedingungen Entscheidungen über die eigene Person treffen müssen, macht sie sehr verletzlich. Das sturmfreie *Moratorium* nach E. Erikson, wo die Jugendlichen ihren Kurs ausstecken konnten, hat sich in ein aufgewühltes Meer der Bedeutungen verwandelt, das sich immer mehr aufschaukelt und sich unaufhörlich ausdehnt, und das von einer jungen Schwimmerin oder einem jungen Schwimmer vor allem soziale Beweglichkeit, Spannkraft und Überlebenssinn fordert (Roebben 1997; Schweitzer 1996).

Identitätsbildung im Kontext der Modernisierung ist also eine heikle Angelegenheit. Jugendliche lernen, eine ausgeglichene Identität zu entwickeln, lernen das Widerspenstige und die Komplexitäten einer modernen Existenz auszuhalten, tanzend auf der schmalen Linie zwischen den Polen des eigenen Selbst und dem des Anderen. Existenz (vom lat. *existere*, nach außen stehen) ist in diesem Sinne mehr denn je eine Aufgabe: Dies bedeutet, es mit sich selbst auszuhalten und sich nicht in einen billigen Relativismus oder knallharten Fanatismus zu flüchten (Keupp 1997). Der niederländische Pädagoge Jan van Spaendonck denkt in diesem Zusammenhang über den Wert von Tagträumen in der Entwicklungsdynamik Jugendlicher nach (1995): Jugendliche wollen ihre Möglichkeiten erkunden, sich in ihrer Umgebung positionieren, lernen, wer sie sind und was ihre Bestimmung ist. Sie brauchen Schutz und „sie scheinen zu fühlen, dass eine Wachstumsphase Zeit fordert und sie setzen ihre Ideen von sich selbst noch nicht der Konfrontation mit der Außenwelt aus“ – einer Welt, die ihnen in Form von Relativismus oder Fanatismus einfache Lösungen vor Augen führt. Eigentlich verlangt es Mut, die eigenen Fantasien ernst zu nehmen, weil man dann vor der Entscheidung steht: „Dieses Selbstbild übernehmen oder verwerfen, diese Träume kappen oder doch nicht?“ (van Spaendock 1995, 219-220 passim; Übersetzung BR). Vielen Jugendlichen glückt eine sinnvolle Identitätsentwicklung verhältnismäßig gut. Sie gehen spielerisch an diese Aufgabe heran, sie fallen hin und stehen wieder auf, nach dem Prinzip *trial and error*. Einige Jugendliche scheitern jedoch daran: Es wird ihnen zu viel abverlangt. Sie beißen sich an identifizierbaren und sicheren Lebensstilen fest oder stürzen sich ins Vergnügen – um nicht nachdenken zu müssen. Sicherlich, sobald sie mit der Endlichkeit ihres Daseins konfrontiert werden (zum Beispiel beim Tod von Eltern, Freunden oder Bekannten, bei Krankheit, wenn Beziehungen zerbrechen oder bei anderen Schicksalsschlägen), stehen sie unter Beschuss.

Eine bestimmte Entwicklung im religiösen Bewusstsein gibt dieser Identitätsarbeit in einer Gesellschaft unter Modernitätsdruck neuen Antrieb. Der niederländische Theologe Anton van Harskamp meint eine ‚neureligiöse Sehnsucht' in dieser Zeit zu bemerken, die wie ein Gegengift gegen das Erkalten und Versauern unserer Gesellschaft wirkt. Traditionelle religiöse Institutionen weichen neuen religiösen Gruppierungen. Zwei Strömungen ziehen dabei viel Aufmerksamkeit auf sich: Menschen machen sich auf die Suche nach ihrem wahren Ich, das sie durch enthusiastische Christus-Nachfolge bei den *Evangelikalen* zu finden glauben, oder sie stürzen sich auf die therapeutische Welt des *New Age* (van Harskamp 2000). Beide Strömungen bringen eingehenden Unmut über die traditionellen religiösen Institutionen zum Ausdruck: Diese sind zu nasskalt und zu distanziert geworden und knüpfen nicht mehr an das brausende Lebensgefühl von flexiblen, spätmodernen Menschen an. Van Harskamp beschreibt deutlich die Anziehungskraft von *Evangelicals* und *New Age*, stellt aber nicht genügend heraus, dass beide Strömungen selbst Tribut an den Zeitgeist zollen müssen: Sie schreiben den Mythos der Selbstverwirklichung fort, der so charakteristisch für unsere Zeit ist. Sie gaukeln den Menschen vor, dass sie der Gnadenlosigkeit unserer Zeit aus eigener Kraft entrinnen können, indem sie für sich nach einer gnadenvollen Alternative suchen und ihr nachfolgen. Das ohnehin schon so schwierige Dasein wird dadurch noch erschwert: Man muss die eigene Erlösung selbst erwirken – mit immer neuen Techniken (*New Age*) oder indem man der Außenwelt immer neu beweist, dass mit “*Jesus in your heart, revolution in your life*” ist (*Evangelicals*) (Borgman 2000).

Das ist messerscharfe Kritik gegenüber dem sogenannten Markt der Religionen. Die spätmoderne Gier wird dort einfach fortgesetzt, aber auf religiöser Ebene. Auch hier wird vom Menschen erwartet, dass er – koste es, was es wolle – ‚jemand' ist: jemand, der konsumiert und sammelt, der sich in diesem Kaufverhalten kreativ von anderen unterscheidet, der etwas leistet, was er vorweisen kann und womit er andere in Erstaunen versetzt. Religiöse Erzählungen, Symbole, Traditionen und dergleichen werden dann dem Image Building der jeweiligen Person dienstbar gemacht. Sie stehen dann im Dienst des ‚individuellsten Ausdrucks der individuellsten Emotionen' des spätmodernen Menschen. In einer wahrhaften Religion wird ein Mensch jedoch eingeladen, zu einer Glaubenstradition zu gehören und sich von der Weisheit herausragender Vorbilder in jener Tradition ansprechen zu lassen, die auf ihre Art mit denselben Fragen gerungen und Fragmente einer Antwort gefunden haben. Menschen werden durch Religion in eine symbolische Ordnung geführt, die sie als Personen befreit. Das ist ein Kennzeichen wahrer Religion.

Auch hier könnte man entscheidende Fragen stellen: Verändert Religion wesentlich ihr Angesicht? Lässt man das substantielle Element von Religion zugunsten eines rein funktionalen Religionsbegriffs fallen? Wurde der Kulturbruch in dem Sinn vollzogen, dass der Mensch nur noch für die innerweltliche Seite von Religion ansprechbar ist? Wird bald von einer Religion ohne Gott gesprochen werden? Der Theologe Anton van Harskamp behauptet, dass man dabei auf Gott warten müsse – da er ja *out of the picture* sei. Sein Kollege Erik Borgman denkt darüber nach, ob Gott sich noch einmal in neuer Gestalt offenbaren wird, oder ob die Sache mit Gott nicht mehr in Ordnung kommen wird. Theologinnen und Theologen geben also zu, dass sie nicht mehr um diese schwierigen Fragen herumkommen. Religion wird von Menschen in Gebrauch genommen (für ihr eigenes Seelenheil) – und das stellt sich radikal gegen ein wichtiges Kennzeichen von Religion im Allgemeinen und des Christentums im Besonderen: Religion lässt sich nicht in Gebrauch nehmen, dafür ist sie nicht da. Religion ist ein Geschenk, etwas, das menschliche Überlegungen übersteigt, kritisiert, provoziert, oft aber auch motiviert und eben bestätigt.

3. Traditionelle religiöse Institutionen in der Krise

Die Aufklärung hat dem Menschen geholfen, einen verknechtenden und inhumanen Glauben hinter sich zu lassen. Durch Rationalisierung und Modernisierung wird ein bevormundender und Furcht erweckender Gott überflüssig. Christlich-religiöse Institutionen werden dogmatisch-ideologisch immer mehr entfestigt. Wie als Anklage gegen zu viel Rationalität und Modernisierungsdruck setzt sich dabei auch eine neue religiöse Sehnsucht durch. Interesse an Religion sei *the very heart of modernity*, so der französische Religionssoziologe Daniele Hervieu-Léger, und keine rudimentäre Restkategorie aus einer vormodernen Zeit, sondern ein neuer

Bewusstseinsmodus des modernen Menschen (Schwab 1997). Das Knäuel zeitgemäßer Sinnsuche ist verzwickt!

Vonseiten christlicher Theologie spricht man von einer Tradierungskrise der Kirchen (Feifel & Kasper 1987): Diese schaffen es scheinbar nicht mehr, den Glauben auf erkennbare Weise aufs Tapet zu bringen, geschweige denn ihn weiterzugeben. Der Prozess der Weitergabe (vom lat. *traditio*) unterliegt zahlreichen Blockaden und ist mitunter einfach zum Stillstand gekommen. Seelsorge, Caritas, Apostolat, Pastoral – das sind Begriffe, deren Hintergrund in einem innerkirchlichen Kontext sehr wohl noch verstanden werden, die aber außerhalb der Kirchen nichtssagend geworden sind. Neue Begrifflichkeiten übernehmen ihre Rolle: Ausdrücke wie Professionalisierung, Qualitätssicherung und ökonomische Machbarkeit bestimmen heute die Tagesordnung. Und Kirchen können nicht gegen diesen Lauf der Dinge ankämpfen.

Viele erleben unterdessen das Paradoxon unserer Zeit: Mit dem Erlöschen einer spezifischen Sprache des Glaubens (die eine Brücke zwischen Erfahrung und Offenbarung zu schlagen wusste), ist auch so manche Grunderfahrung erloschen. „Das gibt mir alles nichts mehr, die Kirche und der Glaube. Damit beschäftige ich mich nicht mehr“, sagen Menschen dann. Dabei fällt es ihnen in so mancher Situation, zum Beispiel wenn sie von Leid oder Freude überwältigt werden, schwer, tiefe Lebensfragen zu thematisieren, weil ihnen die adäquaten Ausdrücke fehlen. „Ein Volk ohne Vision geht zugrunde“, so könnte man die Situation in Anlehnung an der Befreiungstheologin Dorothee Sölle beschreiben (in Analogie an Sprüche 29,18). Sobald die Sprache der Sehnsucht nicht mehr gepflegt wird, ebbt auch die Sehnsucht selbst ab. In der Jugendhilfe erkennt man zum Beispiel, dass man auf viele Fragen von empfindsamen Jugendlichen nicht mit Vorgehen nach Vorschrift oder mit Belehrungen reagieren kann. Ihre Fragen sind scharf formuliert: „Warum muss ich überhaupt gut sein? Warum soll ich nicht am Bösen festhalten? Welche Maßstäbe verwende ich, um meinem Leben Bestimmung zu geben? Und was mache ich, wenn alles schiefgegangen ist und wenn ich mit meinem Dasein an diese Tatsache gefesselt werde? Was tun, wenn ich mich selbst verliere? Was tun, wenn mir Sinnlosigkeit droht? Ist da noch jemand, der mich gesehen hat, so armselig, verletzbar und sterblich? Ist da noch jemand, der sich nach mir umsieht?“ Das sind Lebensfragen, die man nicht allein mit eingelernter Kompetenz angehen kann. Dafür ist etwas anderes vonnöten, so jedenfalls erleben das viele in der Jugendhilfe (Kolen 2001).

Die Sehnsucht nach der Vertiefung des eigenen Lebens ist immer wieder zu spüren, zum Beispiel in der Welt der Werbung. Dort wird eine Sprache entwickelt, die möglichst eindringlich in Worte kleidet, wonach die Menschen suchen: Sehnsucht, Aushäusigkeit, Obdachlosigkeit, Niemandsland, Pilgerschaft, Unterwegs-Sein usw. Das sind die Metaphern, die uns heutzutage auf den Fernsehschirmen, im Kino, auf den Reklameschildern begegnen. Coca-Cola z.B. präsentierte vor einigen Jahren einen Werbespot, in dem junge Menschen verschiedener ethnischer Hintergründe sich vor Tagesanbruch auf dem Dach einer Berghütte treffen. Sie versammeln sich, um sich bei der aufgehenden Sonne zu besinnen. Dann endet der Spot und es erscheint das Logo *Enjoy Coca-Cola*. Es gab noch einen anderen Spot mit derselben Atmosphäre: Ein Junge sitzt mit seinen vier Freunden in einer U-Bahn-Station in einer (amerikanischen) Großstadt und denkt, während er über seine schlafenden Freunde wacht, an die Abenteuer mit ihnen zurück, an ihre gemeinsame Geschichte bestehend aus Studium und Entspannung. Er kommt zu der Erkenntnis, dass alles gut ist, wie es ist: die Freundschaft, die Verbundenheit, das Leben selbst. Inzwischen nippt er an einer erfrischenden Cola. Eine tiefe Sehnsucht wird thematisiert, mit Metaphern zum Ausdruck gebracht und als kraftvolles Bild im Werbespot umgesetzt. Die Auslegung dieser Sehnsucht geschieht jedoch auf einer rein materiellen Ebene. Der Markt erzeugt und verstärkt das Verlangen nach materiellen Produktkonzepten, die flüchtig und dadurch ständig erneuerbar sind. Der Mensch aber bleibt mit einem zutiefst unbefriedigten Gefühl zurück...

In einem Videoclip des Rockstars Sting erscheint dieser bei dem Lied "Brand New Day" (CD *Brand New Day*, 1999) als auferstandener Christus, der in einem weißen Gewand über das Wasser wandelt. Er berührt verletzte Menschen, und sie werden neu geschaffen: Ihre Gesichter strahlen wieder. Niemand von ihnen ist aussätzig, krank oder äußerlich verletzt. Sogar die alten Leute sind nicht verkrümmt. In dem Lied und dem Clip geht es um innere Wunden, die geheilt werden müssen. Sting präsentiert sich als ultimativer Heiler der Spätmoderne und fordert die Menschen auf, sich einander zu erbarmen. Die Verwendung der christlichen Metapher der Auferstehung ist für Christen schockierend. Aber in der Semantik dieses Clips wirft diese Metapher ein neues Licht auf die Existenzerfahrung der Jugendlichen.

Diese Manifestationen von Sehnsucht verlangen nach einer theoretischen Analyse. Welche Bilder werden hier von gutem und intensivem Leben gezeichnet? Was sagt das über den heutigen Menschen und seine Gesellschaft aus? Wo liegen die Schwerpunkte des menschlichen Sehnens? Schafft es der Mensch, sich selbst zu retten? Geht es hier um religiöse Erfahrungen? Entsprechen diese Bilder tief verwurzelten menschlichen Konstanten oder sind sie aktuelle Ausdrucksformen, die rasch wieder verschwinden können? In einigen hervorragenden Ansätzen wird einer solchen Analyse nachgespürt; einen davon vertritt der junge amerikanische Theologe Tom Beaudoin in seinem Buch *Virtual Faith* (1998). Er biete, so beschreibt er es selbst, ein unehrwürdiges, jugendliches Neu-Lesen der christlichen Tradition an, das aber mit dem Respekt erwachsener Gläubiger rechnen können sollte. Er beschreibt auf eine faszinierende Weise die Kleidung, Musik und Cyberumgebung von Jugendkulturen und meint darin etwas von einer ‚theologischen' Kultur zu entdecken, die die Momente der Leere und Ratlosigkeit fülle, und die infolge gebrochener Beziehungen mit traditionellen religiösen Institutionen entstehe. Popkultur sei eine Quelle des virtuellen Glaubens: Sie imitiere den echten Glauben, konfrontiere ihn mit den Sehnsüchten unserer Zeit und zeige in ihrer ‚In-Gebrauch-Nahme' des Glaubens Perspektiven für ein neues Glaubensverständnis auf.

Ein solcher theologischer Wortgebrauch kommt in der institutionellen Kirche selten oder gar nicht zum Zug, dort verwendet man fortwährend eine idealisierende und normative Sprache und vergisst dabei, dass viele nicht mehr in der Lage sind, ihre Verletzlichkeit in einer so komplexen Kultur wie der unsrigen für sich selbst zu benennen. Manchmal gibt man einbetonierte Antworten oder geht frontal in den Gegenangriff gegen die Kultur über, und manchmal fühlt man sich durch das Bricolageverhalten von ZeitgenossInnen in die Enge getrieben. Das Auseinanderdriften der offiziellen Kirche und des zeitgenössischen Lebensgefühls könnte man in einer kleinen Parodie so ausdrücken: „Die Kirche gibt Antworten auf Fragen, die niemand stellt und schweigt über die Probleme, die keinen loslassen" (Stappaerts 1993, 74; Übersetzung BR). Um ihres massiven Wahrheitsanspruchs willen verpasst es die offizielle Kirche in den Augen vieler, konkret an das gelebte Leben, das nicht in moralische oder religiöse Codes gezwängt werden kann, anzudocken. Für diese Menschen ist sie "a tranquil church in a volcanic society" (Nadeau 1994, 92-93), ein Fels in der Brandung zwar, aber nicht wirklich Vertrauen erweckend, weil sie sich vom Tosen der Brandung nicht berühren lässt.

Die Tragik vieler traditioneller religiöser Institutionen liegt darin, dass sie der fragilen Sinnsuche (junger) ZeitgenossInnen mit Unverständnis entgegentreten oder sich abwenden, und dadurch selbst ihre Religionsfähigkeit verlieren. Sie beschäftigen sich nur noch mit ihrer eigenen Nostalgie, mit ihrer historisch realisierten Heilsvermittlung, und nicht mehr mit ihrer gesellschaftlichen Präsenz und der Realisierung ihrer Heilsbotschaft heute. Gemeinsam mit dem Praktischen Theologen Volker Drehsen (1994, 56) meine ich, dass der Beitrag der christlichen Glaubensgemeinschaften dort liegen muss, wo Momente, Erfahrungen und Intuitionen von Gnade in einer gnadenlosen Gesellschaft zum Thema werden. Kirchen müssen ein verbindendes und ermutigendes Sprechen entwickeln, das den Überschuss an Erwartungen in der Modernität durchklingen lässt. Sie müssen Foren anbieten, in denen Menschen ihre kreative Wahrnehmung von und ihren Umgang mit den Komplexitäten des modernen Daseins zur Sprache bringen können. Sie müssen Raum schaffen, wo die Bruchstücke der Hoffnung und Gnade zusammengetragen werden können, im Erleben, in der Reflexion und im Feiern. Monolithische Antworten – „nimm oder lass es sein“ - sind nicht mehr passend. Menschen suchen gerade deshalb Sinngeber auf, um sich von ihnen sagen zu lassen, auf welche Weise sie die Bruchstücke ihres Lebensprojektes sinnvoll zusammenfügen können und wie sich aus dem Komplex ihrer Erfahrungen eine Möglichkeitsgeschichte abzeichnen könnte, die ihnen wieder eine Lebensperspektive bietet.

Auch in der Welt der Jugendkultur können Kirchen bedeutsam sein. Die Kirchen brauchen keine Monopolstellung für moralische und weltanschauliche Bildung mehr einzunehmen, aber sie müssen sich selbst im gesellschaftlichen Diskurs doch relevant und transparent präsentieren, nämlich entweder mit einer ‚*counterstory*-Perspektive‘ oder mit einer Anpassungsstrategie. Fruchtbarer erscheint allerdings ein dritter Weg, die Konfrontation (Roebben 1995d, 288-293; 1996c, 206-214): Junge Menschen werden in die *transitional spaces* bzw. in die Durchgangsräume eingeladen, wo zwischen verschiedenen Lebensbereichen sinnvolle Verbindungen hergestellt werden, wo das eine mit dem anderen verlinkt und somit Gleichgültigkeit durchbrochen wird. Der deutsche Religionssoziologe Karl Gabriel spricht in diesem Zusammenhang von einer Interdependenzunterbrechung: die Möglichkeit still zu werden und darüber nachzudenken, was das Leben in all seinen Komplexitäten zusammenhält und ihm Sinn gibt (Gabriel 1994).

Man könnte sich jetzt vorstellen, dass die Kirchen, wenn sie es raffiniert anstellen, viele Jugendliche zurückgewinnen könnten, denn diese zeigen ja, wie zuvor ausgeführt, eine neue Empfänglichkeit für das Religiöse. Sie sind leicht ansprechbar, ungezwungen und unbescholten, und bereit für neue Sinnimpulse. Darüber hinaus sind sie jung und anziehend, kritisch und leidenschaftlich; und sie konfrontieren Erwachsene mit deren religionspädagogischer Verlegenheit. Einige Erwachsene erfahren das als wohltuend: Es kommt frisches Blut hinzu, wodurch die Vitalität der Glaubensgemeinschaft für die Zukunft gesichert ist. Das Lebensgefühl der Jugendlichen wird dann aber instrumentalisiert, weil man sich mehr um das Fortbestehen der Gruppe sorgt als um das Wohlergehen der Jugendlichen. Darum: Man darf die Tradierungskrise nicht den Jugendlichen anlasten. Man darf nicht glauben, dass der Ausweg aus der Krise darin besteht, dass man z.B. im Religionsunterricht davon ausgeht, dass das christliche Erbe ein großes Ganzes ist und so in einem Stück an suchende Jugendliche weitergegeben werden kann. Jugendliche sind verletzlich, ohne Schutz und stehen alleine für sich ein. Sie wollen dem eigenen Kompass folgen und zu ihrem eigenen Besten handeln; sie sind nicht besonders begeistert davon, wenn man sie in ein größeres Ganzes des Glaubens einspannen möchte. Genauso wie sich Jugendliche aus der Perspektive der Säkularisierung bei Jugendstudien ausklinken, sobald ihre Erfahrungen, ihrem Gefühl nach, nicht ernst genommen, sondern ständig an kirchliche Glaubensaussagen gekoppelt werden, so lassen sich Jugendliche auch nicht missbrauchen, um Kirchen und religiösen Traditionen neues Leben einzuhauchen.

4. Das Recht junger Menschen auf religiöse Bildung

In der gegenwärtigen Situation, in der traditionelle religiöse Institutionen ihren Einfluss auf die Gesellschaft verlieren, junge Menschen aber nichtsdestotrotz auf der Suche nach Lebensorientierung sind, haben sie das Recht auf Religion und angemessene religiöse Bildung (Schweitzer 2000). In einer Gesellschaft, der es an einer spirituellen Mitte zu fehlen scheint, in der große sinnstiftende Erzählungen ihre Aussagekraft verloren haben, wo nach dem tiefsten Sinn von moralischem Handeln gefragt wird, wo eine Sehnsucht nach weltanschaulicher Orientierung, die auch sprachliche Ausdrucksformen braucht, fühlbar wird, wo man Klarheit und Informationen über das multireligiöse Angebot sucht, genau in so einem Kontext kann das Lehr- und Lerngebiet ‚Religion' wichtige Dienste leisten, nämlich junge und ältere Menschen dazu befähigen, eine eigenständige, persönlich aufgebaute und fruchtbare Lebensperspektive zu entwickeln. In welcher Art und Weise diese religiöse Bildung organisiert und systematisiert werden kann, wo sie institutionell verankert werden muss, und weitere damit verbundene Aspekte werden in den kommenden

Kapiteln besprochen. Zumindest kann man eine Verbindung zwischen spätmoderner Gesellschaft, Lebensorientierung, Religion und Bildung sowie dem Begriff der Partizipation herstellen.

4.1 *Partizipation als Kernbegriff im aktuellen pädagogischen Diskurs*

Ein Mensch lernt durch sein Tun. Indem wir uns in einem bestimmten Handlungsfeld engagieren, lernen wir konkret zu handeln, und wir lernen auch, was es heißt, genau so (und nicht anders) zu handeln. Durch diese Einübung bekommen wir nicht nur die Technik ‚in den Griff', sondern verstehen allmählich die Regeln, die unser Handeln ermöglichen und auch die Gründe, mit denen diese Regeln gerechtfertigt werden. *Practices, rules for practices and reasons for rules* – so funktioniert das dreifache ‚Ausklappsystem' des verstehenden Lernens, eines Modells, wie es unter anderem der englische Erziehungsphilosoph Richard Stanley Peters beschreibt (Peters 1966; Roebben 1995a, 126-144). Wer damit beginnt, Fußball zu spielen, übt zuerst die Technik, mit der man den Ball wörtlich ‚in den Griff' bekommt, lernt aber auch die Regeln des Spiels (zum Beispiel, dass man bei einem ‚Manöver' die Hände aus dem Spiel lassen muss) und die Gründe für die Regeln (zum Beispiel, dass es ein Minimum an Vereinbarungen geben muss, um das Spiel mit einem Gegner fair, ja schlichtweg möglich zu machen).

Der regelgeleitete Charakter des Handelns steuert den menschlichen Lernprozess, bei Klein und bei Groß. Ein Kind verwirft besonders spontan seine Einsichten, wenn das Kind aber älter wird, werden die Denkleistungen, die zu seinen Handlungen gehören, immer bewusster, komplexer, geschwinder und stärker. In der aktuellen Pädagogik hat man dieses alte Prinzip nun wiederentdeckt. *Learning by doing*, das Eigene einer bestimmten theoretischen Einsicht kennenlernen, indem man es in die Praxis umsetzt und danach wirklich durchschaut, steht nun wieder im Brennpunkt des Interesses. Erfahrungsgerichtete Kindergartenpädagogik, aktivierendes Lernen in der Grundschule, begleitetes Selbststudium in weiterführenden Schulen, selbstgesteuertes Lernen an den Universitäten – diese Schlagwörter triefen vor Enthusiasmus und Innovationsgeist, aber sie befestigen eigentlich nur, was wir schon lange wissen: Allein das, was wir eigenhändig erfahren und ganz aus der Nähe gesehen haben, wird uns einsichtig. Wenn wir uns etwas aneignen, indem wir es zur Hand nehmen, haftet es in unserem Gedächtnis. Die Vermittlung von außen, ohne Aneignung von innen heraus, funktioniert nicht (Becker & Gossmann 1995).

Es versteht sich von selbst, dass diese Art des Lernens keine einsame Tätigkeit sein kann. Um ein Meister zu werden, übt man nicht allein. Am Anfang lädt dich jemand ein, mitzumachen. Jemand überzeugt dich von der Sinnhaftigkeit der Handlung, indem er es dir vormacht und indem er sehen lässt, wie eine Handlung einen Menschen verändern kann. Du wirst dann Teil des Bekanntenkreises dieser Person oder dieser Gruppe von Personen. Du hast dich ihm anvertraut, du baust auf seiner Expertise auf, wenn du ab hier deine eigene Geschichte weiterschreibst. Wer das Fußballspiel beherrschen möchte, wird mit seinen Freundinnen und Freunden zu Hause, in der Schule oder in einem Verein lange üben müssen. Sinnvolle Praxis ist untrennbar mit einer Gemeinschaft verbunden, die diese Praxis kultiviert, das heißt sie ausführt und reflektiert. Diese Praxis ist eingebettet in das Zeugnis und die Sprache dieser Gemeinschaft und erhält durch sie ihre Aussagekraft und ihren Wahrheitswert. Auch das ist eine Einsicht, die die jüngste Pädagogik wiederentdeckt hat, und zwar auf den Impuls von Bildungsphilosophen hin, die sich mit Gemeinschaft auseinandersetzen (Roebben 1995a, 70-85). Am intensivsten wird in *intentional learning communities* gelernt. So bezeichnet man offene Arbeitsgruppen, in denen man sich trifft, um bewusst (also intentional) bestimmte Bedeutungen von Sprache und Handeln zu entwickeln. Interessierte können sich einklinken und mitdenken. Wer die Praxis mitvollzieht, die Regeln respektiert und lernt, die Gründe für das Lerntreffen kritisch zu durchdenken, profitiert optimal vom Lernprozess.

In diesem allgemein gehaltenen didaktischen Konzept ist Raum für Entwicklung und Wachstum. Kleine Kinder jedenfalls sind noch nicht imstande, den regelgeleiteten Charakter von Handlungen zu erkennen und zu benennen, geschweige denn, Gründe anzugeben, warum man sie ausführt oder eben nicht. Sie spielen einfach mit beim Fußball, weil es lustig ist. Erst später kommen auch Spielregeln ‚zum Zug', gemeinsame Absprachen und Zusammengehörigkeitsgedanken (zum Beispiel, dass man, indem man einer TeamkollegIn zupasst, meistens weiter kommt, als wenn man alleine auf das Tor zustürmt). Im Spannungsbogen von Praxis, Regeln und Gründe findet Entwicklung statt: Kleine Kinder können die Regeln des Spiels noch nicht kritisch wahrnehmen, aber sie spielen einfach mit; im Spielen des Spiels geschieht Initiation. Jugendliche und Erwachsene lernen im und durch das Spiel auch die Regeln und die Gründe für die Regeln; sie lernen sie kritisch abzuwägen und mit anderen, die vielleicht anders denken, darüber zu kommunizieren. Initiation und Kommunikation sind zwei Dimensionen, die fundamental dazugehören, wenn man lernen will, ein Meister zu sein (Roebben 1995a, 253-273). Partizipation als Überbegriff beinhaltet die Teilnahme an und die Initiation in sinnvolle Praxis, sowie die Kommunikation über die Regeln und Gründe der Praxis. Das geschieht auch ganz bestimmt in Gemeinschaften, wo Jung und Alt aufeinandertreffen und voneinander lernen. Lernen ist an sich ein soziales und inter-generationelles Geschehen: Jung und Alt lernen voneinander und aneinander. Sie lernen, was bedeutungsvoll ist, weil sie im Gegenüber den bedeutungsvollen Anderen erkennen. So erleben sie Gemeinschaft – als Quellerfahrung (woraus) und als Zielbewegung (wohin).

4.2 *Partizipation als Kernbegriff im aktuellen religionspädagogischen Diskurs*

Ist auch eine weltanschauliche Sicht lehr- und lernbar? Funktioniert auch hier das Prinzip der Partizipation und der Diskurs- oder Zeugnisgemeinschaft, wo Menschen voneinander und aneinander lernen (Hermans 2003; Roebben 2007a, 132-140)? Was ist im Übrigen weltanschauliche Erziehung? Und was ist Weltanschauung? Ich schlage die hier folgende Definition bzw. Abgrenzung der Begriffe vor: Menschen geben ihrem Dasein Sinn, sie verbinden es mit Referenzrahmen, die Ordnung schaffen und uns helfen, den eigenen Lebensweg zu verstehen. Das ist *Sinngebung*. In diesem Prozess werden auch Elemente vom letzten Sinn, vom letzen Bedeutungsgrund oder Schlussendlichkeitsperspektiven von Mensch und Welt in Worte gefasst. Man spricht dann von *Weltanschauung*. Wir können, wenn wir sprechen, nicht anders als dem Leben einen letzten Sinn geben, weil es voller Rätsel und Unvollkommenheiten ist. Selbst wer behauptet, das nicht zu tun, ist auf die eine oder andere Weise (manchmal sogar sehr intensiv) damit beschäftigt. Auch die Aussage: „Gut, dass das Leben keinen Sinn hat, dann brauche ich auch nicht (selbst) danach zu suchen“, hängt mit einer weltanschaulichen Perspektive zusammen, die dann lautet: „Abwarten und sehen, was passiert.“ Sinngebung und Weltanschauung können in einer religiösen Umgebung stattfinden, aber das muss nicht unbedingt so sein. *Religion* ist jene Form von Sinngebung, bei der man aus einer explizit transzendenten Perspektive an die Wirklichkeit herangeht. Der letzte Sinn von Mensch und Welt liegt dann außerhalb des Menschen. In diesem Fall kann der Mensch nicht von sich aus sich selbst und seine Umgebung verstehen: Es gibt etwas außerhalb seiner selbst, das ihn (eventuell sogar von innen) inspiriert, in Bewegung hält und dem Leben Sinn gibt (van Knippenberg 1998). Religiöse Menschen geben dieser letzten Wirklichkeit viele Namen, unter anderem den Namen ‚Gottes'. Religionen sind historisch entstandene und institutionell verankerte Formen religiösen Umgangs mit dieser Wirklichkeit.

Religiöse Bildung will Kindern, Jugendlichen und Erwachsenen dabei helfen, sensibel für die eigene Schlussendlichkeitsperspektive und die anderer zu werden, so wie diese in der Vergangenheit von der Kultur (Tiefe), in der Gegenwart von der Lebensumgebung und der Klasse (Breite) und als Herausforderung für eine vitale Zukunft (Länge) bestimmt wird. Sie will ihnen helfen, den letzten Sinn oder *the ultimate concern* (Tillich 1952) ihres Daseins zu ergründen und zu formulieren, um selbstsicher (bewusst und glücklich) durch das Leben gehen zu können. Sie bietet inhaltliche Anknüpfungspunkte aus vielen kulturellen und religiösen Traditionen. Diese Traditionen werden nicht mit einem Sicherheitsabstand (archäologisch oder exotisch) oder in einer sturmfreien Zone (theoretisch) behandelt, sondern mit konkreten Lebensthemen moderner Kinder, Jugendlicher und Erwachsener in Verbindung gebracht. LehrerInnen und ErzieherInnen hoffen durch ihr Angebot – den von ihnen konkretisierten Suchprozess in den Traditionen – die Kinder und Jugendliche für tiefe Lebensfragen, die diese Traditionen (von alters her und weltweit) beantworten, zu sensibilisieren. Religiöse Bildung bietet die Möglichkeit, zu lernen, wie man am Sprachsystem ‚Religion' partizipieren kann (Schobert 2002). Kinder und Jugendliche vergewissern sich der Gründe, die sich hinter der Praxis und den Regeln für die Praxis von sinnsuchenden und religiösen Menschen verbergen. Gute religiöse Bildung ist dann wie „eine Art religiösen Qualitätsbewusstseins" (R. Englert, zitiert in Kropač 2009, 36). Auf diese systematische Einübung haben sie Recht. Das Recht auf religiöse Bildung – informiert und orientiert den Lebensweg "*into the void*", in die Leere hinein, gehen und begründen zu können – gehört zu den Grundrechten spätmoderner (junger) Menschen.

Schlussfolgerung

Es ist ratsam und immer wieder gut, auf die Kinder und Jugendlichen zu hören. Sie erfüllen eine seismographische Funktion: Sie spüren und verstärken die Erdstöße unserer Kultur. In ihrem Protest, ihrem Idealismus und sogar ihrer Suche nach Kicks versteckt sich die Sehnsucht, gehört zu werden und ein Zeichen von Hoffnung für die Zukunft zu sein. Jugendliche halten den Erwachsenen einen Spiegel vor: „Was habt ihr uns zu bieten für dieses Später, das euch so wichtig ist? Wird es anders sein, als es jetzt ist? Leistungszwang, soziale Kälte, Umweltprobleme und eine alles verschlingende Globalisierung? Und was ist euer tragender Grund, um das zu tun, was ihr tut?“ Ist es verwunderlich, dass Jugendliche manchmal sozusagen ausflippen, wenn sie merken, dass Erwachsene bei solchen Fragen ratlos sind und nichts mehr zu sagen wissen? Diese Ratlosigkeit kann jedoch ein neuer Beginn sein: Erwachsene erkennen ihre Verlegenheit, wagen, den Anspruch der Jugendlichen zu hören, aber wagen ebenso, auch selbst wieder ihre tiefste Sehnsucht zur Sprache zu bringen. Sie teilen dann mit den Jugendlichen den Raum, der voller Leere ist. Sie wagen von neuem, zu sprechen – aber dann mit Überzeugung. Weil es ihnen nicht gleichgültig ist, was mit ‚ihren‘ Jugendlichen geschieht…

Kapitel 3
Religiöse Bildung und Verletzlichkeit

1. Eine Geschichte für den achten Tag

In dem belgischen Film „Le Huitième Jour“ (Der achte Tag) von Jaco Van Dormael wird auf meisterhafte Weise die Geschichte erzählt von der Beziehung zwischen dem jungen Mann Georges, der mit einem Down Syndrom durch das Leben geht, und dem erfolgreichen Geschäftsmann Harry, der die Beziehungen zu seinen Liebsten vernachlässigt und so aus seinem Leben einen emotionalen Trümmerhaufen gemacht hat. In ihren Lebensgeschichten prallen sie wortwörtlich zusammen, als Georges aus seiner Wohneinrichtung flüchtet und Harry vor der Leere seiner Arbeit und seines Hauses flieht. Seine Frau und seine Kinder haben sich von ihm distanziert, sie wollen nichts mehr von ihm wissen. Durch Schaden und Schande werden Georges und Harry Freunde und Schicksalsgefährten. Sie sind beide auf der Suche nach dem Glück, sie wollen wieder Zugang finden zu ihrem Lebensquell: Georges verlangt nach Trost von seiner verstorbenen Mutter, Harry will die Gemütsruhe im Schoß von Frau und Kindern wieder finden. Aber um dahin zu gelangen wartet auf beide ein spiritueller Lernprozess, eine Übung in Freundschaft, ein Aufenthalt in der Werkstatt der Humanität. Georges muss sich mit seiner Behinderung versöhnen, er muss lernen, dass er auf eigenen Beinen stehen muss. Harry muss sich für die Verletzlichkeit des Bestehens öffnen, für die Tatsache, dass das Leben nicht so zu planen ist, wie man es sich minutiös vorgenommen hat. Beide müssen neue Menschen werden, offen und wahrhaftig, ehrlich mit sich selbst, den eigenen Möglichkeiten und Grenzen offen ins Auge sehend.

Der Film setzt diesen Bewusstseinsprozess auf eine faszinierende Weise ins Bild. Dabei scheint vor allem der verletzte Georges der Lehrer für den verletzlichen Harry zu sein. Letzterer wird sich in der Begegnung mit Georges, dem Menschen mit Behinderung, bewusst, dass er es sich selbst zuzuschreiben hat, dass er aus seinem Leben einen Trümmerhaufen gemacht hat. Georges bekam solche Chancen nicht, er musste von der Startlinie an mit einem Rückstand klarkommen. Die Geschichte endet tragisch: Harry bekehrt sich, wird ein verletzlicher Mensch und wird wieder in den Kreis seiner Familie aufgenommen. Georges kann das Leben mit der Aussicht auf ein weiteres Dasein in der Einrichtung und den unwiderruflichen Tod seiner Mutter nicht akzeptieren und nimmt sich das Leben. Er möchte bei seiner Mutter sein und letztlich Ruhe finden.

Das Leitmotiv dieses Filmes ist die Schöpfungsgeschichte. Der Film beginnt mit einer ausführlichen Evokation der Schöpfung, wie Georges sie erlebt, in sieben Tagen. Mit dem achten Tag tauchen wir ein in den Plot des Filmes, der als eine Art *road movie* die Begegnung zwischen Georges und Harry erzählt. Am Ende des Filmes eignet sich Harry die Schöpfungsgeschichte nach Georges an. Am achten Tag beginnt für ihn ein neues Leben mit seiner Frau und seinen Kindern. Georges stirbt und der Zuschauer bleibt verwaist und zugleich inspiriert zurück. Ihm bleibt nun die Wahl, selbst ein Leben in Verletzlichkeit aufzunehmen. Es ist die Mühe wert, sich die Schöpfungsgeschichte in diesem Film langsam anzueignen und somit zu begreifen, wie die organische Einbildungskraft Georges´ nicht nur ein anderes Licht auf die Identität der Protagonisten und Zuschauenden wirft, sondern auch ihre Seelen berührt und zu einer radikalen Lebensumkehr einlädt. Der Film ist ein Spiegel des alltäglichen Lebens, das durch einen bewussten Umgang mit Verletzlichkeit und Zuwendung zum Mitmenschen einen dauerhaften neuen Grundton gewinnt. Menschen werden in der verletzlichen Begegnung mit Anderen selbst ‚andere' Menschen.

Eine eingehende narrative Analyse dieses Filmes würde dem Adagium von Paul Ricoeur gerecht werden, dass jedes Menschenleben, jede Biographie, das Leben selbst auf der Suche nach einem Erzähler ist. Drei zentrale Begriffe kamen mir als Religionspädagogen beim intensiven Schauen in den Sinn: Erfahrungslernen, Subjektwerdung und Verlangsamung. Georges und Harry lernen (wie jeder Mensch) prinzipiell durch Erfahrung (wörtlich durch das ‚Hindurchfahren' durch etwas), dadurch, dass sie als Subjekt in ihrer persönlichen Einzigartigkeit und Entwicklung ernst genommen werden und durch die Zusage, sich im eigenen Tempo Kenntnisse und Fähigkeiten aneignen zu können. Diese drei Grundbegriffe, die ich in der gegenwärtigen Sonder- oder Heilpädagogik radikalisiert wiederfinde, lenke ich in diesem Kapitel ‚integrativ' zurück auf die allgemeine Pädagogik und die allgemeine Religionspädagogik.

Die Sonder- oder Heilpädagogik ist eine Schule der allgemeinen (Religions-)Pädagogik. Sie lehrt uns, radikal integrativ zu arbeiten und niemanden aus dem Auge zu verlieren. Mit dem Terminus ‚integrativ' weise ich auf das prinzipielle Recht jedes Menschen – trotz seiner Herkunft und

Zukunft, seiner psychischen und mentalen Erscheinungsform – auf eine passende allgemeine Bildung und eine angemessene religiöse Bildung in Verbundenheit mit anderen hin. Zudem mache ich hiermit auf die Pflicht der Gesellschaft aufmerksam, dieses Basisrecht auf eine adäquate Weise an die Organisation von Schulen und Bildungseinrichtungen anzupassen, sodass Menschen in ihrer Einzigartigkeit und in Verbundenheit mit anderen lernen können, auch *in religiosis*.

In diesem Kapitel beschreibe ich zunächst, wie in der gegenwärtigen Kultur das gemeinsame Suchen nach mehr Humanität Raum schafft für eine neue Aufmerksamkeit für Spiritualität. Anschließend skizziere ich vier zentrale Begriffe: Integration, Verletzlichkeit, Religion und Religionspädagogik. Im dritten Teil unternehme ich eine Standortbestimmung der gegenwärtigen Theoriebildung über religiöse Bildung und ihrer Wahrnehmung in einem sonderpädagogischen Kontext. Im vierten Abschnitt nehme ich die Herausforderungen in den Blick, die die Sonderpädagogik für die Religionspädagogik beinhaltet.

2. Humanität und Spiritualität

Gesellschaftliche, kulturelle und religiöse Diversität ist ein Faktum. Die Zeit von großen Überbauten, unter die sich alle ideologisch einfügen mussten, ist vorbei. Wir leben nun einander ausgeliefert, ohne den Schutz großer Erzählungen, installiert von Kirche oder Staat. Das, was uns verbindet, sind das Geld und der Markt. Auswechselbarkeit steht uns auf den Leib geschrieben. „Ich dachte, dass ich mich von anderen unterscheide, dass ich einmalig bin mit meinem Angebot und, dass ich andere gefügig machen kann; ich werde nun selbst durch den Markt ausgespuckt, denn ich bin zu alt, zu teuer und zu exklusiv. Ich passe nicht mehr in die Standards von dem, was normal ist". In-Differenz – „ach, es ist doch egal, was ich tue oder wer ich bin" – lauert hinter jeder Ecke.

Die Kontingenz des Daseins und die verstärkte Wahrnehmung von Diversität (mit der damit verbundenen Versuchung zur Indifferenz einerseits und zum Fanatismus andererseits) machen uns heutzutage sensibel für Spiritualität. Ich sehe darin eine große Wohltat. Es besteht Sehnsucht nach *soul food* und es ist Aufmerksamkeit für moralische, spirituelle und religiöse Diversität festzustellen. Menschen begeben sich ruhelos auf die Suche nach passenden Orten, um diese Grunderfahrung miteinander zu teilen, inmitten einer Kultur, die durch spätmoderne Gier gekennzeichnet ist. Menschen werden sich heute einer Erfahrung von ‚empfangener und geteilter Humanität‘ bewusst, die darauf gründet, dass sie als Menschen in dem Schicksal übereinstimmen, dass sie tatsächlich verschieden sind und daher nicht indifferent, sondern different miteinander umgehen müssen. Für viele ist genau diese Erfahrung ein neuer Quell von Spiritualität.

Wird der Brunnen des miteinander geteilten Menschseins angebohrt, so wagt man auch wieder, sich uneingeschränkt auf die Entwicklung der eigenen einzigartigen narrativen Identität auszurichten, traut man sich wieder, der eigenen Seele zu lauschen, dem einzigartigem Standpunkt des Selbst in der Beziehung zum Anderen. Die Grundstruktur des Menschseins ist spiritueller Art: Ich werde in und an der Begegnung mit dem Anderen mehr und mehr ich selbst. Und dieses Selbst ist unentbehrlich für die Begegnung. Ohne Unterscheidung keine Begegnung. Ohne Begegnung keine Unterscheidung. Diese humane, ethisch qualifizierte Grundstruktur ist per se spiritueller Art. In der Begegnung empfange ich meine Identität. Für mich ist deutlich, dass genau auf diesem Gebiet Kirchen und religiöse Gemeinschaften eine wichtige, inspirierende Rolle zu erfüllen haben: Sie müssen ihren Brunnen gelebter und gelingender Spiritualität öffnen, sodass viele sich daran laben können, ohne dass sie das Gefühl bekommen, zu der jeweiligen Brunnengemeinschaft zugehörig sein zu müssen (Habermas 2001; Joas 2004).

In der niederländischen Fachliteratur spricht man von einem wiederentdeckten „neu-religiösen Verlangen“ (van Harskamp 2000), von „aufblühender Religiosität“, vor allem bei Jüngeren (Ganzevoort 2006; van der Tuin 2008), und *wild devotion* (Nauta 2001a), von Spiritualität als dem Vermögen des Menschen, sich selbst zu transzendieren. Diese Übung auf der Grenze der Selbstwerdung und der Entgrenzung des Selbst ist ein lebenslanger Lernprozess, so der niederländische Pastoraltheologe Tjeu van Knippenberg, eine permanente Übung im Erlangen von „Abhängigkeitskompetenz“ (van Knippenberg 2005, 61-64). Ich möchte es nicht Kompetenz nennen, sondern eher reine Gnade. Später kann es vielleicht ein Habitus, eine Lebenseinstellung oder eine spirituelle Kompetenz werden. Dann erlangt es vielleicht die Bedeutung, die die amerikanische Theologin Sandra Schneiders der Spiritualität zuschreibt: “*the conscious involvement in the project of life-integration through self-transcendence towards the ultimate value one perceives*” (Schneiders 2003, 166). Doch der allererste Nährboden der Spiritualität ist die Erfahrung von Gnade: Ich darf da sein, ich bin fundamental gern gesehen, ich brauche nichts mehr zu beweisen und nicht mehr zu befürchten, in der Anonymität oder

Indifferenz unterzugehen. Ich weiß mich angenommen, und ich kann in meinem täglichen Tun und Lassen annehmen, dass ich angenommen bin. Dieses Grundvertrauen, geliebt zu sein, zuzulassen, war für den evangelischen Theologen Paul Tillich in den dreißiger Jahren des vergangenen Jahrhunderts der Ansatz für eine neue theologische Perspektive: Glaube bedeutet Vertrauen, die bedingungslose Sicherheit, sein zu dürfen, so wie und wer man ist, und dass man darin fundamental angenommen ist von Gott, dem tragenden Grund. Da kann keine Schuld oder Sünde, kein Tod oder ultimative Sinnlosigkeit gegen ankommen (Tillich 1952).

Die Vermittlung einer Erfahrung unbedingten Erwünscht- und Anerkanntseins ist das zentrale Anliegen in einer hoffnungsorientierten Religionspädagogik (Roebben 2007a). Die Adressaten lernen, ihren eigenen Lebenslauf als eine von Sinn erfüllte Realität zu verstehen, die eine permanente Entzifferung des eigenen Lebens-mit-Anderen voraussetzt und ermöglicht. Dieser Sinn kann, muss aber nicht unbedingt religiös gedeutet werden. Es kommt darauf an, die Lernkontexte so zu gestalten, dass solche Erfahrungen und Überlegungen ermöglicht werden. Für die jetzigen Überlegungen ist dies wichtig: „Allgemeine Religionspädagogik und sonderpädagogisch orientierte Religionspädagogik gehen mit dem Leitmotiv des ‚unbedingten Erwünschtseins' von gleichen Prämissen aus" (Albrecht 1988, 416). Es gibt nur graduelle Unterschiede in Methoden und Gegenständen, die von der Situation der Adressaten mitbestimmt sind. Diese Idee ist im Bereich frühkindlicher Erziehung schon in den 1980er Jahren von Norbert Mette formuliert worden (Mette 1983).

3. Religiöse Bildung und Integrationspädagogik

Wie kann die täglich gelebte Wirklichkeit ein Brunnen für Spiritualität werden? Wie kann der Beziehungsaspekt (Boschki 2003; Leimgruber, Pithan/Spieckermann 2003) in den Begriffen ‚Zusammen-Leben' und ‚Zusammen-Lernen' eine tiefere Bedeutung bekommen – so wie in der Lebenserzählung von Georges und Harry? Wie können pädagogische Begriffe uns durch Erfahrung geteilter und empfangener Humanität sensibel für die spirituelle Dimension der Wirklichkeit machen? Ich meine, dass die *Lebenserfahrung* geteilter Verletzlichkeit pädagogisch relevant ist und in einem *Lernprozess* der geteilten Verletzlichkeit didaktisch verstärkt werden kann. Integrativer Religionsunterricht ist ein ausgezeichneter Ort, um diese Lebenserfahrung und diesen Lernprozess systematisch miteinander zu verbinden und auf diese Weise zu mehr Humanität beizutragen. Ich skizziere nun vier Begriffe, die als Grundlage für meine weiteren Überlegungen dienen.

3.1 *Integration*

Jedes Kind hat das Recht auf Leben und Überleben: auf Wasser und Nahrung, auf Sicherheit und Erwachsene, die sich um es kümmern. Jedes Kind hat das Recht auf Erziehung und Bildung, auf Lesen, Schreiben und Rechnen, auf Informationen über die Welt, auf Sozialerziehung, auf Einführung in die Kultur, Kunst und Religion. Menschenkinder haben ein Recht auf das Lernen von „selbstverantwortlicher Selbstbestimmung" (Singularität) (Langeveld 1967, 74-76) innerhalb der konkreten Lebensgemeinschaft (Partikularität), in die sie hineingeboren sind und von der sie sich emanzipieren sollen, und dies inmitten einer globalisierten Weltgemeinschaft (Universalität). Sie haben das Recht auf das Erkunden, Benennen, Entwickeln und Finden einer eigenen Lebensbestimmung, inmitten einer Welt, in der auch andere diesem Recht nachstreben. Sie haben das Recht, ihr eigenes Lebensgeheimnis, die eigene narrative Identität zu erforschen und zu entwickeln. Dieses Recht ist ein Menschenrecht, es gehört zum Wesen des Menschen – zum Wesen eines jeden Menschen. Dieses Recht auf mich selbst ist unmittelbar verbunden mit dem Recht aller Menschen auf Lebensbestimmung. Humanität als Ziel pädagogischen Handelns (als Verdichtung des einmaligen Menschseins als Aufgabe für jeden Menschen) ist in der Voraussetzung begründet, dass jeder Mensch darauf ein Recht, und somit ein Recht auf eine angemessene Lebensbegleitung (Humanität als Ausgangspunkt) hat (Adam 2001; 2002). Bildung muss eine integrative oder inklusive Einübung in Menschenwürde sein: Lernen, auf das unantastbare Geheimnis des eigenen Lebens zu hören und dies stets in der Gegenwart des Anderen.

„Integration bedarf einer Pädagogik, in der alle Kinder in Kooperation miteinander auf ihrem jeweiligen Entwicklungsniveau und mittels ihrer momentanen Denk- und Handlungskompetenzen an und mit einem gemeinsamen Gegenstand spielen, lernen und arbeiten" (Georg Feuser, zitiert in Ebner 2001, 29). Unsere Aufgabe ist es, eine Diskussion im Sinne der integrativen Pädagogik – zugespitzt auf den Religionsunterricht – hinsichtlich integrativer Maßnahmen in Regelschulen zu führen. Dabei ist das Ziel „eine Schule, in der alle Kinder im Rahmen eines gemeinsamen Curriculums den geeigneten Unterricht und zudem jene besondere Hilfe erhalten, die sie infolge individueller Lernbedürfnisse benötigen", so das 'Salamanca Statement on Special Needs Education' der Unesco von 1994.

3.2 *Verletzlichkeit*

Integrative Pädagogik ist also ein „Reformansatz, in dem, anders als im Normalisierungskonzept, die Heterogenität der Schüler explizit im Mittelpunkt aller theoretischen Überlegungen und praktischen Vorhaben steht". (Ebner 2001, 28) Jeder Mensch hat das Recht auf die Entwicklung einer eigenen narrativen Identität. Jeder Mensch darf Erzähler seiner eigenen Lebensgeschichte sein, wie verletzlich und vorläufig sie auch ist. Diese Erzählung ist einzigartig und gehört zum tiefsten Geheimnis des Menschen (in philosophischen Termini wird hier von ‚Seele' gesprochen; vgl. van Knippenberg 1998). Diese Singularität ist mit der Universalität verbunden: Wir teilen das Menschsein aufgrund dieser einzigartigen menschlichen Erfahrung miteinander. Jeder Mensch realisiert das allgemeine Menschsein auf seine eigene, einzigartige Weise. Verbundenheit und Einzigartigkeit gehören radikal zusammen und genau darin liegt die Verletzlichkeit. Wir sind aufeinander angewiesen, einander ausgeliefert in der Suche unserer persönlichen Identität. Menschen können einander den Tod zufügen (*homo homini lupus*). Menschen können sich unbarmherzig gegenüber dem Anderssein verhalten und gegenüber allem, was nicht dem Maßstab des eigenen oder ‚normalen' Lebens entspricht. Menschen können einander aber auch zum Wachsen verhelfen. Verletzlichkeit gehört prinzipiell zum Menschsein dazu: zum Faktum, dass das Leben irreversibel ist (Ferry 2008) und dass Menschen in der Verschiedenheit ihrer Lebensentwürfe (als Antwort auf diese Irreversibilität) zusammenleben müssen. In der Geschichte von Georges und Harry sind beide verletzt und verletzlich. Georges ist nicht nur verletzt durch seine ‚Behinderung', sondern ist auch der verletzliche ‚Lebensbegleiter' für Harry. Harry kann nur sinnvoll weiterleben, wenn auch er seine eigene Verletzlichkeit ernst nimmt und die Möglichkeit des Scheiterns und der letzten Verletzung, den Tod, mit einkalkuliert. Menschen können auf diese Art und Weise ein *wounded healer* füreinander sein (Nouwen 1972).

3.3 *Religion*

Bis hierher habe ich noch keine religiösen Kategorien angewendet. Das Ideal einer integrativen Humanität und Pädagogik ist nämlich vollständig denkbar und realisierbar auf einer humanistischen Basis und braucht keine theologische Legitimierung. Erst als Theologe und Religionspädagoge verdeutliche ich die Verbindung mit der Religion. Eine institutionelle Religion wie das Christentum bietet ein inspirierendes und bilderreiches Konzept von Humanität, wobei der Mensch als Abbild Gottes gesehen wird (Gottebenbildlichkeit) und ihm so dieselbe Ehre und Würde zukommt wie Gott. In dem Film „Le huitième jour" interpretiert Georges sein eigenes Leben und seine Entwicklung auf dem Hintergrund des Schöpfungshymnus in Genesis 1. Er hat sich die Schöpfung angeeignet: In der Beschreibung seines Universums gelangt er durch das Aussprechen der Schöpfungsworte zu Gott.

Religionen können einen wichtigen Input liefern für die Entwicklung einer menschlichen Gesellschaft. Sie bieten eine alternative Vorstellung für ein manchmal oberflächliches und ökonomisch verzerrtes Bild des Menschen in unserer Zeit, eines Menschen, der auf seine Kaufkraft reduziert wird und seiner Kreativität und Schöpfungskraft beraubt wird. Darüber hinaus sind Menschen empfänglich für Religion; ihre rudimentär vorhandenen Bedürfnisse nach Religiosität und ihre innere Sehnsucht nach einer *spiritual connection* in unserer entwurzelten und seelenlosen Zeit verlangen nach Antworten. Der niederländische Praktische Theologe Tjeu van Knippenberg spricht in diesem Zusammenhang von Spiritualität als *bezield verband*, als Beziehungsverbund – dem sinnvollen Horizont, auf dem die Lebensgeschichten von Menschen zu einem größeren Ganzen miteinander verbunden werden und der die individuellen Lebensläufe übersteigt. Das Christentum als Religion gibt auf eine besondere, aber nicht exklusive Weise diesem größeren Ganzen eine Bedeutung. Die *raison d'être* der Religion liegt genau in diesem Geben und Empfangen von Lebenssinn. In meinen Untersuchungen sind Religion als Institution und Religiosität als persönliche Erfahrung miteinander mit der Erkenntnis verbunden, dass der Mensch in dem größeren Ganzen der Transzendenz leben kann (aber nicht unbedingt muss), in der Hingabe an das, was Menschsein übersteigt. In der theologischen Sprache bedeutet das: Leben *coram Deo*, das heißt in der Gegenwart Gottes, ist nur analog zugänglich in einem Leben *coram homine*, das heißt in der Gegenwart des anderen Menschen.

3.4 *Religionspädagogik*

Der vierte Begriff nimmt Bezug auf die Religionspädagogik als traditionellen Bestandteil der Praktischen Theologie. Diese Wissenschaft untersucht die pädagogischen Voraussetzungen, Chancen und Grenzen der religiösen Bildung in einer bestimmten Zeit und in einem bestimmten Lernfeld. Sie hilft Kindern, Jugendlichen und Erwachsenen, die Phänomene Religion und Kultur wahrzunehmen, zu interpretieren und selbstständig mit ihnen umzugehen. In der Spätmoderne entwickelt sich die wissenschaftliche Religionspädagogik meiner Ansicht nach in eine doppelte Richtung: Gemeint sind hiermit die Begriffsklärung und die Beschreibung von Basiswissen über Religion in einem multikulturellen Zusammenleben einerseits und das Kennenlernen der ursprünglichen religiösen Erfahrung und Spiritualität andererseits. Objektivierte Religion (im institutionellen und materiellen Sinne als Gegenstand von Religionswissenschaften) und individualisierte Religiosität scheinen mir heute den Untersuchungsgegenstand der Religionspädagogik auszumachen. Die Brille, wodurch diese Phänomene betrachtet werden, ist die Bildung. Typische religionspädagogische Fragen untersuchen menschliche Lernprozesse: Wie Religion begriffen wird, was die eigene Art religiöser Rationalität ausmacht und wie Menschen sich ein persönliches religiöses Sprachspiel in der Entwicklung ihrer narrativen Identität aneignen. Die Religionsdidaktik spezialisiert sich in Bezug auf diese Fragestellung im Bereich der Schule bzw. Erwachsenenbildung und untersucht, wie Kinder und Jugendliche in der Schule und als Erwachsene in der Weiterbildung nicht nur etwas über Religion lernen, sondern auch religiöses Denken lernen im Rahmen eines kommunikativen Prozesses (Roebben 2008c).

4. Standortbestimmung einer integrativen Religionspädagogik

Integration, Verletzlichkeit, Religion und Religionspädagogik sind die vier Begriffe, die eine zentrale Rolle in meiner Forschung spielen. Jetzt ist die Frage: Was ist der gegenwärtige Stand der Forschung und welche Desiderata werde ich zukünftig in den Blick nehmen? Wie kann dies eine Herausforderung für die gesamte Religionspädagogik sein? Meistens neigen wir dazu, unseren Blick direkt auf konkrete Handlungsperspektiven zu richten, um zu sehen, was getan werden kann, wie man eine bestehende Problemsituation (in diesem Fall eine sogenannte problematische Erziehungssituation) lösen kann und welche Didaktik oder Methodik man anwenden kann, um Kinder mit und ohne Behinderung gemeinsam zu unterrichten. Zuerst ist es wichtig, nach dem Menschenbild zu fragen, nach den oft unausgesprochenen Sichtweisen auf Menschen mit

Behinderungen und nach ihren religiösen Bildungschancen, um danach einige religionspädagogische Eichmaße zu entwickeln.

Ich möchte meine Überlegungen hier mit dem Konzept ‚Heilpädagogik' verdeutlichen. Im engeren Sinn ist es „diejenige Pädagogik, die sich mit der Erziehung von Kindern und Jugendlichen mit körperlichen, geistigen und seelischen Behinderungen befasst" und sie hat „den besonderen Erziehungsbedürfnissen zu entsprechen (...), die darauf gerichtet sind, ein sinnvolles Leben in mitmenschlicher Verbundenheit führen zu können" (Speck 1985, 754f.). In einem breiteren Sinn aber verweist der Begriff ‚Heilpädagogik' auf ‚Heil', auf Heilung und Genesung, auf Heilwerden, auf Ganzheitlichkeit, auf ein gestaltetes Leben, das vorläufig noch unterwegs ist, aber prinzipiell auf Vollendung ausgerichtet ist. Das Ideal des Menschseins ist hier nicht der perfekte Mensch, sondern der reife Mensch, der „ein gestaltetes Leben" (Exeler 1977) anstrebt und sich darin, in seinen individuellen Lebensumständen, fundamental als Mensch mit seinen eigenen Kompetenzen akzeptiert weiß. Jeder Mensch hat das Recht auf seine eigene Lebensbestimmung und jeder Mensch ist aufgerufen, hierin zur Ganzheitlichkeit zu wachsen. Wie bereits gesagt, liegt darin der Sinn, das Geheimnis oder sogar die Seele des Menschen mit seiner einzigartigen Lebensgeschichte.

Diese Entscheidung für eine Verbindung der Religionspädagogik mit dem Konzept der Heilpädagogik bleibt nicht ohne Konsequenzen. Sie bietet uns die Chance, einige Dinge klarer zu formulieren. Einerseits wird der Mensch in seiner konkreten Gestalt als Mensch mit einer Behinderung (beachte: nicht als ‚behinderter Mensch') ernst genommen und es wird überlegt, wie er trotz dieser Beeinträchtigung seine „Selbstverwirklichung in sozialer Integration" (Die deutschen Bischöfe 1992, 20) so gut wie möglich realisieren kann. Das bedeutet also Heilpädagogik im engeren Sinne. Andererseits wird eine Sicht auf den Menschen ermöglicht, die nicht seine Behinderung in den Mittelpunkt stellt. Der Mensch wird in seiner menschlichen Würde respektiert; letztlich wird er in seinem Verlangen nach Heil, Ganzheitlichkeit und menschlicher Kommunikation und in seinem allfälligen Verlangen nach einem ‚größerem Ganzen' (*bezield verband* oder *spiritual connection*) gesehen. Menschen bleiben nicht in ihren physischen und psychischen Gegebenheiten stehen, sondern sind in der Lage, ihre Lebensgeschichte zu transzendieren – in Kommunikation mit sich selbst, mit anderen, mit Gott.

Ich plädiere für eine Terminologie, die so klar und konsequent wie möglich ist, um über Menschen mit einer (funktionalen) Beeinträchtigung oder Behinderung oder mit einem Förderbedarf zu sprechen und so radikal Abstand zu nehmen vom Begriff *handicap*, der Menschen mit einem Behinderungszustand stigmatisiert, „verstanden als Feld verzerrter, erschwerter psychosozialer Kommunikation und Identifikation" (Kobi 2002, 45). Eine Dekonstruktion des Begriffs *handicap* – hier verstanden als ein permanentes Gebrechen, das an dem Menschen haftet, ihn in die Rolle eines nicht perfekten, ganzen oder vollständigen Menschen drängt, ihn als ‚anormalen' Menschen betrachtet und ihm Kommunikation und so auch Entwicklung- oder Bildungschancen vorenthält – ist dringend nötig. Der Leuvener Theologe Marcel Broesterhuizen drückt dies wie folgt aus: „Der Begriff *handicap* ist eine irreführende rhetorische Konstruktion, die die Gesellschaft in normale und anormale Menschen einteilt, mit allen negativen Konsequenzen. Das Sprechen von einem Handicap macht Menschen *gehandicapt*" (Broesterhuizen 2007, 303; Übersetzung BR).

Dass diese Dekonstruktion noch durchgeführt werden muss, mag an diesem kurzen Beispiel deutlich werden. In der S-Bahn von Düsseldorf nach Dortmund sind spezielle Plätze für Menschen mit einer Behinderung vorgesehen. In der Beschriftung wird die „Behinderten-Rolle" (Beuers 2000, 144f.) in vier Sprachen ausgedrückt:

> Bitte bieten Sie diesen Platz körperlich beeinträchtigten Fahrgästen an.
> Please offer this seat to any disabled passengers.
> Prière de céder cette place aux passagers handicapés physiques.
> Si prega di cedere questo posto ai passeggeri portatori di handicap.

Im Verlauf der Aussagen findet eine doppelte Verschiebung statt: Erstens von Menschen mit einer Behinderung zu behinderten Menschen (und selbst Menschen, die eine Behinderung haben), zweitens von körperlicher oder physischer Beeinträchtigung zu einem Handicap ohne nähere Bezeichnung (womit alle Formen von Behinderung in einen Topf geworfen werden).

Die Dekonstruktion des gesellschaftlichen Konstrukts *handicap* lässt uns erneut über den Begriff der Verletzlichkeit nachdenken. Menschen können einander durch das Aussondern und Isolieren in ihrer Alterität tief verletzen und ihnen den Zugang zur Diskursgemeinschaft verwehren.

Eine Gemeinschaft kann aber paradoxerweise nur voll zur Blüte kommen, wenn eben diese Alterität, dieses Anderssein, gehört und gesehen wird. Verletzlichkeit hat aber noch einen zweiten Aspekt, die sich aus der Dekonstruktion des Begriffs *handicap* ergibt. Denn funktionelle Beschränkungen sind Bestandteil des normalen menschlichen Lebens und gehören zu unserer *condition humaine*: auch Krankheit und Tod gehören dazu. Oder mit Marcel Broesterhuizen: „Menschen werden alt, können weniger gut hören oder sehen, werden dement. Menschen werden behindert aufgrund von Krankheit oder Unfall. Menschen leiden an psychischen Traumata durch Gewalt, Krieg, sexuellen Missbrauch. Menschen ohne funktionale Einschränkung gibt es nur vorübergehend“ (Broesterhuizen 2007, 305; Übersetzung BR).

Die tiefste Verletzlichkeit liegt in dem Faktum, dass Menschen einander den Raum nicht gönnen, sich mit der eigenen Verletzlichkeit und der eigenen (akuten oder chronischen) Beeinträchtigung auseinanderzusetzen. Sie bleiben dabei, dass der Fremde fremd bleibt und dass es nicht normal ist, anders zu sein. Wenn wir wirklich in der Lage wären, uns in die verletzliche Lebensgeschichte des Anderen einzufühlen, weil wir gelernt haben, auch unsere eigene Verletzlichkeit zu akzeptieren, dann wären wir auch in der Lage, einen vollständig neuen pädagogischen und agogischen Rahmen zu entwickeln, wobei wir nicht länger ausgehen von einer Defizienz, die verschwinden muss, sondern von menschlicher Würde, die erscheinen muss (Andries Baart). Menschen wollen mit ihren Lebenserzählungen gehört werden, wollen in ihrer Einzigartigkeit gesehen und in ihrer menschlichen Würde angenommen werden durch andere. Sie verlangen nach einer Heilskommunikation und wünschen sich hoffnungsvolle heilpädagogische Unterstützung – einzig, um glücklich zu werden.

Dass auch die Frage nach Gott, der Gedanke der Gottebenbildlichkeit des Menschen und die Theodizeefrage (*Si Deus, unde malum?* – Wenn Gott existiert, woher kommen dann das Leiden, die Behinderung oder die Verletzlichkeit?) hierdurch in ein anderes Licht gerückt werden, ist deutlich. Der Raum fehlt mir hier, dies weiter zu entfalten. Jedoch kann der deutsche Theologe Ulrich Bach inspirieren: „Wir brauchen dringend eine europäische Befreiungstheologie (...), um die Knechtungen auf beiden Seiten anzugehen: Nicht nur die Behinderten sind geknechtet (etwa durch die gesellschaftliche und kirchliche Diskriminierung), sondern auch die Nichtbehinderten, die in ihrer Angst und Unbeholfenheit Sätze sagen (müssen?) wie: Ich darf gar nicht (…) daran denken, mal zu verunglücken, (…) hilfeabhängig zu werden (…). Gemeinsam trainiert werden müsste eine Freiheit, die man so andeuten kann: Ich bin kerngesund – ja und? Ich bin taubstumm – ja und?" (Bach 2002, 115). Weiter schreibt er: „Ob ein Mensch Mann ist oder Frau, blind oder sehend, schwarz oder weiß, dynamisch-aktiv oder desorientiert-pflegeabhängig, ist theologisch (von Gott her, im Blick auf Heil oder Unheil) absolut ohne Bedeutung. Von Bedeutung ist allein, dass das alles ohne Bedeutung ist. Das allerdings ist von Bedeutung: Denn es entscheidet darüber, ob wir noch ‚dem Alten' zugehören (wir alle, ich denke jetzt nicht etwa nur an die Ausgegrenzten, sondern besonders stark an die unbewusst und ungewollt Ausgrenzenden), oder ob es unter uns eine ‚neue Kreatur' gibt: alle allzumal einer in Christus, die Familie Gottes, der Leib Christi, die Gemeinde als ‚Gegenwirklichkeit zur Apartheid'" (Bach 2006, 26).

Diese Verknüpfung von menschlicher Verletzlichkeit und Kontingenz einerseits und der Utopie einer neuen, geheilten Menschheit andererseits (Speck 1985, 756), die Verbindung von Heilstheologie und Heilpädagogik, vom *coram Deo* (Leben in der Gegenwart Gottes), das ein neues *coram homine* (Leben in der Gegenwart des Anderen) und die Profilierung eines neuen (christlichen) Menschenbildes (Kollmann 2000; 2007) annimmt, scheint mir die unausgesprochene Quintessenz einer integrativen Religionspädagogik zu sein. Sonderpädagogen suchen nach fruchtbaren Wegen, um das Thema der Verletzlichkeit zu verstehen und zu vermitteln. Sie tun dies genauso wie ihre Kollegen in den Regelschulen in einem Kontext einer fehlenden religiösen Sozialisation, einer kulturellen und religiösen Diversität und eines unbestimmten Verlangens nach Spiritualität. Die Gottesfrage und die Frage nach dem Leiden verstärken in besonderem Maße dieses sonderpädagogisch-religionspädagogische Interesse am Thema der Verletzlichkeit. Ich bin davon überzeugt, dass diese theologische Praxis als „Kommunikation des Evangeliums" (Mette 2005), diese Praxeologie (Nadeau 2007), europäische Befreiungstheologie (Bach 2006), gelebte Praktische Theologie oder praktische Kulturtheologie (Roebben/Zondervan 2008) sich nun schon in der Praxis an Sonder- oder Förderschulen, in Regelschulen mit integrativen Maßnahmen, in Einrichtungen für Schwerstmehrfachbehinderte vollzieht – vorbei am Paternalismus und am Gefühl, ein gutes Werk getan zu haben, vorbei am Alibi, dass sie als Spezialisten ihre Arbeit leisten (Speck 1985, 756). Es vollzieht sich ebenso in den Köpfen und den Händen von KollegInnen und StudentInnen der Rehabilitationswissenschaften, die auch bei uns TheologInnen in Dortmund über den Flur kommen... Wir können und müssen sogar von ihnen lernen.

5. Herausforderungen für die allgemeine Religionspädagogik

Das Thema der Verletzlichkeit, das von der Heilpädagogik wie ein *counter pass* im Fußballspiel zurückgespielt wird zur Gesellschaft und ihrer ‚Regelpädagogik' (aber was ist die Regel?), bleibt nicht ohne Folgen. „Sonderpädagogisch orientierte Religionspädagogik bedeutet, auf der Basis der allgemeinen Religionspädagogik, einen speziellen Anwendungsfall auf allgemein-menschliche Lebensfragen und deren Bewältigung innerhalb langwieriger oder lebenslanger Krisen und Behinderungen. Daraus ergibt sich zwischen beiden eine grundlegende Einheit und eine spezifische, jedoch graduelle Differenz und Variation. Beide müssten als ein Bezugssystem gelten, in dem Theorie und Praxis, religiöse Erziehung/Bildung und deren praktische Konkretisierung in besonderen Anwendungsfeldern sich bedingen und einander voranbringen" (Albrecht 1988, 416).

Ich möchte als Resultat dieses Kapitels drei Dimensionen benennen, die in der Sonderpädagogik maßgebend sind, die die allgemeine (Religions-)Pädagogik heute zum Nachdenken anregen können und die von eminenter Bedeutung bei einer weiteren Ausarbeitung einer integrativen (Religions-)Pädagogik sein müssen. Verletzlichkeit im Kontext religiöser Bildung zwingt uns zu einer erneuten Reflexion über die Themen Erfahrungslernen, Subjektwerdung und Verlangsamung. Dies kann hier nur im Überblick erfolgen.

5.1 *Erfahrungslernen*

Zuerst zum Konzept des Erfahrungslernens. Jedes Lernen ist kontextualisiert und in einer bestimmten Körperlichkeit verankert, in einem persönlichen *sensorium* des Lernenden. Ein Blinder lernt anders als ein Sehender. Ein Rollstuhlfahrer nimmt die Welt anders wahr als ein Fußgänger. Ein Mensch mit einer Schwerstmehrfachbehinderung hat andere Impulse nötig als jemand, der ohne Behinderung durch das Leben geht. Wie Thomas von Aquin bereits im dreizehnten Jahrhundert sagte, muss sich das Lernen an die Lernmöglichkeiten des Menschen anpassen. Lernen durch Erfahrung – wörtlich ‚Hindurchfahren' durch das konkrete Impulsfeld der eigenen Existenz – *learning by doing*, durch Aneignung im Alltäglichen, ist von wesentlicher Bedeutung für die Entwicklung kognitiver, affektiver und sozialer Fähigkeiten. Auch im Bereich der religiösen Bildung ist dies von großer Bedeutung: Menschen mit einer Behinderung fordern uns auf, direkter und intensiver sinnvolle Erfahrungen machen zu können (Grümme 2006a). Menschen, die blind sind, wollen vielleicht den Kölner Dom zum Beispiel fühlen und betasten können, Menschen mit einer Schwerstmehrfachbehinderung wollen vielleicht *snoezeln* oder mit musikalischen Impulsen erfahren, dass sie als Person akzeptiert sind. Menschen mit autistischer Spektrumsstörung wollen womöglich Gott innerhalb ihres eigenen Vorstellungsvermögens bildlich darstellen. Performatives Lernen, rituelle Bildung, ganzheitliches Lernen und soziales Lernen sind wichtige gegenwärtige Entwicklungen in der Religionspädagogik, die in diesem Kontext weiterer Reflexion bedürfen (Fischer 1988).

5.2 *Subjektwerdung*

Subjektwerdung ist ein zweiter bedenkenswerter Aspekt. Bildung zielt ab auf Selbstbildung – und Selbstbestimmung vollzieht sich in der Gegenwart des Anderen. Jeder hat ein Recht auf eine eigene narrative Identität, eine eigene Lebensbestimmung und (aus religiöser Perspektive) eine eigene Einsicht in das ‚Große Ganze', die er oder sie mit anderen teilt, mit der Welt, mit dem Transzendenten. Gute, das heißt hoffnungsvolle religiöse Bildung bietet Chancen an, um das Verborgene zu erleben inmitten einer komplexen Welt mit unbestimmter Sinngebung einerseits und mit dezidiert religiöser Verschiedenheit andererseits. Helmut Peukert spricht in diesem Kontext über die Notwendigkeit eines neuen Lernens, das nicht länger kumulativ (Ansammeln von auswendig gelernten Sachkenntnissen), sondern transformativ ist, das Einsicht darstellt in Kenntnisse, die zur Lebensweisheit werden, die zu einem besseren Verstehen der eigenen Person in einem „intersubjektiv bestimmten" Lernkontext und der Gesellschaft beitragen (Peukert 2002). Subjektwerdung als Ankommen in der eigenen Lebensgeschichte ermöglicht es, sinnvoll mit anderen in den Dialog treten zu können.

5.3 *Verlangsamung*

Schließlich lässt die Heilpädagogik uns verweilen beim Phänomen der Verlangsamung. Zu Beginn dieser Auseinandersetzung haben wir uns ausdrücklich die Zeit genommen, der Lebensgeschichte von Georges und Harry zuzuhören. Ihre Erfahrungen und ihre einzigartigen Persönlichkeiten wollen in all ihrer Verletzlichkeit wahrgenommen werden. Meiner Meinung nach ist das die Grundbotschaft der Heilpädagogik heute:

„Nehmen Sie sich bitte Zeit, um meiner Geschichte zuzuhören. – Geben Sie mir die Zeit, um das Chaos um mich herum in einen Kosmos zu verwandeln. – Lehren Sie mich Kontemplation und Betrachtung, um nicht hektisch und unüberlegt durch diese Welt zu gehen und die einströmenden Impulse zu verarbeiten. – Geben Sie mir Zeit zum Wachsen, um unabhängig zu werden, um das einmalige Wesen zu werden, das in mir verborgen liegt, sich aber noch entwickeln muss". Ich plädiere hier für eine radikale Verlangsamung im gesamten Bildungsbereich und zugleich in der Gesellschaft (Grümme 2006b; Hilger 1994; Jäggle 1999). Nicht nur Menschen mit einer Behinderung sind verletzlich, sondern auch die Jugendlichen, die die *rat race* nicht mehr aushalten können und ‚so jung und schon am Ende' sind. Ich plädiere daher radikal für mehr Zeit miteinander in Kontaktstunden in der Schule und für eine Relativierung des Übermaßes an Informations- und Kommunikationstechnologie. Ich plädiere für ein leibhaftiges Lernen durch Begegnungen und auch für eine Askese der Bildung, zum Beispiel durch Rückkehr zu einem *slow reading of classical texts* und durch ein intensives Lernen, das der Lebensgeschichte des Anderen (des Mitschülers, des Lehrers und der großen Traditionen) Aufmerksamkeit schenkt (Veling 2007). So bewegt die Bildung sich weg von *fast food* hin zu *slow food* oder *soul food.* Als Theologe, begeistert von der Dynamik der Heilpädagogen und ihrem Werk im Kontext von Verletzlichkeit, meine ich, dass dieser prophetische Zwischenruf in der Religionspädagogik heute nicht fehlen darf.

Schlussfolgerung

Die Gesellschaft bekommt die Schule, die sie verdient (*De school staat niet alleen* 1994). „Integration ist eine Aufgabe nicht nur für eine Generation. Es geht bei der Integration von Menschen mit Behinderungen in die Gesellschaft auch um eine freiwillige Verlangsamung angesichts einer sich beschleunigenden industriellen, notwendigerweise auf Leistungen aufgebauten Welt, die sozial jedoch zentrifugal wirkt. Integration meint auch die Stärkung von sozialen Gegenkräften und eine Solidarität von hoffentlich langer Wirkung", so Andreas Möckel bereits 1992 (Möckel 1992, 719). Viel und vielfältig sind in einer solchen gesellschaftlich geprägten Schule die Herausforderungen einer integrativen Religionspädagogik und Religionsdidaktik. Es sollte zum Beispiel deutlich sein, dass die drei oben genannten Aspekte (Erfahrungslernen, Subjektivierung und Verlangsamung) einen enormen Einfluss auf unsere Überlegungen zu Korrelationsdidaktik, Elementarisierung, performativem Religionsunterricht, Konfessionalität und religiöser Verschiedenheit wie auf das Verhältnis von Religionsunterricht, Katechese und Seelsorge und auf Religionsunterricht als Ort der Theologie haben. In dem zweiten und dritten Teil dieses Buches hoffe ich, die Komplexität einer Religionspädagogik der Verletzlichkeit weiter entfalten, interpretieren und konkretisieren zu können.

Teil 2
Religiöse Bildung in der Schule

Kapitel 4
Religiöse Bildung als Pilgerreise

1. Religiöse Ratlosigkeit im Klassenraum

Die moderne multikulturelle und multireligiöse Lebenswelt prägt die moralische und spirituelle Denkweise junger Menschen von heute. Ich schlage den Weg eines emanzipatorischen Konzeptes von Unterricht ein und setze dabei voraus, dass junge Menschen ein Recht darauf haben, Einsichten in die Vielfalt und Komplexität des religiösen Phänomens zu gewinnen – was Religion mit Menschen macht und was Menschen mit Religion machen. Die Schule ist der Ort, par excellence zu lernen, diese Auswirkung der Religion auf moralische und spirituelle Überzeugungen, Entscheidungen und Handlungen in der zeitgenössischen Gesellschaft und Kultur zu beobachten und zu interpretieren. *Religious literacy* (i.e. religiös alphabetisiert oder religiös mündig sein) in Kombination mit der Herausbildung einer sogenannten religiösen Identität, einer Art von Dreh- und Angelpunkt der Reflexion, Evaluierung und Kommunikation im Inneren des Lernenden, scheinen das allgemein akzeptierte Ziel des Religionsunterrichts in der aktuellen Theorieentwicklung zu sein. Man könnte argumentieren, dass dieses hermeneutisch-kommunikative Konzept, basierend auf Wahrnehmung und Kommunikation des Religiösen, auch das führende Konzept ist, in welchem Programme für Lehrerausbildung in Westeuropa begründet werden (Hermans 2003, Jackson 1997, Lombaerts & Roebben 2000, Lombaerts & Pollefeyt 2004, Mette 2000, Schweitzer 2006, Ziebertz 2003).

Wie auch immer, es gibt Anzeichen dafür, dass dieser Ansatz in einer Sackgasse angekommen ist. Beim Beobachten und Diskutieren von Religion im Klassenraum könnte es der Fall sein, dass die zugrunde liegende religiöse Erfahrung den Lernenden wegen ihrer radikalen Unvertrautheit mit dem Thema nicht zugänglich ist. Das ist nicht nur so an den weiterführenden Schulen, sondern sogar auch in der Ausbildung von LehrerInnen in Theologie an der Hochschule. In modernen säkularisierten Gesellschaften mangelt es nicht nur zunehmend an der Grammatik, sondern auch an der ‚gelebten' oder erlebten Sprache der Religion. Enttraditionalisierung in gegenseitiger Verschränkung mit Individualisierung und Pluralisierung von Religion verursacht häufig Ratlosigkeit im Klassenraum.

„Worüber, in Gottes Namen, sprechen Sie überhaupt?" ist dann eine häufig gestellte Frage. „Was denken Sie persönlich, Herr/Frau…?" ist eine Art von letzter Zuflucht zur Weisheit der LehrerInnen, wenn Unklarheit bei den SchülerInnen regiert. Es zeigt sich häufig, dass LehrerInnen ebenso sprachlos wie die SchülerInnen sind.

Drei verschiedene Beobachtungen stützen diese Intuition. Sie gehen aus aktuellen Entwicklungen in Religionspädagogik und -didaktik hervor, beschleunigt und herausgefordert durch die spirituellen Erfahrungen von Kindern und jungen Menschen von heute. Es scheint vor allem immer öfter der Fall einzutreten, dass in einem ‚objektiv' konzipierten Religionsunterricht letztlich ‚subjektive' Fragen der persönlichen Sinngebung aufbrechen (Bowman 2006; Simmons 2006). Denn die Leidenschaft religiöser Menschen kann sich auf die ‚NovizInnen' ausbreiten und zu Erwartungen ermutigen wie: „Kann ich auch einen Kostprobe von dieser Erfahrung bekommen?" Eine zweite Entwicklung begegnet uns auf dem Feld des interreligiösen Dialoges und des interreligiösen Lernens: Um in diesen Dialog vollständig involviert zu werden, sollten Lernende sich wenigstens auf einen persönlichen Standpunkt stützen können, wie minimalistisch dieser auch sein mag. Ohne eine anfängliche, weite Beschreibung der eigenen Position oder ohne eine Einsicht in die gelebte Theologie der partikularen Tradition, zu der er oder sie gehört (Hussain 2004), wird der bzw. die Lernende nicht genügend motiviert, sich mit einem toleranten Austausch von Ideen und Praktiken zu beschäftigen (Schweitzer 2007). Nötig sind „eine Neudefinition und eine Neuwürdigung der eigenen spirituellen Heimat" (Roebben 2007a, 158), ein Wiedererkennen der eigenen religiösen Erfahrung in einem vorläufigen Rahmen, nicht als eine unleugbare Gewissheit, sondern als etwas während der Begegnung auf die Probe zu Stellendes (Roebben 2008a). Und drittens wirft das gesamte Gebiet der Kindertheologie neue Gedanken über die radikale (manche meinen sogar ‚unendliche') Offenheit von Kindern für die Welt des Sakralen auf (Büttner 2007). Ihre Unbefangenheit gegenüber anderen spirituellen Wegen, ihr ‚relationales Bewusstsein' von der Welt und ihre spontane kindliche Einstellung, ein Leben der Hingabe und Erwartung zu leben, sind eine nicht zu ignorierende Kritik an der „kulturell konstruierten Verdrängung" (Hay & Nye 1998; Übersetzung BR) von Spiritualität in modernen Formen der Bildung, selbst in religiöser Bildung.

Diese drei Beobachtungen, kritisch angefragt durch die jüngsten Entwicklungen in der theoretischen Diskussion, machen uns die Herausforderung für den Religionsunterricht bewusst. Mein Ausgangspunkt besteht nicht in der Unzulänglichkeit des modernen hermeneutisch-kommunikativen Konzeptes des Religionsunterrichts, sondern in Anfragen an sein Potenzial. Die skizzierte Ratlosigkeit kann auch ein überraschender Ausgangspunkt für die Verständigung auf religiöse Erfahrung auf einer tieferen Ebene sein. Junge Menschen sind offen für diese Suche, weil sie nicht irgendeine Beweislast für das alte System mit sich herumtragen. Sie möchten sich engagieren und warten auf jemanden, der sie ins unerforschte Land führt. In den folgenden Absätzen lade ich professionelle LeserInnen ein, die Dynamik des hermeneutisch-kommunikativen Modells des Religionsunterrichts wiederzuentdecken und darüber hinauszugehen, um die ursprüngliche religiöse Erfahrung, die unter ihm liegt, freizulegen. Ich fordere die LeserInnen auf, sich an dem Weg des Pilgers kritisch zu beteiligen und die metaphorische Sprache dieses Aufsatzes auszuloten. Was für Kinder im Klassenraum zählt, könnte auch für professionelle LehrerInnen von Bedeutung sein.

2. Das Lernen des Pilgers

Man kann reisen wie ein Tourist: konsumierend, die Angebote gierig verschlingend. Man kann auch reisen wie Pilgernde: kontemplativ, voll Verwunderung, alles in Ruhe verdauend. In unserer spätmodernen Kultur wird Reisen oft aus dem ersten Konzept heraus betrachtet und erlebt: man ‚unternimmt' eine Reise, man ‚macht' bestimmte Orte, man sorgt dafür, dass man versichert ist usw. Für den Kulturphilosophen Zygmunt Bauman ist das angesichts der Gehetztheit unserer Zeit vielleicht auch kaum anders möglich. Reisen unterliegt unserer Konsumsucht, auch auf Reisen fallen Leute dem Leistungsdruck und „Supermarktverhalten" zum Opfer (Bauman 1996). Mit einem Beispiel illustriert: Ich vernahm, dass einheimische Sherpas (Träger) vor einiger Zeit vier Tonnen Abfall von Bergsteigern auf dem Mount Everest eingesammelt haben.

Die wahre Herausforderung des Reisens besteht jedoch aus Offenheit für alles, was sich unterwegs ergibt und das eigene Leben verändert. Wer wirklich reist, hat ein Auge für die Unterschiede, für das, was bisher nicht zum eigenen Bezugssystem gehörte. Man lässt sich ansprechen durch Menschen und Dinge, die anders sind. Reisen wie ein Pilger gehört zu den *good practices*. Es setzt die Bereitschaft und die Fähigkeit voraus, aus einer anderen Perspektive zu schauen. Wer wirklich reist, ist *at home on the road*, und fühlt sich im eigenen Element, wenn er oder sie mit Natur und Kultur ringt und sie neu im Hinblick auf den eigenen Lebensweg zusammenstellt. Es sind gerade die Widrigkeiten, mit denen wir unterwegs zu kämpfen haben, die uns helfen, uns dieses Transformationsprozesses bewusst zu werden. Wer nie Blasen an den Füßen hatte vom Wandern oder Wadenkrämpfe vom Fahrradfahren, wer mit anderen Worten die Elemente noch nicht am eigenen Leib gespürt hat, der ist wahrscheinlich noch nie wirklich gereist. Es kommt darauf an, die Erfahrungen sprechen zu lassen, nicht beim Althergebrachten stehen zu bleiben, sondern nach draußen zu treten (Erfahrung, Experienz kommt vom lat. *experiri*, herausgehen), aus sich selbst zu treten, sich ansprechen zu lassen, in Bewegung zu kommen, geistig und körperlich.

Ist dieses Reisen auch in einer rein geistigen Form möglich? Ist Reisen zwischen vier Wänden, z.B. in einem Klassenraum, denkbar? Ist ein zielgerichteter Lernprozess in der Lage, dieselben Erfahrungen zu vermitteln wie eine Pilgerreise? Das sind schwierige Fragen. Viele betonen, dass Lernen wie ein Pilger in der Schule nicht (mehr) möglich sei. Kinder seien nicht mehr empfänglich für verweilende und Zeit beanspruchende Betrachtungen, ihnen ginge es um unmittelbare und einschneidende Sensationen unterwegs. Schulen müssten darum Reisekicks liefern und den Kindern stets neue Erlebnisse anbieten. Dies ist eine Unterrichtsperspektive mit wenig Zukunft. Die Kinder kennen dann zwar die allerneueste Materialausrüstung, aufregende Abenteuer und exotische Reiseziele, aber sie lernen nicht, was es bedeutet, sich unterwegs zu vertiefen und zu bereichern. Ihr Lernen ist dann zu glatt und zu soft, ihm fehlt die Widerspenstigkeit des ausdauernden Suchens und Findens wie bei der Pilgerfahrt.

Junge Menschen verlangen nach kohärenten und sinnvollen Lebensperspektiven, bei denen es ‚um etwas geht'. Junge Menschen wollen reisen, aber auch nach Hause kommen. Ruhelosigkeit ist zeitlos: Jede Generation will in gewissem Sinne die Wirklichkeit neu ordnen. Die Frage von Jugendlichen im Jahre 2011 ist jedoch: „Aus welcher Perspektive heraus nehmen wir die Mühe auf uns?" Die alte Selbstverständlichkeit der großen Erzählungen ist vorbei, und das ist gut so. Die Jugendlichen haben übrigens diese Erzählungen und den Befreiungsprozess von ihnen nicht mehr miterlebt. Aus ihrer Perspektive fragen sie sich: „Wie halten wir die Pluralität aus, ohne gewalttätig oder depressiv zu werden? Gibt es einen Horizont, der unserem Leben Sinn verleiht? Gibt es Lebensvorbilder, die uns inspirieren können? Oder müssen wir wirklich alles selbst herausfinden?" Unterwegs-Sein ist das heutige Lebensgefühl. Aber haben die Jugendlichen auch die Möglichkeit, sich unterwegs zu Hause – *at home on the road* – zu fühlen? Neuer pädagogischer Wagemut ist nötig. Nach Konstruktion und Dekonstruktion geht es heute um Rekonstruktion.

3. Spätmoderner Religionsunterricht und Sinnentdeckung

Im Religionsunterricht geht es um *Sinngebung*. Dies ist ein moderner und aktiver Begriff. Er setzt ein hohes Maß an Reflexivität voraus und geht von der Machbarkeit der eigenen Lebensreise und -bestimmung aus. Es könnte passieren, dass das Fach aus dieser Perspektive heraus unfreiwillig zu einem touristischen Ausflug wird. Die Lehrkraft geht mit den Jugendlichen los und zeigt ihnen die verschiedenen Arten auf, wie Menschen ihrem Leben Sinn geben. Danach lädt sie die SchülerInnen ein, selbst eine Wahl zu treffen. Die Gefahr dieser Arbeitsweise ist offensichtlich: Die Jugendlichen fühlen sich nicht beteiligt und zeigen auf die Dauer Fluchtverhalten, auf der Suche nach Ablenkung und *non-commitment*. *Sinn empfangen* scheint mir ein guter Ausdruck, um den prämodernen Prozess zu umschreiben: Die Leute empfingen den Sinn des Lebens, er wurde durch Kirche und Staat für sie formuliert und definiert. Im Religionsunterricht war früher keine Rede von Reisen. Man lernte, dass die Außenwelt mit der Innenwelt übereinstimmte, dass es eigentlich keine andere Welt gab, es sei denn, jemand wich von der rechten Lehre ab, was Ausschluss mit sich brachte.

Was könnte jetzt die spätmoderne Perspektive sein, anschließend an das Verlangen von Jugendlichen heute? Mein Vorschlag ist *Sinnentdeckung*. Die Jugendlichen erlernen im Religionsunterricht die Fähigkeit, die Wirklichkeit aus einer weltanschaulichen Perspektive neu zu lesen. Die Perspektive wird ihnen durch die Lebensgeschichten anderer, die kreativ mit der Wirklichkeit umgegangen sind, dargeboten. Sie entdecken den Sinn ihres Lebens also auf dem Umweg der Erzählung. Eine direkte Erkenntnis des Lebenssinnes ist niemandem gegeben und kann auch nicht vermittelt werden (wie in der prämodernen Perspektive). Eine pur beschreibende Analyse aller Sinnperspektiven (wie in der modernen Perspektive) wird als ungenügend erfahren. Ein literarischer „détour" (Paul Ricoeur, zitiert von Streib 1998b) ist dahingegen wie ein Gedankenexperiment: Er fordert junge Leute heraus, ihre eigene Geschichte zu hinterfragen, im Hinblick auf die Möglichkeit „Es hätte auch anders sein können.". Diese Konfrontation ist immer befremdlich („So habe ich das noch nie betrachtet."), aber nie entfremdend. In diesem Modell wird die Vorkenntnis der Jugendlichen nicht vernichtet, sondern aus der Perspektive des Anderen oder Fremden rekonstruiert. Sie kommen zu der Einsicht, dass ihre bisherigen Erkenntnisse gar nicht so dumm waren: Es gab schon viele Menschen, die mit dem Leben in seiner Komplexität gerungen und Fragmente von Antworten zusammengetragen haben. Leben ist wie Reisen: Rekonstruktion. Lernen kann den gleichen Anspruch haben.

Diese Art sinnentdeckenden Lernens gibt keine letzten Antworten, öffnet aber den hermeneutischen Raum, in welchem Suchen sinnvoll wird. Mit Hilfe von Erzählungen von gutem, tiefem Leben entdeckt der Jugendliche, dass diese Suchbereitschaft auch in seinem Leben einen Unterschied machen kann. Die grundsätzliche Frage ist also nicht, ob wir weltanschauliche Traditionen an die Lebenswelt der Jugendlichen anpassen sollen oder ob wir sie in ihrer ursprünglichen Gestalt belassen sollen. Die Frage ist vielmehr, ob wir in der Lage sind, die Kommunikationsformen religiöser Traditionen so zu gestalten, dass sie Jugendliche dazu bewegen, ihr Leben zu vertiefen und seinen Sinn zu entdecken.

Diese Sichtweise religiösen Lernens birgt spannende Implikationen für die Theologie. Die Reflexion über die religiöse Praxis, wie sie sich in diesem Modell im Religionsunterricht vollziehen kann, steht grundsätzlich in Verbindung mit der Diskussion über die Beziehung zwischen der christlichen Tradition und dem heutigen Lebensgefühl. Wer dieses Fach ernst nimmt, wird in seinen theologischen Grundfesten erschüttert. In einer Kultur, in der Modernisierungsdruck das Verlangen nach Ganzheit bedroht, spüren ReligionslehrerInnen als Praktische TheologInnen das Verlangen, die christliche Geschichte neu zu formulieren im Hinblick auf das Wohlergehen der zukünftigen Generationen. Gerade wenn so viele andere Sprachspiele entstehen, die das grundsätzliche Verlangen nach Ganzheit zu benennen versuchen (Körperkultur, alternative Heilungsmethoden, Astrologie, New Age, Evangelikalismus usw.), sollte es meiner Meinung nach erste Priorität der TheologInnen (und der Kirchen) sein, die christliche Tradition zu überdenken, und sich dabei aufs Neue an ihren Quellen zu orientieren. Die Menschen sind sehr damit beschäftigt, sich religiöse Traditionen wieder anzueignen, oft auf eine nichtinstitutionelle Weise; es kommt darauf an, taktvoll, aber angemessen, auf diese Entwicklung einzugehen.

4. Ein hermeneutisch-kommunikativer Ansatz des Religionsunterrichts

„Die meisten Züge fahren hinter dem Leben her“, so singt der niederländische Theaterkünstler Herman van Veen. Das kann auch gut auf den Religionsunterricht übertragen werden. SchülerInnen werden auf eine Reise mitgenommen, versammelt in einem Zug, wo sie voneinander und aus Geschichten von außen lernen können (kommunikativ), die Realität zu verstehen und mit ihr fertig zu werden, im Hinblick auf die Rekonstruktion einer Sinnbedeutung für ihr eigenes Leben (hermeneutisch). Dieser Ansatz geht von der didaktischen Möglichkeit aus, junge Menschen zu einer gemeinschaftlichen Suche einzuladen, bei der eine Fülle von alternativen Weltanschauungen und eine starke Kommunikation zu einer klärenden Erläuterung (und Selbsterleuchtung) der eigenen Position und Meinung beitragen. In dieser Hinsicht möchte der Religionsunterricht den jungen Menschen die Gelegenheit geben, ihre religiöse Herkunft und ihre religiöse Zukunft zu ‚verworten‘ und zu ‚verantworten‘. Das Ziel besteht nicht in der Absicht, sie in eine bestimmte und exklusive Weltanschauung einzuführen, sondern sie für die Verschiedenheit sensibel zu machen, die sie umgibt, und ihnen Fähigkeiten an die Hand zu geben, mit dieser reich vorhandenen Fülle umzugehen. Der Ausgangspunkt liegt darin, dass es einen korrelativen Effekt auf der pädagogischen Ebene gibt zwischen den Lebensfragen, die den jungen Menschen zu denken geben, und den (vielen und möglichen) Antworten, die im Laufe der Zeit durch religiöse Traditionen erzeugt wurden und die heutzutage durch den LehrerInnen, die MitschülerInnen, den Lehrplan, das Handbuch usw. präsentiert werden. Sinnvolle Worte und Zeichen, die zu ihrem eigenen sinngebenden Entwicklungsgang beitragen, werden jungen Menschen *offenbart*. Oder anders gesagt, Jugendliche *entdecken* einen neuen Sinn in alten Geschichten und Traditionen und lernen exakt durch diese religiöse Aneignung, sich selbst besser zu verstehen.

Geschichten sind die Zufahrtsstraße zu dieser Lernerfahrung: kleine Geschichten, die die Rückseite des Lebens zeigen und die noch nicht durch die großen und dominanten Texte des Marktes und der Medien überdeckt sind. Kinder und Jugendliche werden auf einen Umweg (*détour*) mitgenommen und sicher zu sinnvollen Zusammenhängen und Perspektiven gebracht, wo sinnvolle Worte gesprochen und sinnvolle Handlungen unternommen werden. Die Lehrperson ist dazu bereit und fähig, die Lernumgebung der jungen Menschen mit neuen Impulsen, unvermuteten Ansichten und manchmal sogar roher und unzensierter Realität zu unterstützen. Daher wird es Diskussionen über das, was ist, und das, was sein könnte, geben. Diese konkrete Utopie ist es, die ReligionslehrerInnen anregt und zwingt, unterwegs zu Hause zu sein. Auf dieser ‚Pilgerreise' führen sie ihre SchülerInnen an.

5. Ein mystagogisch-kommunikativer Ansatz des Religionsunterrichts

Diese Korrelation zwischen dem, was tatsächlich ist, und dem, was proaktiv sein könnte, ist von *pädagogischer* Natur. Junge Menschen werden befähigt, einen mentalen Umweg zu machen, um ihre Perspektive zu erweitern und um kritische Fragen über den auf dem Spiel stehenden Gegenstand zu stellen. Sie entwickeln ihre interpretierende Kompetenz in der dynamischen Spannung zwischen verfügbarem Wissen und neu präsentierten Deutungsansätzen (Roebben 2001c, 263-265; Schweitzer, 1999, 205-207). In diesem Sinne heißt „Korrelieren-lernen" dann „Fragen-lernen" (Feifel 1995, 100). Diese Korrelation ist zunächst nicht theologischer Natur. Sie zeigt nicht unmittelbar die Wechselbeziehung von Erfahrung und Offenbarung auf. Das Modell der Korrelationsdidaktik, basierend auf einer Korrelationstheologie, war im allgemeinen Sinne im Religionsunterricht bis in die späten 1980er Jahre erfolgreich. Auf der Basis einer relativ soliden religiösen Sozialisierung, die zu Hause stattfand, waren die Lehrer daran gewöhnt, sich beim Enthüllen theologischer Inhalte auf die verwandten religiösen Gedanken und Handlungen im Alltäglichen zu beziehen. Zudem bestand die Überzeugung, dass den Bedürfnissen eines suchenden religiösen Individuums eine bestimmte Antwort der göttlichen Offenbarung zugrunde liegt, die im Prozess der didaktischen Korrelation erschlossen werden kann. Dieser besondere institutionell-religiöse Hintergrund ist nicht länger gegeben. Kinder betreten den Klassenraum oft ohne religiöse Sprache, Tradition und Gemeinschaft (daher ohne die Möglichkeit einer theologischen Korrelation). Ihre Fragen, das Leben betreffend, bleiben häufig unausgesprochen und doch ungemein stark.

Ich bin davon überzeugt, dass etwas Besonderes mit diesen Kindern passiert, wenn sie in den hermeneutisch-kommunikativen Prozess der religiösen Selbsterleuchtung hereingeholt und eingeladen werden, sich selbst mit auszudrücken bei den sinnerforschenden Geschichten ‚der anderen Seite'. Die *pädagogische* Korrelation (worum sie bitten: „Hör dir sorgfältig unsere Bedürfnisse an, damit du uns auf unserer Reise leiten und uns mit deinen Einsichten unterstützen kannst.“) kann sich transformieren in eine neue *theologische* Korrelation („Wo finde ich neues Leben für meine Seele?“). Diejenigen, die junge Menschen in eine Umgebung einführen, befruchtet mit starken und sinnvollen didaktischen Impulsen, und diejenigen, die sie in dem spannenden Übergangsraum begleiten zwischen menschlicher Zwiespältigkeit und der Sehnsucht nach Ganzheitlichkeit einerseits und vitalen Lernperspektiven andererseits, müssen zugeben, dass dabei so zahlreiche Fragen aufbrechen wie Wasser aus einer Quelle sprudelt. Diejenigen, die zum Beispiel während des Klassengesprächs über Loyalität mit den Eltern die Geschichte von Isaaks Beziehung zu Abraham in das Gespräch einführen, können sich einer heftigen Diskussion sicher sein. Genauso wird dies sein, wenn man im Fall von Hiobs Geschichte das Leiden bedenkt oder bei der Mosesgeschichte der Frage von Berufung nachgeht.

Diese Fragen, die den geplanten Religionsunterricht unterbrechen und irritieren, liegen nahe und beziehen sich auf die Ratlosigkeit in den Lernenden selbst, die zwischen Sehnsucht und Perspektive, zwischen Frage und Antwort herumirren. Solche Fragen sind stark, weil sie sich auf die letzten Fragen beziehen, auf die religiöse Menschen immer versucht haben, sinnvolle Antworten qua Inhalte (Dogmatik) und Lebensführung (Ethik) zu finden. Solche LehrerInnen, die sich während dieser wichtigen Lernmomente nur auf ein Angebot von Information und Kommunikation beschränken, verursachen, meiner Meinung nach, ernsthaften Schaden im religiösen Lernprozess moderner junger Menschen. In der Tat bieten sie einen Überblick über den Verdauungsapparat an, sie neigen jedoch dazu, zu vergessen (oder haben Angst zuzugeben oder können den Gedanken nicht ertragen), dass junge Menschen sich nach *Seelennahrung* sehnen (A. Biesinger, zitiert in *Den religiösen Hunger stillen,* 1998). Katechisieren bzw. die jungen Menschen zu ermutigen, ein Glaubensbekenntnis zu formulieren, findet hier überhaupt nicht statt. Katechese hat immerhin Prä-Katechese zur Voraussetzung, die ihrerseits religiöse Sozialisierung voraussetzt, und diese ist hier nicht länger verfügbar. Junge Menschen erscheinen oft mit leeren Händen im Klassenraum. Haben Schulen den Mut, eine Überbetonung der didaktischen Planung im Hinblick auf religiöse Lernprozesse zu kritisieren? Sind sie tapfer genug, an dem religiösen ‚Mit-leeren-Händen-Sein‘ junger Menschen zu partizipieren und darauf zu vertrauen, dass *neue spirituelle* Erfahrungen entstehen können, wenn junge Menschen anhand von Erfahrungen lernen, sich selbst neu zu definieren und neu zu würdigen mihilfe religiöser Traditionen?

Ich spreche mich dafür aus, einen religiösen Unterricht aufzugeben, in dem junge Menschen lediglich herumstöbernde TouristInnen sind, die – wie gut die Absicht auch sein mag – lernen, jede Möglichkeit unter Berücksichtigung ihrer Identitätsformung zweckmäßig zu bedenken. Religiöse Traditionen funktionieren nicht allein als ‚Identitätsversorger'. Sie sind eher Quellen der Weisheit, die den Durst der Seele stillen. Natürlich setzt das ein kritisches Lesen dieser Quellen voraus und eine Missbilligung eines fundamentalistischen Gebrauchs der Quellen – einer Anwendung, die die Seele mit Hass erfüllen kann. Ein guter Religionsunterricht realisiert das ursprüngliche Sprachspiel der Religion. Dieses Sprachspiel bezieht sich auf das, was unsystematisch, ironisch, subversiv, unendlich und in diesem Sinne offen für das Unendliche, das Unbestimmte, das Afunktionale ist (Roebben 2004b, 223-227). Ich spreche mich für einen Religionsunterricht aus, der erforschend und informativ ist, der lehrt, die erhärteten Traditionen in Schlüsselerzählungen (pädagogisch: hermeneutisch-kommunikativ) wahrzunehmen und der auch und an erster Stelle lehrt, diese Traditionen zu ‚enthärten' oder zu ‚verflüssigen', sodass die ursprüngliche Schlüsselerfahrung und die zugrunde liegende Schlüsselfrage an die Oberfläche kommen können. Es sind Schlüsselelemente, die die Seele entzücken können (theologisch: mystagogisch-kommunikativ).

Dieser mystagogische Ansatz (in Kombination mit der Beschreibung ‚kommunikativ' wegen des Bedürfnisses nach Austausch zwischen SchülerInnen, LehrerInnen und Materialien) wird in einer positiven Anthropologie darin begründet, dass der Mensch radikal offen für das Mysterium (vom griech. *musthèrion*) der Existenz ist. Schließlich ist die Seele empfänglich für das Mysterium der Realität, wie es sich im persönlichen Leben selbst entfaltet. Im Lernprozess kann die Seele ermutigt werden, sich der lernenden Person selbst zu offenbaren. In dieser Hinsicht handelt der Lehrer wie eine Hebamme, die dem Lernenden immer wieder hilft, neue Einsichten (pädagogisch) und ein neues Leben (theologisch) zu gebären. Nach dem deduktiven kerygmatischen Modell, nach dem stillen Tod des induktiven Modells einer theologischen Korrelation in den späten 1980er Jahren (Englert 1993b) und nach neuen pädagogischen Formen von Korrelationstheorien in den späten 1990ern innerhalb des Kontextes religiöser Modernisierung (wie zum Beispiel der abduktiven Korrelationstheorie, vgl. Prokopf & Ziebertz 2000) gibt es ein erneutes Interesse an religiöser Erfahrung im Bereich der religiösen Unterrichtspraxis und -theorie (z.B. Van den Berk 1999, Schambeck 2006). Weiterführend in dieser Hinsicht ist das Anliegen des performativen Religionsunterrichts (z.B. Grümme 2007, Klie 2007). Die mit diesem Interesse verbundenen Ansätze mystagogischen Lernens machen uns das Paradox der Erziehung im Allgemeinen und des Religionsunterrichts im Besonderen bewusst. Denn Unterricht als die didaktische Organisation von *practices of dispossession* bleibt permanent fragwürdig (Geerinck 2004a). Wie soll man das, was nicht planbar ist, nämlich Empfänglichkeit für neues Leben, didaktisch vorbereiten und durchführen? Wie soll man das Geheimnis des *teachable moment*, das nicht vorherzusehen ist, didaktisieren? Oder zumindest: Wie soll man die kleine spirituelle Flamme, die es in jedem Lernenden gibt, nicht durch Didaktik löschen, sondern mit Didaktik hegen und pflegen? Gibt es eine solche Didaktik?

6. Narthikales religiöses Lernen

Die pädagogisch-didaktische Lücke zwischen Verlangen und Perspektive, der Übergang zwischen der Suche des Lernenden und dem Vorschlag des Lehrers, einen mentalen Umweg vorzunehmen, kann eine Dynamik hervorbringen, die den Lernprozess überschreitet. Um diesen unvorhersehbaren lehrbaren Moment innerhalb des absichtsvoll organisierten Lernbereiches zu beschreiben, benutze ich die Metapher des Narthex. Dessen ursprüngliche Bedeutung bezieht sich auf die Eingangshalle der Kirche, die Pufferzone zwischen der Außenwelt und dem inneren heiligen Raum.

Der Narthex, in seiner metaphorischen Bedeutung, ist beides, ein pädagogischer und ein theologischer Platz der Auseinandersetzung. Im Lernprozess kann ein Raum entstehen für das, was nicht gelernt, sondern nur empfangen werden kann. Im Narthex kann man das Verständnis erlangen, dass sich die eigene Existenz nicht ergründen lässt, dass man nicht die Quelle der eigenen Gedanken ist, dass man in seiner Suche bereits gefunden worden ist und niemals zu definitiver Sinnlosigkeit zurückfallen kann, wenn man verlorengehen oder den Weg aus den Augen verlieren könnte. Der deutsche Theologe und Pädagoge Helmut Peukert, nennt dies ‚transformatives Lernen' (im Gegensatz zu den meisten Lernformen, die er als ‚kumulatives Lernen' bezeichnet), und er betrachtet es als die Bildungsmethode für die Zukunft: sich selbst zu verlieren in der Begegnung mit dem oder der Anderen, sich selbst in einer völlig anderen Weise, nämlich als ‚gefunden werdend', zu erfahren. Helmut Peukert zufolge haben besonders Kirchen und moralische Gemeinschaften eine einzigartige Rolle in diesem neuen Lernen zu erfüllen, da sie Traditionen der Offenheit repräsentieren, die Menschen den vertrauensvollen Umgang mit Situationen von radikaler Transformation lehren, wie Heilung nach dem Zerbrechen, Vergebung nach der Sünde, Leben nach dem Tod usw. (Peukert 2002).

Religionsunterricht kann so eine Pilgerreise werden. Die Lernspanne könnte mit der Situation eines Pilgers oder einer Pilgerin verglichen werden, der oder die sich, nach Wasser und Kühle sich sehnend, auf seiner Reise selbst auffindet, und mit etwas völlig Anderem konfrontiert wird als dem, was er oder sie im Narthex des Kirchengebäudes erwartet und erhofft hat. Ein perfektes Beispiel dieser Lernspanne ist der Narthex der Kirche Sainte-Madeleine in Vézelay in Frankreich. Auf seiner Reise durch die burgundischen Berge, entlang des Weges einer der vier zentralen Achsen der französischen Route nach Santiago de Compostela, haben sich PilgerInnen in eine zweibeinige, schlurfende Bittende verwandelt. Gibt es dort jemanden, der ihren Durst stillen und ihnen etwas Kühle zufächern könnte? Etwas Außerordentliches geschieht, als sie den Narthex betreten: Ihr Flehen um Stärkung wird mit schönen Skulpturen der christlichen Heilsgeschichte beantwortet. Der triumphierende Christus möchte ihnen ‚geisterfülltes Wasser' anbieten, etwas völlig Verschiedenes von dem, was sie erwartet und erhofft hatten. Aber zur selben Zeit erklingen in ihrer Seele Seufzer des Wiedererkennens. Der Pilger oder die Pilgerin löst sich von der mehr als hyperaktiven Suche nach Rettung und lässt sich selbst finden (in diesem Fall von Christus). Die Suche bekommt neuen Sinn, die Sehnsucht wird neu arrangiert, Fragen, die entlang des Weges gestellt werden, werden nicht gelöst, aber neu formuliert. Das Leben bekommt neue Bedeutung: eine neue Einsicht (pädagogisch) und eine neue Sinnorientierung (theologisch).

7. Implikationen für den Religionsunterricht

Die Metapher des Narthex ist verletzlich. Sie könnte falsch interpretiert werden und sie gibt auch einen Grund dafür. Der Narthex als universelles Symbol ist (buchstäblich) mit einem singulären Kirchengebäude verbunden, das eine besondere Glaubenstradition repräsentiert. Deshalb besteht die Gefahr, dass der Narthex als ein anthropologisches Sprungbrett für den *real deal* im sakralen Raum einer partikularen Glaubenstradition angesehen wird. Die Metapher darf nicht in diesem Sinne verstanden und missbraucht werden. Ich benutze die Vorstellung, um zu erklären, dass die existenzielle Frage nur zu erkennen ist in der Kultivierung der Spannung von Sehnsucht und Perspektive. Die religiöse Erfahrung wird nur dann sinnvoll vermittelt als eine mögliche Antwort für die existentielle Frage, wenn diese Spannung thematisiert wird, mit anderen Worten, wenn das menschliche Verlangen mit Worten und Bildern verstanden wird, die im Inneren entzücken und erneuern. Diese Begegnung zwischen Sehnsucht und Perspektive ist, wie schon gesagt, doppelschichtig: Das pädagogische Anvertrauen von neuen Einsichten für die Entwicklung der narrativen Identität des oder der Lernenden („Wer kann ich werden?") kann zu einer noch radikaleren Sehnsucht führen, mit dem Mysterium, wer man wirklich ist („Wo gehöre ich hin?"), heimisch zu werden. Herkunft und Zukunft treffen sich in diesem Lernprozess. Welche Implikationen beinhaltet die Metapher des Narthex?

(1) Als ReligionslehrerIn muss man sich nicht über ein *hidden curriculum* der Katechese oder des Glaubensbekenntnisses Sorge machen. Katechese setzt schließlich Prä-Katechese voraus und basiert auf dem ausdrücklichen Wunsch, ein Mitglied oder TeilnehmerIn einer Glaubensgemeinschaft zu werden. Innerhalb des narthikalen Lernmodells gehe ich von der Prämisse aus, dass dieser Idee nicht mehr viele anhängen. Obwohl sie getauft sind, haben sie in der Regel kaum eine eigentliche religiöse Praxis. Ich gehe davon aus, dass viele Kinder und junge Menschen heutzutage keine religiöse Erziehung zu Hause erfahren haben und dass eine ‚prä-katechetische Sehnsucht' daher außer Frage steht. Die Sehnsucht, über die ich in diesem narthikalen Lernparadigma spreche, ist von einer vom prä-katechetischen Ansatz grundsätzlich zu unterscheidenden Natur. Sie hallt in den Fragen wider, die die Kinder ihren LehrerInnen stellen: „Glauben Sie wirklich selbst an das, was Sie uns erzählen? Was bedeutet es für Sie, einen Glauben zu haben? Wie zahlt er sich für Sie aus?" Deshalb liegt ihre Sehnsucht darin, unvoreingenommen zu sein, eine typische Situation, die in einer postsäkularen Lebensumgebung zunehmend an Raum gewinnt. Aus diesem Grund stellt sich die Frage, ob ein zeitgenössischer Religionsunterricht den Mut hat, diesen Raum zu kultivieren und aufzuzeigen, wie konkret religiöse Menschen und Gruppen sich für die Klärung dieses Raumes existenzieller Sehnsucht engagieren. Der Narthex darf aus diesem Grund, im buchstäblichen Sinne des Wortes, nicht missverstanden werden als prä-katechetischer Eingangsraum, dessen Außentür verschlossen ist wie eine Reuse, sobald man den Fuß in das ‚Schiff' der Kirche gesetzt hat, in den intimen (liturgisch-sakramental-katechetischen) Teil der Kirche.

(2) Das narthikale Modell überschreitet die ‚klassische' Unterteilung von sakraler Kirche und säkularer Welt, wie sie in modernen Säkularisationstheorien beschrieben wird. Das Profane kann sich im inneren Raum der

Kirche manifestieren, das Heilige kann sich außerhalb der Kirche offenbaren. Im Narthex treffen sich beide Welten, wobei sie sich gegenseitig beeinflussen. Dass dieser Ansatz neue Anforderungen an die christliche Theologie stellt, muss nicht extra betont werden. Eine spannende Aufgabe erwartet die zukünftige theologische Reflexion, im ständigen Fragen, ob und wie eine sakramentale Erfahrung von Ganzheitlichkeit, die gute Liturgie auszeichnet, sich aus der alltäglichen menschlichen Existenz heraus einstellt.

(3) Inmitten des Narthex ist es notwendig, die schon präsente ‚transzendentale Offenheit' der Spannung zwischen Immanenz und Transzendenz wachzurufen und zu hegen, sodass der oder die Lernende sich selbst als eine offene Frage betrachten und fruchtbaren sowie festen Boden für seine existenziellen Fragen finden kann. Das setzt voraus, dass narthikale LehrerInnen sorgfältig zuhören müssen, was die Sehnsüchte der (jungen) ZeitgenossInnen sind, und dass sie in der Lage sein müssen, den häufig nicht ausgesprochenen Fragen ihres Lebens Ausdruck zu verleihen. Mehr noch, sie müssen ihnen Mut machen, bei ihren Anstrengungen ihre eigenen Erfahrungen zu formulieren. Aus diesem Grund müssen sie ständig den Marktplatz des Lebens betreten, um die Sehnsucht der ZeitgenossInnen nach Lebenserfüllung gewissenhaft wahrzunehmen und ihnen zu helfen, diese praktisch umzusetzen.

(4) Ein anderer Aspekt in der Bipolarität der narthikalen Führerschaft ist, neben der Wahrnehmung von Sehnsucht, die Kultivierung von Perspektive – oder mit anderen Worten, dass man gewissermaßen eine ‚eiserne religiöse Ration' parat hat. Was sollte sie enthalten? Welche Art von Proviant sollten LehrerInnen sich auf den Weg mitnehmen? Hermeneutische Sensibilität ist es, was zur Beantwortung dieser Frage benötigt wird und was LehrerInnen auch als Wegration brauchen. Welche biblischen Schlüsselgeschichten sind in der Lage, die existenziellen Fragen heutiger ZeitgenossInnen zu beleuchten und zu illustrieren? Was ist von eminenter Wichtigkeit? Welche ‚Hierarchien von Wahrheit' herrschen vor? Welche zentralen Heilslinien verdienen es heute, konzeptualisiert zu werden? Und was kann man als Gerümpel zurücklassen? Ich glaube fest daran, dass diese Position des Denkens ein erneuertes Engagement akademischer Theologie im Hinblick auf die Diskurse des Religionsunterrichts von heute impliziert. Es gibt einen großen Bedarf an biblischen, ritual-liturgischen, politisch-ethischen und kulturell-religiösen Leseschlüsseln, welche die Suche junger zeitgenössischer SinnsucherInnen zu verstehen helfen.

(5) Der narthikale Raum ist also der Raum der Begegnung, wo man die Freiheit zu theologisieren hat. Viele Fragen und Erfahrungen können schließlich innerhalb des Kontinuums von Immanenz und Transzendenz aufkommen. Manche werden über die radikale Alterität in ihrem Leben sprechen, während andere über ein Leben in menschlicher Solidarität sprechen werden. Neue traditionelle Muster, Interpretationen und sogar Inhalte werden in dieser kreativen Begegnung ihren Ursprung haben. Es ist offensichtlich, dass (religiöse) Traditionen innerhalb des narthikalen Raumes reanimiert und reaktiviert werden, falls jungen Menschen die Chance gegeben wird, sie zu erwerben, wie pietätlos das auch dem ‚Traditionalisten' erscheinen mag, der sich in jedem Lehrer und jeder Lehrerin versteckt! Die Gewissens- und Glaubensfreiheit der Lernenden steht also im Mittelpunkt: „Sichergestellt werden müsste in jedem Falle, dass Jugendliche auch im Religionsunterricht die Möglichkeit behalten, eine Haltung radikaler Differenz gegenüber der christlichen Tradition einzunehmen bzw. allgemeiner: dass Jugendlichen nicht von religionspädagogischen Deutungsvirtuosen die Primärzuständigkeit für die Interpretation ihres eigenen Lebensglaubens entzogen wird" (Englert 2003, 72).

(6) Learning by doing ist ein wichtiges Prinzip innerhalb des Narthex. Ein hauptsächlich ausbildender und didaktischer Ansatz für Religionsunterricht hat die kognitiven Kompetenzen in den Vordergrund gestellt. Moderner Religionsunterricht muss Nachdenklichkeit stimulieren und darauf hinzielen, Kinder zu lehren, wie man die eigene religiöse Identität sieht, effektiv formuliert und darüber mit anderen diskutieren kann. Aber religious literacy übertrifft, meiner Meinung nach, das Ziel dieses rationalen Ansatzes. Sie ist auch eine Sache des Geschmacks und der inneren Vertrautheit. In der Angst, junge Leute zu indoktrinieren, traut man sich nicht länger, sie in religiöse Erfahrungen einzuführen, sie vertraut zu machen mit wirklich gelebtem Glauben, mit Symbolen, Ritualen und sozialer Fürsorgearbeit und sie zur Begegnung mit Gläubigen und Glaubensgemeinschaften zu führen.

(7) Die narthikale Perspektive konfrontiert uns letztendlich mit der unvermeidlichen Frage nach aktiven Gemeinschaften. Existieren sie immer noch? Und wenn ja, sind sie korrelativ und narthikal genug? Wie sieht es mit ihrem spirituellem Unterton oder ihrer Begeisterung aus? Ist es nicht wahr, dass man oft zu dem Schluss kommen muss, dass es religiösen Gemeinschaften misslingt, die Bedürfnisse von heutigen Sinnsuchern, das believing without belonging, anzusprechen, weil sie selbst so seelenlos sind und ihre Mitglieder so belonging without believing? Gibt es Leben in der Herberge? Ist da irgendjemand zu Hause in der Herberge?

Gibt es noch Leben in der Bude? Oder hat der Letzte schon das Licht ausgemacht und die Tür hinter sich geschlossen?

Schlussfolgerung

Im Kontext der zunehmenden Mobilität junger Menschen und der wachsenden Zahl von Diasporagemeinschaften, von Synkretismus und religiösem Tourismus (Cohen 2006) ist die Neudefinition der religiösen Bildung als Pilgerreise und narthikale Erfahrung es mehr als wert, geprüft zu werden (Engedal 2006; Miedema 2006, 221-224). In der Zeit der *longue durée* hinterlassen die großen religiösen Traditionen Spuren, die in der zeitgenössischen Frage nach Sinngebung zutage treten. Ein Bild eines Pilgers, das diese Auswirkung wunderbar illustriert, stammt von einem holländischen Romanschreiber und Journalisten, Herman Vuijsje, der den Camino, die Pilgerstraße, in entgegengesetzter Richtung, von Santiago de Compostela nach Amsterdam, gegangen ist. Er schreibt: „All die Kilokalorien, die von den Pilgern im Laufe der Jahre abgefallen sind, wo sind sie geblieben? Auf dem Camino. Nach dem Mittelalter blieben sie unbenutzt, keiner bemerkte sie: eine Schicht purer Energie, komprimiert und kristallisiert unter den Füßen Tausender neuer Pilger. Jetzt kommt die Pilgerreise nach all den Jahrhunderten wieder zum Vorschein und die alten Routen werden neu entdeckt. Sie sind aus ihrem Schlummer erwacht und bieten dem Pilger unserer Tage ungeahnte Stärke" (Vuijsje 2002, 159).

Kapitel 5
Religiöse Bildung und Kindertheologie

Der akademische Diskurs innerhalb der Praktischen Theologie und der religiösen Bildung weitet seinen Hörerkreis aus und wird zunehmend globalisiert. Lokale Entwicklungen werden in der ganzen Welt kommuniziert und globale Trends genutzt, um die regionale Praxis, Theorie und Forschung auszuformen. Durch das Internet ist die Welt der (religiösen) Bildung eine bedeutsame Lernumgebung für jeden geworden. Auch die deutsche Bewegung der ‚Kindertheologie' öffnet sich allmählich durch internationale Veröffentlichungen und Kontakte. FachkollegInnen auf dem ganzen Globus können so ein besseres Verständnis von der regionalen theologischen Reflexion der religiösen Bildung in Deutschland gewinnen, aber auch ihre eigene Praxis und persönlichen Einsichten auf der Basis dieses neuen und erfolgreichen Paradigmas umdeuten. In diesem Kapitel lege ich den Fokus zunächst auf die Konzepte und Kontexte, in denen Kindertheologie sich international entwickelt. Dabei spielt die Spannung zwischen lokalen Entwicklungen und globalen Themen die zentrale Rolle. Anschließend diskutiere ich einige grundlegende Probleme in Forschung und Praxis der Kindertheologie. Ich weise auf einige interessante Horizonte hin, in die Kindertheologie die Theologie und die religiöse Bildung in naher Zukunft führen kann. Zum Schluss folgt eine kleine Liste von Herausforderungen der Kindertheologie.

1. Lokale Konzepte und Kontexte der religiösen Bildung und der Kindertheologie

In der Diskussion um die Rolle und den Einfluss der Kindertheologie auf Theologie und religiöse Bildung sind einige Fragen zu klären. Diese beziehen sich mehr oder weniger auf die Verwendung der Konzepte und die Interpretation der Kontexte innerhalb der Kindertheologie. Der entscheidende Punkt ist, dass diese Schwierigkeiten aufgrund von Sprachbarrieren nicht international überwunden werden können. Es wurden Bemühungen getätigt, die internationalen Entwicklungen im Feld der religiösen Bildung zu vergleichen (Schweitzer 2004a). Die örtlichen *Konzepte* der religiösen Bildung werden jedoch immer in Bezug auf die sozialen, kulturellen und politischen *Kontexte* von Religion und Religiosität vor den verschiedenen Hintergründen – in Schule, Familie, Kirche und Öffentlichkeit (Osmer & Schweitzer 2003) – thematisiert. Das gegenseitige Lernen von ExpertInnen wird dadurch erschwert. Meine Erfahrung in internationalen Kreisen hat mir gezeigt, dass dauerhafte und selbstkritische ‚Lebens-Begegnungen' mit Anderen – Lernen in der Gegenwart des religiös Anderen – die besten Ergebnisse liefern (siehe Kapitel 7).

Deshalb ist und sollte die Begegnung zwischen Fachleuten in der religiösen Bildung ein inter-kultureller und inter-religiöser Lernprozess in sich sein. Die meiste Zeit verwenden Fachleute mit dem Finden einer gemeinsamen Basis in Bezug auf Begriffe, die sie benutzen, und in Bezug auf die Kontexte, in denen diese Begriffe erzeugt wurden. Um nur einige Beispiele zu nennen: Das niederländische Wort für religiöse Bildung, nämlich *godsdienstonderricht*, kann sehr leicht von Deutschen als systematische Einführung in die Feier der Eucharistie (oder Gottesdienst) missverstanden werden. Und das polnische Schulfach *katechese* kann als katechetische Einführung in das Wesen der Kirche missverstanden werden. Das deutsche Schulthemenfeld *Religionsunterricht* ist gesetzlich und politisch fundiert und wird vollzogen in konfessionell getrennten Klassen in öffentlichen Schulen, in denen römisch-katholischer, evangelischer und in einigen Fällen muslimischer und jüdischer Religionsunterricht erteilt wird. Aber dieser Begriff wird ebenfalls für das Projekt ‚Religionsunterricht für alle' in der Stadt Hamburg gebraucht, als ein religiösvielfältiges Konzept, das die konfessionellen Grenzen überwindet. Ein anderer Problemkreis bezieht sich auf die folgende Frage: Wie sind institutionelle Religion und personalisierte Religiosität in Erziehung, sowohl in öffentlichen als auch in privaten Schulen, über religiöse Bildung hinaus präsent – beispielsweise im Vorschulbereich (Dommel 2007), in der Spiritualität der ganzen Schule, in dem breiteren ‚Ritual-Repertoire' der Schule, und durch den Ethos und die Präsenz von Religionen in der Schule als öffentlichem Raum? (Jäggle et al. 2009). Und wie können diese komplexen Konstrukte von Religion in Schulen eine "contribution to dialogue or a factor of conflict in transforming societies of European countries" (Jackson et al. 2007) sein? Solche Fragen entstehen aus spannenden internationalen Begegnungen.

Etwas Ähnliches kann über den deutschen Begriff ‚Kindertheologie', wörtlich übersetzt in das Englische als 'children's theology', gesagt werden. Wie kann dieser Begriff auf dessen zugrunde liegende Bewegung der angelsächsischen Entwicklungen in der Spiritualität von Kindern bezogen werden und darauf antworten? Ist Kindertheologie eher ein akademischer Ansatz (deshalb *Theologie*) als eine pädagogische Praxis (deshalb *Spiritualität*) im Leben der Kinder? Bauen die deutschen Fachleute weiter auf eine ‚gelebte Theologie', die ihren Ursprung in der von angelsächsischer, empirischer und hermeneutischer Forschung gefundenen Spiritualität von Kindern hat? Und ist diese Theologie dann ein isolierter Block neuer theologischer Information oder eher ein Weg der Praxis? Ist es theologische Theorie oder theologische Praxis? Und wie kann dieses ‚Theologisieren' mit Kindern verglichen werden mit der ‚P4C (philosophy for children)-Bewegung' von Matthew Lipman und vielen anderen? Was ist letztendlich der Unterschied zwischen Philosophieren und Theologisieren mit Kindern?

In einer interessanten Reihe englischer Essays über Kindertheologie (Yde Iversen et al. 2009), die auf zwei internationalen Treffen im dänischen Løggum-Kloster 2006 und 2007 entstanden, kommen die TeilnehmerInnen annäherungsweise zu folgenden interessanten Positionen in dieser Diskussion. Kindertheologie kann in zwei Strömungen unterteilt werden: Entweder wird Kindertheologie als philosophisches Hinterfragen und systematisches Reflektieren mit Kindern *über* religiöse Themen verstanden, oder Kindertheologie vollzieht dies *in der Form von* Religion. Zur ersten Richtung gehören Hans-Bernhard Petermann und Andrew Wright. Petermann möchte Kinder einladen "to make faith (also in the sense of its communication) reflective as an elementary dimension of human experience" (2009, 144) in religiöser Bildung und realisiert dies durch einen sokratischen Dialog, der durch Erwachsene gut vorbereitet und strukturiert ist. Für Andrew Wright beinhaltet diese Art des Lernprozesses klare Einsichten in die entsprechenden Begriffe und Bedingungen des Lernens und in die verschiedenen Antworten, die für die typische Art von in der religiösen Erziehung aufkommenden Fragen plausibel sind. Insbesondere, wenn Kinder mit der ultimativen Realität umgehen, sollte in Anlehnung an Wright (2009) eine klare Definition über das, was wir als tägliche Erfahrung der ultimativen Realität erkennen können, vorhanden sein.

Ekkehard Martens und Jørgen Huggler gehen einen Schritt weiter und vertreten die zweite Richtung. Die zentralen menschlichen Fragen können nicht durch reine Vernunft gelöst werden, argumentiert Martens (2009) nach Immanuel Kant, sondern brauchen eine andere Sprache, nämlich die der praktischen Vernunft und/oder der Religion. In der christlichen Tradition spielt die "responsible imagination" (Sharon Daloz Parks, zitiert in Roebben 2009b, 44) eine wichtige Rolle im Nachdenken und Verhalten eines Menschen, auch wenn er nicht weiß, wo diese neue Information herkommt. Aber sie stimuliert, kritisiert und organisiert sein tägliches Leben. Für Jørgen Huggler muss dieses Wissen durch Glauben, diese „Orientierung im Denken“ (Ingo Dalferth), an sich reflektiert werden. Theologie ist immer ‚Glaube auf der Suche nach Vernunft‘: “One of the best things the teacher can aim at (…) is to give the pupil entry to the company of other people in history who have dealt with religious issues (…). However, it is an important part of teaching to let the learner have an opportunity to experience the contingent nature and limited usefulness of these structures through material that is able to resist these attempts” (Huggler 2009, 125). Er führt fort: “We have to learn to decode and to talk about these expressions and their significance. In some way, this is not only to learn about or from religion. It is indeed *to learn to live with religions* and to live without losing the capacity for thinking and enjoying freedom of mind” (Huggler 2009, 127). Und Gerhard Büttner fügt hinzu: “Anselm’s insight that belief requires rationality also means that theological and Christian patterns of argumentation are worthy to be discussed, regardless of whether one can identify or not” (Büttner 2009, 135).

Die Beziehung des Konzepts ‚Spiritualität des Kindes‘ und die Art und Weise, dieses zu beschreiben und pädagogisch als Kindertheologie zu nutzen, bleibt ein komplexes Thema. Die internationale Diskussion wird weiterer Klärung bedürfen, um herauszufinden, wie diese zwei Bedingungen zusammenpassen und wie sie sich den zwei verschiedenen Sichtweisen und der Arbeit mit dem gleichen Phänomen öffnen.

2. Globale Themen und Fragen der religiösen Bildung und der Kindertheologie

Intention und Realisation des Religionsunterrichts variieren von Nation zu Nation (vgl. Kuyk 2007). Trotzdem gibt es auffallende gemeinsame Tendenzen, die auf einer größeren internationalen Skala, in Europa und weltweit, gefunden werden können. Immerhin beeinflussen heutzutage meiner Meinung nach drei globale Entwicklungen die Diskussion in der religiösen Bildung weltweit und vor allem spezifisch die Diskussion in der Kindertheologie in Deutschland. Es ist interessant zu sehen, wie hier spannende Verbindungen abzulesen und gemeinsame Handlungsorientierungen abzuleiten sind.

Der erste Aspekt betrifft die Bedeutung der Würde eines jeden Kindes. Kindertheologie ist in erster Linie die Anerkennung der tiefgreifenden Würde eines jeden Kindes als einzigartigen Menschen. Kinder müssen in ihrer verletzbaren Situation als aufwachsende Menschen beschützt werden. Die Theologie von Kindern ist deshalb der erste Ort der theologischen Reflexion und die Anerkennung des Zustands der Kindheit (‚Kind' als *genitivus objectivus* in Kindertheologie). Jeder Mensch hat das unantastbare Recht, klein, verletzbar und in einer Entwicklung – ‚unterwegs zu Hause' – zu sein, auf der Suche nach seiner unabdingbaren Lebensbestimmung (vgl. Mercer 2005). Theologisch bezieht sich dieses Recht auf Basisbedingungen jedes Menschen in seinem Glauben: leben mit offenen Händen und offenen Gedanken, leben in Hingabe, keine Angst, sondern Vertrauen haben, (Roebben 2009b, 59-61), alles von anderen und von Gott erwarten zu können (Rahner 1966). "Theologising with children brings theology back to its own foundation in the experience of faith" (Petermann 2009, 142), nämlich Glaube verstanden in seiner doppelten Bedeutung als Glaube und Vertrauen. Kinder können uns vermitteln, was wir als Erwachsene verloren oder missverstanden haben: unsere "culturally constructed forgetfulness" über Spiritualität (Hay & Nye 1998), über das Vertrauen und die Verwurzelung im Geheimnis des Lebens. Hieraus ergibt sich generisch der legitime Ort der Kinder in der Theologie selbst (‚Kind' als Gegenstand der Theologie, als *genitivus subjectivus* in Kindertheologie). Kinder haben nicht nur das Recht dazu, sondern betreiben tatsächlich Theologie als ‚Theo-logie' oder buchstäblich als ‚Gottes-Gespräch'. Sie zeigen uns Wege des Umgangs mit Transzendenz in ihrem eigenen Recht. Wenn wir ihnen aufmerksam zuhören, werden wir Unzulänglichkeiten in unseren, meist akademischen und hoch kognitiven, Theologien entdecken. "Children have not experienced the reformation, they have not experienced the enlightenment, and this sometimes allows them to uncover blind spots which 'expert' theologians may have developed" (Roose & Butt 2009, 49). Die Theologie der Kinder kann die akademische Theologie animieren, ihre originäre Position als Theologie der Kindheit neu zu verstehen…

Die zweite Beobachtung besteht darin, dass Kindertheologie als *spätmoderner Modus*, Theologie zu praktizieren, betrachtet werden kann. Glaube ist nur nachvollziehbar, wenn er persönlich angeeignet wird. Kindertheologie kann nicht in einem Kontext von Dogmatisierung, Fundamentalismus oder sogar kulturellem Pessimismus aufblühen. Diese Art der Theologie ist vielmehr in einer positiven Anthropologie verankert. Der Mensch (einschließlich des Kindes) hat die nötigen Ressourcen und

Werkzeuge, um kritisch zu denken (Philosophieren) und um eine persönliche Beziehung mit der Transzendenz zu artikulieren (Theologisieren). Diese Disposition ist bereits gegeben, sie muss nur von einem Glaubensbegleiter oder einer Glaubensbegleiterin, von einem Lehrer bzw. einer Lehrerin oder von einem oder einer (metaphorisch betrachteten) GeburtshelferIn ent-deckt, ent-hüllt oder offen-bart werden. Solch eine spätmoderne Annäherung an religiösen Bildung und Kindertheologie ist verwurzelt in einer ‚modernen' Annäherung an die Theologie. Karl Rahner nennt dies die transzendentale Offenheit eines jeden Menschen für das Geheimnis des Lebens. Seiner Meinung nach kann und sollte jeder Mensch theologisieren, weil er die Fähigkeit besitzt, systematisch die Komplexität seiner Existenz in der Spannung zwischen Immanenz und Transzendenz zu reflektieren. Der Unterschied zwischen Kindern und Erwachsenen, zwischen einfachen TheologInnen (dies sind Gläubige, die ihren Glauben reflektieren) und den akademisch professionellen TheologInnen ist nicht substanziell, sondern graduell. Der Unterschied zwischen einem Kind und einem Erwachsenen in der Praxis der Theologie ist ebenfalls graduell und nicht substanziell (Bucher 2002, 11). Jeder Mensch hat eine einzigartige Bestimmung im Leben sowie hat das Recht und die Pflicht, diese allmählich zu entdecken. Theologie sollte deshalb ein demokratisches Vorhaben sein. Sie kann nicht ein Privileg religiöser ErzieherInnen, SeelsorgerInnen, TheologInnen oder Bischöfe sein.

Letztendlich kann die aktuelle Diskussion in der religiösen Bildung über Inhalt versus Kompetenz, über Vermittlung versus Aneignung, über Inhaltszentrierung versus Kindzentrierung etc. auf dialektische Weise in der Kindertheologie reflektiert und überwunden werden. Die Theologie der Kinder (verstanden als Theo-logie oder Gottes-Gespräch von Kindern, die uns an die originäre Position der Theologie als Theologie der Kindheit erinnert) kann praktisch in drei Momente (Schweitzer 2003a) der theologischen Ausführung geteilt werden:

- Theologie *der* Kinder (aufmerksam und empathisch ihrer religiösen Sprache, ihrem Weg des Verständnisses von Offenbarung und Gottes Gegenwart in unserer Welt zuhören)
- Theologie *mit* Kindern (ihnen helfen, gute Fragen und gediegene eigene Antworten zu finden oder, wenn eine Antwort nicht gefunden werden kann, diese Fragen offen zu lassen)
- Theologie *für* Kinder (ihnen mit Mut die eigenen Überzeugungen als Erwachsener zeigen und ihnen beständige Antworten präsentieren, die jemand als Erwachsener gefunden hat)

Diese triadische Annäherung zur religiösen Bildung als praktizierter Theologie scheint mir besonders interessant zu sein um zu verstehen, was in der konkreten religiösen Bildung global notwendig ist. Gut ausgebildete LehrerInnen sollten fähig sein, Antworten zu diesen drei Fragen geben zu können: Aus welchem persönlichen und sozialen Hintergrund kommen diese Kinder (Kontext), wie können sie individuell und kollektiv durch Erwachsene in ihrer Suche nach Sinn gefördert werden (Kommunikation) und was ist eine gute Auswahl an grundlegendem Schlüsselwissen, das ihnen bei ihrer Suche hilft (Inhalt)? In der heutigen Diskussion über (moralische und religiöse) Bildung erklingen deswegen viele kritische Stimmen derjenigen, die es als notwendig erachten, Kinder in ihrer Suche nach Sinn nicht allein zulassen. Sie betonen deshalb die Wichtigkeit der Theologie *für* Kinder. Innerhalb der Komplexität einer spätmodernen (ent-traditionalisierten und multi-religiösen) Gesellschaft dürfen ErzieherInnen und LehrerInnen die Kinder und Jugendlichen nicht mit ihrer moralischen und religiösen Identitätsentwicklung alleine lassen. Ich beziehe mich hier weitgehend auf die kanadische Theologin Elaine Champagne, die Kindertheologie im Hinblick auf die frühe Kindheit erforschte und die eine Erforderlichkeit pädagogischen Muts fokussiert, besonders in den prägenden Jahren des Kindes und besonders in diesen ‚prägenden' Jahrzehnten der Menschheit: "It seems that the population and the governments count on the school to build a community of the future, capable of respect and dialogue in the context of plurality. But children cannot do that alone. Identity cannot be 'taught'; it is rather experienced, supported and developed like a language, within a community. And dialogue in a pluralistic society is seriously challenged if social and personal identities are in crisis. To establish an authentic dialogue, there is a need to clarify our identities. And to clarify our identities, we need a collectivity. It would be a shame if we put the burden of social tolerance, respect and dialogue in a context of plurality on the shoulders of our children without addressing the questions for ourselves. The risk of exploiting the children for the sake of a better future is not only foolish, but absolutely unjustifiable. It is undermining of the very fundamental belief in the value of each individual" (Champagne 2009, 2).

3. Problemfelder in der Kindertheologie

Kindertheologie ist ein viel versprechendes, aber noch relativ junges Feld in der Praktischen Theologie. Viele Aspekte müssen weiter definiert und erforscht werden. Das zentrale Anliegen vieler ForscherInnen ist es, gegenüber den Kindern respektvoll zu bleiben und ihre Stimmen nicht um den Willen einer neuen Vitalität in der Theologie im Allgemeinen zu funktionalisieren. Soweit ich das sehe, ist das Bewusstsein für die Position der Kinder in der Theologie ein Teil der anhaltenden (und vielleicht niemals endenden) hermeneutischen Wende in der Theologie (Dillen 2007). Wir beschäftigen uns noch immer angestrengt mit der aktuellen Präsenz menschlichen Lebens in unserem theologischen Diskurs. Jungen Menschen das Wort zu erteilen und aufmerksam ihren Sehnsüchten und Sorgen zuzuhören scheint häufig schwierig und eine befremdliche Angelegenheit zu sein, nicht nur für Kirchenleitung, LehrerInnen und SeelsorgerInnen, sondern auch für TheologInnen. Kinder und Jugendliche erzählen uns häufig die Wahrheit: die Erfolgsgeschichten aber auch das schmerzhafte Scheitern in der Welt der Erwachsenen. Im Folgenden beschreibe ich vier Problemfelder, in denen ich hauptsächlich Fragen zur Kindertheologie anspreche. Diese Fragen an Kirche und Gesellschaft, an akademisch-theologische und pädagogische Kreise müssen dringend diskutiert werden.

3.1. *Methodische Probleme*

Wie können wir sicher sein, dass wir Kindertheologie betreiben, dass unsere Forschung sich für gültig erklärt? Können wir tatsächlich die Stimmen der Kinder wahrnehmen? Oder hören wir lieber unsere voreingenommene Erwachseneninterpretation ihrer Stimmen, etwas, nach dem wir uns sehnen, etwas, das wir hoffen zu erreichen? Wie bereits diskutiert, spielt das Philosophieren eine große Rolle in der Kindertheologie. Wie Martens argumentiert: "Altogether, the characteristically philosophical aspect of children's philosophy can thus be said to be methodical, gradually more skilful thinking on issues drawn from a practical engagement with the world and the self, undertaken in a spirit of radical openness towards new ideas and insights" (Martens 2009, 109). Aber dann ist die Frage: Wessen Welt, welches Denken? Wir möchten, dass Kinder ihre eigene gedankliche Identität entdecken und daran wachsen, aber für wessen Welt und basierend auf welcher Weise des Denkens? Verstehen wir beispielsweise wirklich die emotionale Dimension ihrer „relational consciousness“ (Hay & Nye 1998, passim) oder gehen wir mit unserer kognitiven Evaluation dieser Realität zu weit, weil wir es in unserer Forschung eilig haben und uns die Zeit und die Instrumente fehlen um zu sehen, was etwas wirklich für sie bedeutet? Respektieren wir ihre erste ‚Naivität‘ oder möchten wir, dass sie möglichst schnell die zweite

‚Naivität' erreichen, die ideale Stufe des postkonventionellen und persönlichen Glaubens? Erwarten wir außerdem von ihnen, dass sie in der interkulturellen und interreligiösen Debatte partizipieren? Wie viel Verschiedenheit kann ein Kind in seinem zerbrechlichen Lernprozess verkraften? Was in diesem Fall wichtig bleibt: Es scheint unbestritten zu sein, dass Kinder in der Kindertheologie immer ermutigt werden, Fragen zu stellen, und darin bestärkt werden, schwierige Fragen offen zu lassen (Schwarz 2003). Sie dürfen für sich selbst denken. Geben wir – als LehrerInnen – ihnen die Chance? Und nehmen wir – als TheologInnen – ihr eigenes Denken in ihrer eigenen Welt ernst?

3.2 *Didaktische Probleme*

In der Kindertheologie ist mehr didaktische Klarheit erforderlich. Drei Fragen können hier aufgeworfen werden: Was ist das Ziel der Kindertheologie, was ist der Weg, der dazu genutzt wird, und – sogar noch wichtiger – wo kommen die Kinder eigentlich her? Lernergebnisse, Lernmethoden und Lernvoraussetzungen müssen erforscht werden. Was passiert, wenn Kinder keine religiöse Sozialisation als Hintergrund haben? Wie können sie beim Erzählen von Geschichten involviert werden, wenn es keine Erfahrungen gibt, die erzählt werden können oder, ebenso problematisch, wenn niemand sie mit der Wichtigkeit des "telling stories in order to survive" (Roebben 2009b, 155-158) vertraut gemacht hat? Wie können wir diese Kinder einladen, für sich selbst zu sprechen? Welche Art der Methodik benötigen wir? Und wie ist die Beziehung zu anderen didaktischen Modellen wie Elementarisierung, hermeneutisch-kommunikative religiöse Bildung und interreligiöses Lernen? Am wichtigsten scheint die Frage nach geeigneten didaktischen Bedingungen für das Lernen in der Kindertheologie zu sein – Bedingungen, die davon abgesehen für jeden Lernprozess notwendig sind: "They [= moments of pure reflection] will be all the more successful the more they are a) elementarised, b) interesting, which also and especially means rooted in the concrete experience of the children, c) intuitive and immediately accessible, d) challenging and didactically designed to be open to a deeper and a wider exploration of the initial problem, and e) condensed and to the point" (Petermann 2009, 143). Und schließlich: Was sind die Ziele für einen erfolgreichen Lernprozess in der Kindertheologie? Ist es ‚nur' ein Prozess oder können wir den Prozess auch aneignend einhüllen und neue, gemeinschaftlich gefundene Ergebnisse für später verdichten – für neue

Momente in der Kindertheologie, für Identitätsentwicklung, für das Leben, für das wahrhaftige Leben aller?

3.3 *Theologische Probleme*

Was ist die normative Rolle der christlichen Theologie? Sollte sie nur die Beziehung zwischen Christ und Kultur klären oder ist sie auch eine kritische Kultur? Mit anderen Worten: Erfüllt Theologie auch eine befreiende Funktion in der Kindertheologie, nicht nur im Aufzeigen dessen, was annehmbar ist, sondern auch, was der beste Blick auf die voll florierende Humanität für Kinder und ihre begleitenden Erwachsenen ist? Wie ist die Beziehung zwischen Volksreligion und Marktreligion, zwischen der kleinen Erzählung von örtlichen Geschichten und der neuen gewaltigen Geschichte von Markt und Medien, die sich schändlich diese kleinen Geschichten einverleibt? Können Kinder ihre eigene verletzbare Geschichte noch entwickeln? Wer definiert, was in einer zeitgenössischen Gesellschaft akzeptiert wird und was nicht? Wer hat die Macht, die Spiritualität oder die religiöse Bedeutung von Erzählungen festzulegen? Was könnte die kritische und hilfreiche Rolle der ‚großen' Erzählung des Evangeliums als einer Befreiungsgeschichte in dieser Hinsicht sein? Und was könnte möglicherweise die Rolle der Kirchen in dieser Debatte sein? Es versteht sich von selbst, dass die jüngsten Missbrauchsfälle der römisch-katholischen Kirche die Position der Kirche und ihres Personals in Erziehungs- und Bildungseinrichtungen schwer beschädigt haben. Der Missbrauch von Macht jeglicher Art ist per se unvereinbar mit der befreienden Botschaft des Evangeliums.

3.4 *Akademische Probleme*

Wird sich die akademische Theologie mehr und mehr von den ‚kleinen' Leuten in der Kindertheologie distanzieren (Grümme 2009)? Wird dies gelebte Theologien als sogenannten Blödsinn disqualifizieren? Wird die praktische Sensibilität jeder Subdisziplin in der Theologie schließlich in der Gunst einer kühlen Systematischen Theologie verschwinden? Wird die Praktische Theologie, die sich mit Kindertheologie beschäftigt, ebenfalls als ‚lite theology' (Freudenberger-Lötz 2009, 92) gekennzeichnet? Wie ist es eigentlich mit der theologischen Würde der familiären Kindererziehung und der gemeindlichen Katechese oder mit dem Lebensweg der Straßenkinder? Wie nahe ist unsere Theologie dem täglichen Leben? Wie nahe darf es dem kommen?

4. Horizonte der Kindertheologie für Theologie und religiöse Bildung

Das Aufwerfen zu vieler Fragen kann lähmend wirken. Dennoch können in der Diskussion mit Lehramtsstudierenden, LehrerInnen, SeelsorgerInnen und maßgeblichen Personen in Kirche und Schule neue Horizonte entdeckt werden. Im letzten Teil dieses Kapitels möchte ich einige vielversprechende Momente der Kindertheologie für die religiöse Bildung, die Praktische Theologie und für die Theologie im Ganzen kurz – meiner Meinung nach zu kurz – erwähnen.

4.1 *Umdenken der Lehramtsausbildung*

Ausgerichtet an den drei Funktionen der Kindertheologie (Theologie *von, mit* und *für* Kinder) werden neue Annäherungen an die religiöse Bildung in der Lehrerausbildung, in theologischen Instituten und Fakultäten sowie in pädagogischen Fachhochschulen dringend benötigt. Eine Menge an hermeneutischer Arbeit muss getan werden, um nicht zuletzt Kindern und jungen Menschen bei ihrer Sinnfindung durch Gespräche zu helfen. Viele ‚Wolken des Unwissens' müssen durchbrochen werden, sodass zukünftigen LehrerInnen eigene Möglichkeiten und Grenzen bewusst werden. Alte und statische, mono-religiöse Standpunkte müssen bezwungen werden und die LehrerInnen sollten zuerst für sich lernen, die schweren und offenen Fragen, die durch Kinder aufgeworfen werden (beispielsweise: „Was wäre, wenn Gott nicht existierte?"), aufzubringen und anzugehen. Das bedeutet, dass (zukünftige) LehrerInnen "sound expert knowledge in structuring school orientated education (…)" benötigen. Ihre Rolle sollte, bezogen auf die ‚von-mit-für-Perspektive' der Kindertheologie dreifach sein: "the role of the attentive observer (perceiving how the children understand the theme), the role of the thought-provoking member of the discussion (encouraging the children to advance their understanding), as well as the role of the supporting expert (bringing expert knowledge into the discussion)" (Freudenberger-Lötz 2009, 90).

4.2 *Lokale Theologie praktizieren (Sedmak 2002)*

Das Aufklärungsparadigma, das die Basis für das Konzept der Kindertheologie bildet (jeder kann für sich selbst denken), sollte nur ein formaler Rahmen sein, damit Geschichten verschiedener Orte erzählt und gehört werden können. Jeder regionale oder lokale Kontext hat seine eigene Dignität: Großmütter in den nordöstlichen Teilen Polens betreiben örtliche Theologie mit Kindern in Familienkatechesen und sie machen dies anders als die LehrerInnen in norwegischen Schulen, die Kinder einladen, ihre eigene kleine Geschichte in Logbüchern zu erzählen. In dieser Hinsicht erkennen die Kindertheologie-ErzieherInnen das Bedürfnis der Verlangsamung in Lernprozessen. Kinder und Jugendliche haben das Recht, für sich selbst Räume, in denen sie leben und zu denen sie gehören, zu definieren, die besonderen Plätze, die alltäglich und zugleich heilig für sie sind. Die erzählende Rekonstruktion eines Lebens als Reise beinhaltet auch die Anerkennung von Zeit und Raum, in denen die Menschen reisen. Damit sie ins Reine kommen mit unseren zeitgemäßen, komplexen und vielschichtigen Gesellschaften, brauchen Kinder Zeit, um zu entdecken, wer sie sind und wo sie stehen. Dies scheint besonders wichtig zu sein, wenn Kindertheologie in inter-religiösen Lernprozessen zur Sprache kommt. Dann sollte das zentrale Thema sein: Wie können wir Kindern und Jugendlichen helfen, sich selbst ‚neu zu definieren und neu zu würdigen' mithilfe ihrer eigenen Traditionen in der Kommunikation mit anderen (Ipgrave 2009a; 2009b; siehe auch Kapitel 7)?

4.3 *Religiöse Sprachfähigkeit entwickeln*

Die Ergebnisse von zwei von der Europäischen Kommission im Rahmen der FP6 und FP7 geförderten Projekten, nämlich REDCo ('Religion in Education. A Contribution to Dialogue or a Factor of Conflict in Transforming Societies of European Countries') und REMC ('Religious Education in a Multicultural Society. School and Home in Comparative Perspective'), sind einstimmig: Kinder sind neugierig über den Glauben der anderen. Sie nehmen die Differenz täglich war, in der Klasse und auf dem Schulhof, jedoch bleibt dies in den meisten Fällen unreflektiert (ter Avest 2009b). Aus den Interviews geht hervor, dass viele Kinder und Jugendliche von Erwachsenen – Eltern wie Lehrkräften – eine Sprache für Religion erwarten, dass aber die Erwachsenen sich selbst überfordert fühlen von der Komplexität der Lebenswelten ihrer Kinder, die sich im Hinblick auf Religion stark unterscheiden von der religiösen Situation in ihrer eigenen Kindheit. Die Bindung an eine Religionsgemeinschaft ist oft nicht mehr der Normalfall, die Familienformen haben eine größere Vielfalt, die auch die Religionszugehörigkeit betrifft (Dommel & Roebben 2010). Die religiöse Muttersprache fehlt und allmählich fehlt auch die religiöse Grammatik, um die sprachliche Vielfalt überhaupt wahrnehmen und interpretieren zu können. Schule und Elternhaus sind hier in einer komplexen Spannung miteinander verbunden. Gesellschaftlich bleibt die Frage offen, ob, von wem und wie die Verantwortung für religiöse Sprachfähigkeit übernommen werden muss oder kann. Rudolf Englert ist der Meinung, dass an dieser Stelle der Schule eine besondere Aufgabe zukommt: „Eine gegenwartstaugliche Lösung der Lehrbarkeitsfrage kann nicht anders als über ein vertieftes Verständnis der Eigenlogik religiöser Praxis und über eine Reflexion auf den Charakter ‚religiös-konstitutiver' Rationalität gewonnen werden (...). Es darf nicht der Eindruck entstehen, als hinge im Bereich der Religion letztlich alles ganz am Einzelnen und seiner subjektiven Erfahrung (...). In einem auf Bildung abzielenden Geschehen wie dem Religionsunterricht sind vielmehr auch Aussagen zu religiösen Fragen begründungspflichtig". Für Englert ist die religionspädagogische und theologische Forschung deswegen stark gefordert: „So müsste man genauer zu klären versuchen: Was sind eigentlich für ‚religiöse Rationalität' konstitutive geistige Operationen? Und wie lässt sich die Befähigung zu diesen Operationen im Unterricht gezielt fördern – z.B. durch den Aufbau religiöser Sprachfähigkeit, durch die Übung theologischen Argumentierens, durch das Erkennen der spezifischen Leistungsfähigkeit metaphorischer und mythologischer Rede usw.?" (Englert 2007b, 215; vgl. Mette 2010, 310-313 und Schobert 2002). Die Grundfrage ist natürlich, ob die Schule der Religion Unterkunft verleihen kann, wenn die ganze Gesellschaft religiös obdachlos geworden ist.

4.4 Geschichten erzählen, um den Glauben zu wahren

In einer neu konzipierten religiöse Bildung – mit einer engen Verbindung zu Muttersprache und Grammatik – scheint mir jedenfalls das Erzählen von Geschichten eine gute Erziehungshilfe zu bieten. Zu dieser Einsicht kam ich immer, als ich während meiner Tätigkeiten für den Europarat den vielen Geschichten der Menschen in post-kommunistischen Ländern zuhörte. Nach der Wende fragen diese Menschen nach einem Timeout für sich selbst und für ihr Bildungssystem. Sie möchten im wahrsten Sinne des Wortes ihre eigenen Geschichten erzählen (über Kontexte und Konzepte, über Probleme und Horizonte der Kindertheologie und der religiösen Bildung), um den Glauben zu wahren, sodass sie nicht aufgrund des schwierigen, sozialen und politischen Übergangsprozesses in ihren Heimatländern versagen. Ihre Stimmen klingen wie: „Gebt uns die Zeit, unsere bruchstückhaften ‚his-stories' und ‚her-stories' neu zu gestalten, die kleinen Erzählungen, die uns geholfen haben in der kommunistischen Ideologie zu überleben – gebt uns Zeit, Demokratie zu lehren und unsere Schulsysteme zu verändern, Zeit für Ent-Ideologisierung – gebt uns Zeit, mit dem Identitätsvakuum, in welchem junge Menschen sich befinden, umzugehen und Zeit, um traditionelle religiöse Bildung zu überwinden und diese neue Situation angemessen aufzunehmen." Storytelling *für, von* und *mit* Kindern und Jugendlichen ist eine nicht hintergehbare Voraussetzung für gute Kindertheologie und deswegen für gute religiöse Bildung.

Schlussfolgerung

Kindertheologie ist ein aufregender, neuer Weg, die Welt zu betrachten, in ihr zu handeln und zu reflektieren, in ihr örtliche Theologie zu betreiben, mit einem radikalen Fokus auf Kinder und Jugendliche. Ich erwähne zum Schluss einige wesentliche Herausforderungen für alle Betroffenen:

- Kindertheologie fordert Eltern heraus, besser – oder noch besser: gut genug – zu werden
- Kindertheologie fordert die gesamte Theologie heraus, eine bessere Theologie zu werden
- Kindertheologie fordert andere Disziplinen der Forschung über Kinder heraus, bessere Forschung zu werden (und nicht zu vergessen, dass Spiritualität wichtig ist und Kinder ein Recht auf Religion haben)
- Kindertheologie fordert die Gesellschaft und deren Bildungssystem heraus, den Wandel zu besseren Schulen zu unterstützen
- Kindertheologie fordert Kirchen heraus, bessere Kirchen zu werden, die bereit sind, ihre Macht aufzugeben, damit junge Menschen selbstständig neue und überraschende Wege zu Gott und zu anderen Menschen finden können.

Kapitel 6
Religiöse Bildung und die Bibel

Das Erziehungskonzept einer modernen Schule steht heute unter Druck. Es gibt Stimmen, die behaupten, die Schule sei nicht mehr imstande, den großen gesellschaftlichen Veränderungen die Stirn zu bieten. Sie sei zum Spielball von mächtigen Einflüssen geworden: Die alten und neuen Medien, der Arbeitsmarkt, die Jugendkultur und der Professionalitätsdiskurs über Didaktik – um nur einige zu nennen – bestimmen die Tagesordnung der Schulen. An ihren ursprünglichen Auftrag – für die Jugendlichen die Komplexität des Daseins zu erhellen – kommen sie nicht mehr heran, so wird argumentiert. Und wir müssen uns eingestehen: Es wird nicht einfacher für PädagogInnen und LehrerInnen. Ankerpunkte im Meer der Bedeutungen gibt es nur spärlich und sie sind oft unsichtbar. Man gerät nur allzu leicht in Verlegenheit, wenn es darum geht, Werte, Normen oder gar Sinn vorzuleben. Oft scheint man sich über grundlegende Aspekte des Lebens nicht mehr einig zu werden. In den Lehrerzimmern fallen bisweilen harte Worte, wenn diskutiert wird, wie es denn mit dieser Schülerin oder jenem Schüler, mit dieser oder jener Klasse weitergehen solle. Manchmal wird aber, aus Angst keine Antworten zu finden, auch gar nicht gesprochen. Mitunter werden dann große Worte aus den Leitbildern der Schulen zitiert, um zu verhüllen, dass es überhaupt ein Problem gibt.

Das „Projekt Schule“ erlebt eine schwierige, aber spannende Zeit (Wigmans 2004). Die größte Bedrohung, mit der es sich heute konfrontiert sieht, ist das Denken in den Kategorien Beherrschung und Kontrolle. Durch flotte Ausdrücke, wie Qualitätskontrolle oder Identitätsmanagement, gewinnt dieses Denken Akzeptanz in der Gesellschaft, und auch die Schule mit ihrem Religionsunterricht entkommt diesem Regime nicht (Geerinck 2006). Hier verbirgt sich aber ein grundlegendes Problem: Lernen bedeutet immer Empfangen und ist so dem Beherrschen radikal entgegengestellt. Wenn junge Menschen einem Wissensnetzwerk wie der Schule beitreten, folgen sie einer Einladung, die von irgendwo anders kommt. Niemand baut seine eigene Schule selbst. Niemand legt den Grundstein für seinen eigenen Lernprozess. Eine Schule mit all ihren Lernchancen findet man vor und nimmt sie an. Wo diese ursprüngliche Vision von Schule verschwindet, verwildert das Schulvolk (frei nach dem Buch der Sprichwörter 29,18). Schülerinnen und Schüler sehen dann keinen Sinn mehr, LehrerInnen geht es genauso und sie fühlen sich ausgelaugt.

In diesem Beitrag spreche ich mich für eine Schule mit einem impulsreichen pädagogischen Konzept aus. Eine Schule, die junge Menschen an eine „grüne Oase, wo es sich gut leben lässt“ (so Psalm 23,2-3), führt, wo es ein reiches Angebot für sie gibt und außerdem starke Erzieherinnen und Erzieher, die zeigen wollen, was ihnen dieses Angebot wert ist. In so einer Schule unterhält man sich über Visionen und Unterscheidungsvermögen, über Inspiration und Intelligenz. In dieser „Wertegemeinschaft“ (Geurts 2008) nimmt das Fach Religion einen besonderen Platz ein.

‚Religiöse Alphabetisierung‘ oder die Ausbildung einer ‚religiösen Identität‘ sollen im Religionsunterricht initiiert werden, und dieses Ziel ist in den Augen vieler LehrerInnen auch erreichbar. Aber ist damit alles gesagt? Wie steht es mit den Inhalten des Faches? Dienen Inhalte (wie zum Beispiel das Glaubensverständnis und die Glaubenshaltungen in den verschiedenen Religionen) bloß als Grundstoff für die Entwicklung des religiösen Selbst? Sind sie rein funktional, Variationen eines Themas, ‚partikulares‘ (zum Beispiel christliches) Thematisieren und Anwenden ‚universaler‘ Prinzipien (zum Beispiel eines fixen Sets von Lebensfragen), wobei man auf die ‚singuläre‘ Identitätsentwicklung des Subjekts zielt? Oder passiert im Unterricht und im Leben der Jugendlichen noch etwas anderes mit den religiösen Inhalten, die LehrerInnen ihnen anbieten? Mit anderen Worten: Was machen diese Inhalte mit Jugendlichen? Was passiert mit dem kritischen Urteilen und dem Handeln von religiös mündigen jungen Menschen, wenn sie konfrontiert werden mit “*obedience as a mode of knowledge*” (Brueggemann 1982, 91-117), wenn sie eingeladen werden zu der „Hör- und Solidargemeinschaft“ (Berg 1991, 146) einer religiösen bzw. der biblischen Tradition?

In diesem Beitrag gehe ich auf die Bedeutung von biblischen Erzählungen im Religionsunterricht ein. Richtlinien und Lehrpläne verweisen an zahlreichen und prominenten Stellen neben den Kommunikationsformen aus anderen religiösen Traditionen auf die Bibel. Was ist das Besondere dieser Lehrplanoption und wie kann es theologisch fundiert werden? Was will man damit erreichen? Sieht es einfach gut aus, wenn biblische Geschichten erzählt und in der Schule im Rahmen des Religionsunterrichts durchgenommen werden? Gehört sich das so, gerade im konfessionellen Religionsunterricht? Warum lässt man nicht von dieser schwer zugänglichen Bibel ab und erzählt stattdessen säkulare Geschichten? Warum tut man, was man tut? Und weiß man, was man tut? In vier Schritten wird dieses Thema nun näher beleuchtet: Zuerst soll ausgelotet werden, ob Erzählungen für die Identitätsbildung junger Menschen in einer spätmodernen Gesellschaft notwendig sind. Danach wird die Frage nach der Eigentümlichkeit von biblischen Geschichten und ihrem Wert für die Religionspädagogik gestellt. Im dritten Teil werden einige religionspädagogische Leitlinien für das ‚Bibel-Erzählen' im Unterricht (verflüssigen, elementarisieren, theologisieren) entwickelt. Zum Schluss berichte ich kurz über die Anwendung dieser Überlegungen in einem bibeldidaktischen Seminar an der Technischen Universität Dortmund.

1. Die Bibel lesen, um das Leben zu verstehen

Niemand kann ohne die innere Vertrautheit, die er zu einer Erzählung aufbaut, überleben. Nach der Aufklärung hat der moderne Mensch begonnen, selbst zu entscheiden, mit welcher Erzählung er sein Leben ausbuchstabieren will. Heute lebt er in narrativer Vergessenheit und/oder narrativer Befangenheit. Die großen Erzählungen, aus denen er geschöpft hat, sind verdunstet. Wer es heute nicht schafft, innezuhalten und seine eigene Geschichte zu schreiben, wird übersehen und von der neuesten Story auf dem Markt ‚plattgewalzt'. Es ist heute bittere Notwendigkeit, überhaupt eine Geschichte zu haben. Ratlosigkeit entsteht, wenn nichts mehr beim Namen genannt wird und Menschen den Gewalten von Markt und Medien ausgeliefert sind. Vor allem junge Menschen haben in diesem Punkt ihren Teil zu tragen. In der Erziehungs- und Bildungsarbeit ist das eine zentrale Wahrnehmung: Junge Menschen brauchen Raum, um zu verschnaufen und ihre eigene Geschichte zu erspüren – diese Geschichten sind zwar stets vorläufig und in Überlegung mit anderen entstanden, aber doch ureigen. Jugendliche wollen als Personen zählen und nicht auf die Einzelteile reduziert werden, die man von ihnen wahrnimmt. Menschen wollen gerne als etwas ‚Ganzes' gesehen werden.

Bei dieser Rekonstruktion können junge Menschen nicht auf vollständige Erzählungen, die ihnen durch religiöse Sozialisation in der Kinderzeit vermittelt und weitergegeben werden sollten, zurückgreifen. Die Korrelationsdidaktik der siebziger und achtziger Jahre des vorigen Jahrhunderts ist „am Ausgang ihrer Epoche" (Englert 1993b). In der religiösen Erziehung funktioniert die nahtlose Verbindung zwischen Glaubensgut und persönlicher Erfahrung nicht mehr. Es ist nicht mehr die Rede von einer linearen chronologischen Initiation, sondern vielmehr von „interaktiver Sinngebung“ (siehe Kapitel 9). Es ist nämlich eher so, dass Jugendliche religiöse Praxis und Visionen, denen sie um sich herum begegnen, in ihr Lebensprojekt einflechten. Sie surfen auf einem Meer der sozialen, kulturellen und religiösen Bedeutungen und generieren dabei unablässig ihr eigenes Sprachsystem. Der Weg wird also in umgekehrter Richtung beschritten: Die Initiative geht nun, sowohl was das religiöse Bewusstsein, als auch den religiösen Lernprozess betrifft, von Jugendlichen aus. In diesem Sinne wird die Korrelationsdidaktik von Jugendlichen revitalisiert und erweitert. Sie fordern Antworten: „Worum geht es gläubigen Menschen eigentlich?“ Das Verhältnis Erfahrung – Offenbarung ist eine theoretische, theologisch-epistemologische Möglichkeit. Dass dieses Verhältnis in einem spätmodernen Klima nicht mehr selbstverständlich gegeben ist, bedeutet jedoch noch nicht, dass das Korrelationsprinzip in Bezug auf religiöses Lernen wie auch auf Lernen allgemein im Sinne von „Korrelieren-lernen als Fragen-lernen“ (Feifel 1995, 100) überholt ist. „Entwicklung von Deutungsfähigkeit ist didaktisch nur denkbar in der dynamischen Spannung zwischen jeweils vorhandenen und neu angebotenen Deutungen“, so Friedrich Schweitzer (1998, 206). Jugendliche nehmen wesentliche Elemente aus den Religionen auf und lassen sie in die eigene Patchwork-Identität einfließen.

Auch das Christlich-Religiöse gehört in diese Semantik (Prokopf & Ziebertz 2000). Die Entkoppelungsthese (Bucher 1999, 2001b), welche besagt, dass subjektive Religiosität und objektive religiöse Inhalte nicht mehr miteinander verbunden sind, ist – wie vorher in Kapitel 2 bereits erwähnt – daher zumindest diskutabel. Jugendliche weben aus alten religiösen Texten eine neue Textur. Das ist eine natürliche und präreflexive Erfahrung und manche sind der Ansicht, dass religiöse Bildung darin besteht, dass diese Erfahrung (von LehrerInnen oder MitschülerInnen) stellvertretend für die Jugendlichen gedeutet wird (Ziebertz, Heil & Prokopf 2001). Man thematisiert und systematisiert im Religionsunterricht die Erlebnisse der Jugendlichen. Oft ist ihnen nicht bewusst, auf welche funktionale Grunderfahrung Religion eine substantielle Antwort gibt. Oft erkennen sie die substantiellen religiösen Elemente nicht, die unter anderem in der Pop-Kultur verwendet werden, um diese Grunderfahrung zu deuten. Sie machen die Erfahrung (das ist der Ausgangspunkt); aber ihnen fehlt das Werkzeug, um herauszufinden, auf welcher Grundregel (major – Substanz) diese Erfahrung basiert und auf welche konkrete Erfahrungsfrage (minor – Funktionalität) sie zurückgehen könnte.

Eine moderne Schule betrachtet es als ihre Aufgabe, den Jugendlichen ein Wegweiser in den moralischen und religiösen Dimensionen einer sich modernisierenden Gesellschaft zu sein. Sie bringt Licht in das schattenhafte, moralische und religiöse Sprachsystem der Jugendlichen, indem sie narrative Elemente religiöser „Tradition, Konfession und Institution" als Substanz in den Lernprozess einbringt (Englert 1998). Dieses objektive Einbringen von elementaren Lehrinhalten durch LehrerInnen ist für die subjektive Religiosität von jungen Menschen in dreifacher Weise bereichernd. Die Tradition hilft ihnen, den Subjektivismus und die Romantik eines direkten Zugangs zu Gott zu relativieren; das konfessionelle Element provoziert die Jugendlichen, über den Bekenntnischarakter der eigenen Überzeugung nachzudenken; das institutionelle Element lässt die *communio* jener Menschen sichtbar werden, die gemeinsam versuchen, eine Beziehung zur *ultimate concern* aufzubauen und von dort her ihr Leben neu zu ordnen. Die Tradition bietet also auf drei Ebenen, in ihrer erzählenden, konfessionellen und institutionellen Gestalt, einen Stoßblock und Scheuerpfahl, an dem sich die Jugendlichen messen und dadurch ihre eigene Position besser kennenlernen können. Dieser Prozess funktioniert wie ein mentaler Umweg, auf dem man zur Rekonfiguration, also einer veränderten Darstellung der eigenen Lebensgeschichte, gelangen kann, so Paul Ricoeur (Streib 1998).

Die Bibel in ihrer Eigentümlichkeit passt gut in den narrativen Entwurf von Mensch-Werden-im-Glauben, womöglich besser als die konfessionellen und institutionellen Aspekte der jüdisch-christlichen Religion. Die biblische Tradition kennt ja Erzählungen, Bilder und Metaphern, mit der sie die narrative Identität ihrer Leserinnen und Leser zu nähren und/oder zu bestärken vermag. In der Begegnung und in der Wechselbeziehung zwischen individuellen Zuhörenden, den Glaubensgemeinschaften und dem biblischen Text können Bedeutungen entstehen, die formend sind. Der Beitrag der Bibel wird hier nicht von einer Objektivität der Tradition (sofern man davon sprechen kann) her gedacht, sondern von dem Traditionsverständnis her, das sich die Zuhörenden und ihre jeweilige Interpretationsgemeinschaft selbst erarbeitet haben. Manchmal bestätigt die Bibel die persönliche Geschichte, manchmal eröffnet sie eine Gegenwelt. Immer geht es aber um das Konfrontiert-Sein und Sich-herausfordern-Lassen durch das, was geschrieben steht und erzählt wird. Das kraftspendende und identitätsstärkende biblische Lernen steht in enger Verbindung mit den anthropologischen Dimensionen von Lernen: Wenn man im Religionsunterricht mit der Bibel arbeitet, werden die Schülerinnen und Schüler verstehen, worum es geht, weil dieses Arbeiten humanitätsbekräftigend ist („Meine Erfahrungen werden ernst genommen!“), weil es praktisch-rational ist („Was ich lerne, ist nützlich für meinen eigenen, konkreten Lebensentwurf!“) und weil es ideologiekritisch ist („Ich schreibe meine Lebensgeschichte neu als meine persönliche Antwort auf die großen hegemonialen Erzählungen auf dem Markt!“). Die Bibel wird hier also gelesen, um das eigene Leben besser zu verstehen!

Die Schülerinnen und Schüler sind im Hinblick auf die Bibel müde geworden und man geht dem Bibelunterricht gerne aus dem Weg, obwohl die Arbeit mit der Bibel durch Richtlinien und Lehrpläne vorgeschrieben ist. Das geringe Wissen über und der Abstand zur Bibel können aber gleichzeitig, zunächst mit einem pädagogischen Blickwinkel, herausfordern, die spannende Beziehung mit dem Buch wieder aufzunehmen. Bibeldidaktik will diese Begegnung „anbahnen“ helfen (Ott 1995). Eine gut durchdachte Bibeldidaktik könne zu moralisch-religiöser Mündigkeit und zur Festigung der Identität beitragen, so der deutsche Bibeldidaktiker Ingo Baldermann. Die Bibel bietet eine „Alphabetisierung der Hoffnung“ (Baldermann 1996, 15-23). Inmitten der Kontrasterfahrungen moderner junger Menschen spricht die Bibel eine Grenzen verlegende Sprache der Hoffnung und der Zusage an die Jugenlichen: „Was ich bis jetzt dachte und träumte, nämlich dass es Hoffnung gibt, kann so dumm nicht sein. Für mich gab es noch Menschen, die auch solche ‚gesunden‘ Überlegungen hatten, mehr noch, die sogar daraus gelebt haben“. Die Bibel lesen hilft, „um das Leben zu verstehen…“ (Carlos Mesters, zitiert in Kohler-Spiegel 2007).

2. Biblische Erzählungen: Gefährlich in den Händen junger Menschen?

Welche Bedeutungsverschiebung ergibt sich, wenn biblische Erzählungen mit der Bildung religiöser Identität von Jugendlichen und nicht mehr mit der Initiation in eine religiöse Tradition (so wie im alten katechetisch-kerygmatischen Modell des Religionsunterrichts) verbunden werden? Dienen sie dann lediglich als Illustration der Lebensfragen von Jugendlichen? In der erfahrungsgerichteten Didaktik (dazu gehört auch die Korrelationsdidaktik) der siebziger und achtziger Jahre des vorigen Jahrhunderts hat man biblische Geschichten mit einem hohen ‚existentiellen Kuschelfaktor‘ für solche Zwecke herangezogen. Aber was motiviert jemanden das Gleiche heute zu tun? Liegt die letzte Legitimation in der Tatsache, dass der Gegenstand Religion häufig in römisch-katholischen oder protestantischen Schulen und in einem Land, dessen Kulturerbe fast ausschließlich ein christliches ist, angeboten wird? Ist es deswegen angebracht, dass in den Klassen noch ab und zu biblische Geschichten erzählt und ausgelegt werden? Ist das ein hinreichender Grund?

Die Idee, Religion und biblische Semantik zu funktionalisieren – Religion als Anleitung für die persönliche Gestaltung des guten Lebens –, wird heute heftig kritisiert. Der Dortmunder Fundamentaltheologe Thomas Ruster meint, dass moderne individualisierte Religion und Christentum so sehr miteinander verwoben sind, dass das Zweite im Ersten aufgeht (Ruster 2000). Der Gott beider Systeme ist auswechselbar und nichtssagend geworden. Die kritische, prophetische Gestalt des biblischen Gottes, der die Menschen aus unterdrückenden Strukturen, auch religiösen, herausführt, hat ihre Wirkkraft verloren. In einer Zeit „gottvergessener Religionsfreudigkeit" (Grümme 2002) verehren moderne Menschen moderne Götzen, die nur noch funktional zum Lebbar-Machen des Lebens, zur sogenannten Kontingenzbewältigung beitragen, so Ruster. Heutige autonome religiöse Erfahrung ist, nach Ruster, völlig inkompatibel mit der heteronomen Sprache und religiösen Wirklichkeit der Bibel geworden. Man darf also den eigenen Erfahrungen nicht mehr trauen. Die Bibel hat ihre subversive Kraft verloren und ist zu einem rein kulturhistorischen Beitrag an der Menschheit degradiert worden. Die Bibel ist nicht länger ein gefährliches Buch mit einer eigenen provozierenden Geschichte. Die Bibel wurde domestiziert (Pelletier 2002).

Wechseln wir nun also entsprechend dieser Überlegungen und in Bezug auf den gegenwärtigen Gang der Dinge die Perspektive und nehmen eine andere Haltung ein. Aus der Annahme heraus, dass die heutige Generation keine religiöse Sozialisation mehr erfährt und Jugendliche subjektiv und synkretistisch ihrem Leben Sinn geben oder das zumindest versuchen, mit der Folge, dass sie, ohne es zu wollen, einen funktionalen Zugang zu Religion entwickeln („religiöses Bewusstsein ist etwas, das man aus privaten Sinnfragmenten selbst zusammentragen muss"), werden biblische Erzählungen im Religionsunterricht von einer kognitiven Außenperspektive her behandelt. Neben anderen Bildern von erfülltem Leben zeigen LehrerInnen, wie auch biblische Figuren mit ihren religiösen Erfahrungen die Jugendlichen heute bei ihrer Identitätsbildung unterstützen können.

Die Tatsache jedoch, dass es keine strukturelle, religiös sozialisierte Innenperspektive (aus der Erziehung zu Hause oder in der Kirche) mehr gibt, muss nicht notwenig bedeuten, dass sich Kinder aus dem kognitiven Lernprozess mit den biblischen Erzählungen nur äußerliche Stilmerkmale für den Aufbau ihrer eigenen Identität herausnehmen können. Könnte es sein, dass sie sich mehr mitnehmen – nicht weil die Lehrerin oder der Lehrer dies heimlich erhofft und dabei auf den Fortgang der christlichen Tradition schielt, sondern weil sie sich selbst dafür entscheiden, weil die biblischen Geschichten radikale und subversiv neue Seiten des Menschseins in ihnen ansprechen? Könnte es sein, dass sie durch den funktionalen Charakter des Religionsunterrichts hindurch zu substantielleren Elementen vorstoßen, so wie der Lehrer oder die Lehrerin das schon lange nicht mehr für möglich gehalten hat?

Man könnte jetzt behaupten, man betreibt schlicht und einfach Katechese – im Sinn von ‚Einladung zum Bekenntnis‘ –, wenn man Jugendliche von innen heraus einlädt, die religiösen Erfahrungen hinter der biblischen Geschichte zu entdecken. Ist das so? Nein, weil Katechese Präkatechese voraussetzt und die in diesem Fall nicht stattgefunden hat. Jugendliche sollten übrigens ruhig protestieren, wenn sie das Gefühl haben, dass sie irgendwo gegen ihren Willen (indoktrinierend) auf ein Thema hingeführt werden. Mit anderen Worten: Gegenwartsbezogene religiöse Bildung kann durch die objektiv-technische Auslegung und die subjektiv-ästhetische Erläuterung eines Bibeltextes auch zu einer religiös-hermeneutischen oder spirituellen Erschließung des Textes durchdringen, ohne fürchten zu müssen, dass daraus Katechese wird (und das steht hier nicht zur Diskussion, denn Katechese setzt Präkatechese voraus). Diese Erörterung führt uns zu dem ewig fruchtbaren Bruch zwischen der Frage „Wer bin ich?“ und „Wer könnte ich sein?“ bzw. zwischen „Wie bin ich?“ und „Wie bin ich durch den Schöpfer bestimmt?“ (Ganzevoort 2004). Kann der moderne Religionsunterricht die Sehnsucht nach einer Antwort erschließen?

Ein möglicher Interpretationsweg liegt in der Auffassung, dass die eigentliche Normativität der Schrift in der Zukunft liegt (Bieringer 1997). Die Bibel ist kein objektiver Beobachtungsposten aus der Vergangenheit, von dem aus religiöse Erfahrungen von heute beurteilt werden müssten. Die Bibel muss noch „gemacht“ werden. Anknüpfend an die Arbeit der amerikanischen Bibeltheologin Sandra Schneiders spricht Bieringer von einer “world projected by the biblical text” (65) und von der Sehnsucht derer, die die Erzählungen der Schrift hören, “to allow ourselves to be transformed according to the coordinates of the world of the text” (66). Die Bibel ist in dem Sinne ‚geoffenbart‘, als dass ein neuer Inhalt offenbar wird, aber auch und vor allem, als dass eine neue Weise offenbart wird, wie der Inhalt gelesen und interpretiert werden muss: als verankert in menschlichen Erfahrungen von Heil und Unheil. "The bible is revealing itself with respect to the world, to all of reality, including my existence and my history. Revelation is the feature of the biblical world" (Paul Ricoeur, zitiert von Bieringer 1997, 66). Nach Ralf Koerrenz (2002) ist das sogar die zentrale anthropologische Dynamik der biblischen Tradition: Die Bibel für die eigene Lebensgeschichte zu lesen, heißt „Lernen lernen" – alles könnte morgen wieder anders sein, nichts lässt sich aus der heutigen Erfahrung ablesen für morgen. Nichts, nicht einmal das biblische Sprachsystem selbst, ist unmittelbar gegeben. Die Bibel sieht den Menschen grundsätzlich als ein Lernwesen, das sich auf die Wirklichkeit und die Interpretationsschemata, die ihm zur Verfügung stehen, einlassen muss. Das trifft, laut Koerrenz, gerade in einer modernen Gesellschaft zu, wo wir laufend Komplexität und Kontingenz erfahren (Koerrenz 2002, 237). Wenn die biblische Offenbarung von dieser permanenten „qualitativen Veränderung der Wahrnehmung von Wirklichkeit und des Umgangs von Menschen miteinander" (Helmut Peukert, zitiert von Mette 1994a, 233) her interpretiert wird, bekommt die Korrelationsdidaktik einen neuen Impuls. Biblisch lernen wird dann wechselseitig-kritisch korrelativ mit der Art zu lernen, die dem Menschen am meisten entspricht: Das Bestehende bricht immer wieder neu auf, in der Annahme, dass jedes ‚Schon' auf ein eschatologisches ‚Noch-nicht' verweist (Bitter 1996).

Der Religionsunterricht hat zum Ziel, Grenzen zu verlegen, und genau aus dieser Zielsetzung heraus wird nach neuen Ausgestaltungen für den Begriff Identitätsbildung gesucht. Der Religionspädagoge Norbert Mette ist der Meinung, dass man sich im Religionsunterricht nicht allein auf Weltanschauungen, moralische Bildung oder Informationen über religiöse Strömungen konzentrieren sollte, sondern weiter gehen müsse. Religionsunterricht müsse zeigen, dass es da einen Gott gibt (*etsi Deus daretur*), der die Menschen aus ihrer Erstarrung und Vereinsamung befreit, sodass sie neue Wege gehen können. Es gehe dort um dieses ‚Können': verfolgt wird eine „Identität-aus-Gratuität" (Mette 2001, 234-236), eine Möglichkeit des Menschseins, die nicht von der gegenwärtigen Erfahrung des Menschseins losgelöst ist (und daher identifizierbar bleibt), aber sie zugleich überschreitet (und daher nicht vorhersehbar ist). Mettes evangelischer Kollege Friedrich Schweitzer meint, dass man Jugendlichen in Bezug auf diesen Gegenstand die Chance eröffnen müsse, einen vagen und verknechtenden Deismus oder Spiritismus in Richtung einer befreiten Religionsperspektive zu übersteigen. Er warnt vor religiöser Bildung, die Jugendliche rein funktional an ihrer Identität basteln lässt. Eine solche Art der Bildung müsse sich vielmehr mit unserer Vorstellung von Gott beschäftigen und damit, wie Menschen in ihrer Verletzlichkeit von Gott wahrgenommen werden, als Zusammenhang und Kontinuität (Schweitzer 1998, 207-209). Schweitzer zitiert den deutschen systematischen Theologen Ingo Dalferth: „Nicht die Lebenserfahrung macht den Glauben eindeutig, sondern der Glaube lehrt, die Lebenserfahrung in ihrer Vieldeutigkeit zu durchschauen und unter den Bedingungen dieser Vieldeutigkeit dennoch eindeutig zu leben“ (Dalferth, zitiert in Schweitzer 1998, 208).

Kann es sein, dass die so vehement angestrebte persönliche Aneignung des Religiösen im Religionsunterricht noch nicht verwirklicht ist, weil der Gegenstand immer noch zur autoritativen Vermittlung von Tradition organisiert ist? Im modernen Unterricht traut man sich, den Lernprozess bereits ‚ein bisschen‘ in die Hände der SchülerInnen zu legen, aber die Erfahrungen werden immer noch glattgebügelt und einer (oft unausgesprochenen) christlich-religiösen Sicht angepasst. Die subversive Kraft einer anderen Lebensperspektive, die vom Glauben her kommt – einer Perspektive, die Jugendliche in ihren Erfahrungen von Heil und Unheil selbst finden können – wagt ihnen noch niemand anzuvertrauen. Hält man es für möglich, dass sie eine *capacitas infiniti* besitzen? Erachtet man sie als offen für das Transzendente, für das, was sie übersteigt? Oder lässt man einen verschulten Religionsunterricht auf sie los, weil man sie als schulische Individuen betrachtet, die allein kognitive Modelle für Identitätsbildung aufnehmen können, und nicht als Menschen mit existentieller Sehnsucht und Spannkraft (Schweitzer 1991)? Dürfen sie wirklich in ihrer einzigartigen Lebensgeschichte die Erfahrung machen, dass sie sinnvolle Fragen stellen, genauso wie Menschen mit einer Innenperspektive – Fragen, die religiöse Menschen und Gemeinschaften im Laufe der Zeiten versucht haben, sinnvoll zu beantworten? Oft arbeitet man im Weltanschauungsunterricht rein befriedend: Entweder wird der Kontrasterfahrung, die zu einer bestimmten Lebensfrage eines jungen Menschen gehört, nicht Genüge getan, weil man sie zu einer Kategorie macht und sie vom gelebten Leben entkoppelt, oder es wird ihre ganze gesellschaftliche und kulturelle Negativität herausgearbeitet, ohne dass man aber zur leben- und hoffnungspendenden Spur der positiven Sehnsucht und zum letzten Sinn durchzudringen imstande ist, die sich hinter dieser Lebensfrage verbirgt (Geurts & Streppel 2001). In beiden Fällen bleiben die Jugendlichen mit ihrer Sehnsucht allein.

3. Religiöse Bildung als 'Verflüssigung' biblischer Tradition

3.1 *Verflüssigen*

Der narrative Aspekt der biblischen Perspektive dockt bei der tiefsten Schicht des Menschen an, nämlich der Seele. Gott nennt im dritten Kapitel des alttestamentlichen Buches Exodus seinen Namen („Ich werde für dich da sein") und gibt Moses damit die Zusage, dass er werden darf, was er ist („Befreier des Volkes"). Indikativ und Imperativ fügen sich ineinander. Antrieb und Verpflichtung, Engagement und tragender Grund gehen Hand in Hand. Gott und Mensch sind aufeinander bezogen: Gott sieht das Leiden seines Volkes und der Mensch Moses kommt in Bewegung. Der Mensch weiß sich gerufen und Gott steht als Bürge dafür, dass es sinnvoll ist, sich darauf einzulassen. Die Beweiskraft der biblischen Narrativität liegt in der Zukunft. Es ist eine Art Wissen, das sich bekräftigen lässt, wenn Menschen aktiv werden. Könnte Religionsunterricht zu solchen sinnmotivierenden Erfahrungen beitragen, die ein neues Wissen bei den Schülerinnen und Schülern wecken: religiös-hermeneutisches oder spirituelles Wissen über sich selbst, über andere und über die Gesellschaft?

Nach Ansicht des deutschen Bibeltheologen Ingo Baldermann bedarf dieser Aneignungsprozess keiner Vermittlung oder Vergegenwärtigung. Offenbarung und Existenz seien miteinander verschmolzen, meint er. Die Bibel brauche keine hermeneutischen Methoden für ihre Aktualisierung, sie sei, wie schon Luther betonte, „Interpretin ihrer selbst und auf einen direkten Dialog angelegt. Ihre eigene, ihre Binnen-Struktur ist nichts anderes als ein dauernder, dialogischer Lernprozess" (Feininger 2001-2002, 152). Die Vielförmigkeit der Stimmen und Visionen in der Bibel inspirierten das lernende Subjekt, sich spontan zu re-orientieren. Das ist sehr zu bezweifeln. Dieser Lern- oder Anbahnungsprozess passiert nicht einfach so, er erfordert Überlegung und Planung. Es sind ja viele verschiedene, manchmal auch widersprüchliche Perspektiven in der Bibel zu finden. Welche Visionen kommen vor, welche zentralen Heilslinien laufen durch die großen Erzählungen der Schrift? Was sind die „zentralen Grundbescheide", die „kerygmatischen Achsen" oder die „heilsgeschichtlichen Abbreviaturen" (Feininger 2001-2002, 152-153; Berg 1991, 145)? Auf welche Grunderfahrung beziehen sich biblische Gemeinschaften und Individuen, wenn sie ihre Einsichten formulieren? Es versteht sich von selbst, dass die Hilfe von ExegetInnen und BibelwissenschaftlerInnen hier unentbehrlich ist: Sie helfen mit, die heilshistorischen Bewegungen und zentralen Achsen der Glaubensentwicklung freizulegen. In einem zweiten Schritt wird auch von den Lernenden erwartet, dass sie Entscheidungen treffen. Auf welche Grundlinie der Bibel will man näher eingehen? Auf welche Lebensfrage will man eine Antwort finden? Welche (persönliche oder gesellschaftliche) Kontrasterfahrung bedarf dringend einer Erklärung und einer erweiterten Perspektive (Ott 1995, 302)? Die Ko-Konstruktion der Antwort auf die Lebensfrage und ein besseres Verstehen der Lebensfrage, das wären die zwei Pole des Lernprozesses.

So begriffen kann der biblisch orientierte Religionsunterricht zum Entstehen und/oder Erklären von Schlüsselerfahrungen, von Erfahrungen der Tiefe, die durch den mentalen Umweg von biblischen Schlüsselerzählungen angeregt werden, beitragen. Wenn nötig, soll der Lehrer zusätzlich Schlüsselkenntnisse beibringen. Die Geschichte von Hiob, die Sprichwörter, die Psalmen, die Erzählungen von Schöpfung und Exodus, die Parabeln und Gleichnisse des Jesus von Nazareth: All diese Erzählungen und ihre Interpretationen wecken Bilder davon, wie anders das Leben sein könnte, als es tatsächlich ist. Man ist nicht verpflichtet, zu glauben, aber man wird durch diese Schlüsselerzählungen doch herausgefordert, einen Standpunkt ihnen gegenüber einzunehmen. Schöpfung, Erlösung, Berufung, Sünde, neuer Mut, Durst nach Lebenserfüllung und ewigem Leben, das sind Schlüsselerfahrungen von letztem Sinn, die in der Bibel aufgezeichnet und die durch das Erzählen der Geschichten als Wahrheiten sozusagen verflüssigt werden. Im Erzählen dieses biblischen Sinns kontrastiv zum Un-Sinn, den (junge) Menschen in ihrem Leben erfahren, wird aus der Brucherfahrung ein fruchtbarer Bruch, ein Moment neuen Lebens.

3.2 *Elementarisieren*

Mit dem Begriff „Elementarisieren" (Schweitzer 2003b) wird einerseits auf die Bedeutung des Kerncharakters dessen, was gelehrt werden muss, und andererseits auf die Notwendigkeit einer guten Aufnahme der Kerneinsicht durch die Lernenden hingewiesen. Auf welche Fragen wünschen sich Jugendliche eine Antwort? Und welche Lösungsvorschläge helfen ihnen, die Fragen auch effektiv zu beantworten? Elementarisieren bedeutet, dass man die Heilslinien hinter den Schlüsselerzählungen der Bibel kennt und zugleich um die Schlüsselprobleme von jungen ZeitgenossInnen, für die diese Erzählungen eine Lösung bieten (können), weiß. Die Person, die den religiösen Lernprozess begleitet, muss daher äußerst sensibel darauf achten, die richtigen Fragen zu stellen und die ‚richtigen' Antworten zu formulieren – Antworten, die zugleich passen (weil sie gültige Antworten auf die Frage sind) und doch provozieren (weil sie einen Perspektivwechsel bei den Lernenden anregen, wodurch diese die Frage anders beurteilen und auch anders beantworten werden). Elementarisierung bedeutet hier, der Schlüsselfrage induktiv auf die Spur zu kommen und auf kreative Weise aus der biblischen Tradition Schlüsselantworten auf diese Frage zu finden. Letzteres geschieht durch Aufbrechen: Man bricht Erfahrungen, die sich in den biblischen Erzählungen verbergen, auf die Erfahrungen der Jugendlichen herunter und macht sie so für diese zugänglich. Bibliodrama ist eine ausgezeichnete Methode, um dieses Aufbrechen oder Verflüssigen zu vollziehen (Sinclair 2004).

Ein gut geplanter Lernprozess beinhaltet – so soll hier gezeigt werden – drei Schritte:
1. Schlüsselerfahrungen, die bei den Kontrasterfahrungen oder Lebensfragen anschließen, mit denen junge Menschen ringen, werden als Schlüsselthemen bestimmt und für den Unterricht ausgewählt;
2. Schlüsselerzählungen werden aufgebrochen oder verflüssigt, um auf die religiösen Schlüsselerfahrungen zu stoßen, die ihnen zugrunde liegen; durch den ganz neuen Blick, den sie jetzt auf die Schlüsselerzählung werfen, lassen sich die Lernenden inspirieren;
3. In einer anschließenden Reflexion wird, was während des Prozesses gelernt wurde, gesammelt und ausformuliert (siehe Schema unten).

Der zweite Schritt ist der wichtigste: Jugendliche werden eingeladen, sich vor dem Hintergrund ihrer persönlichen Erfahrungen und ihrer religiösen Herkunft auf den Prozess des Aufbrechens einzulassen. Dieser Prozess ist lebendige Tradition. Jugendliche und ihre Erzieher machen Tradition, sie „re-subjektivieren objektivierte Erfahrung" (H. Fend, zitiert von Fraas 1989, 23; Englert 2005). Sie brechen die erstarrte Glaubenserfahrung biblischer Figuren auf, um eine neue und ursprünglichere Sicht auf ihre persönliche Glaubenssuche zu entdecken.

3.3 *Theologisieren*

Diese Art zu arbeiten geht von der Annahme aus, dass Jugendliche das Recht haben und auch imstande sind, selbstständig zu theologisieren. Sie bestimmen mit, welche Schlüsselerfahrungen behandelt werden und welche Bedeutungsschichten aus den Schlüsselerzählungen ihnen entsprechen. Das Aufbrechen der Erzählungen und die Elementarisierung sind, begleitet von den Lehrenden, ihre Sache. Das setzt voraus, dass Theologie kein Diskurs unter Spezialisten ist, sondern in Menschenhand liegt, und dass der Unterschied zwischen wissenschaftlicher Theologie und Laientheologie aufgehoben ist. Jede und jeder ist berufen, Theologin oder Theologe zu sein, darauf besteht bereits Karl Rahner. Jede suchende religiöse Rede ist zugleich theologische Rede, „sofern der glaubende Mensch zugleich ein denkender Mensch ist, der immer vor Fragen steht", so paraphrasiert S. Wiedenhofer das Anliegen von Rahner (zitiert in Bucher 2002, 11). Auch Kinder und Jugendliche haben nicht nur das Recht auf ein eigenes religiöses Leben (Schweitzer 2000), sondern auch auf ein eigenes Verständnis davon: „das Recht auf Denken über religiöses Denken", Recht also auf eine eigene Theologie (Schweitzer 2003a, 11).

Im Rahmen der Bewegung 'Children's Spirituality', die hauptsächlich in England entstanden ist und sich überraschenderweise auch einerseits auf Deutschland und Österreich und andererseits auf die USA und Kanada ausgewirkt hat, ist eine Bandbreite von Literatur darüber entstanden, wie Kinder und Jugendliche ermutigt werden können, sich mit biblischen Erzählungen zu beschäftigen, Gottesbilder zu entdecken, Kontingenz-Erfahrungen zu beschreiben und Schöpfungstheologie zu betreiben (siehe auch Kapitel 5). Einmal mehr kommt es daher darauf an, dass Erwachsene sich in der Glaubenskommunikation ihrer eigenen Position und der Wirkung dieser Position bewusst werden (Roebben 2001b). Erziehen bedeutet auch hier wieder, das Ofenfeuer am Brennen zu halten oder zumindest die kleinen Funken der Aufmerksamkeit bei einem Kind nicht auszulöschen, sondern sie zu nähren und zu schützen.

Drei Dimensionen spielen im Prozess des Theologisierens eine Rolle: das Ernst-Nehmen der argumentativen Kraft von Kindern und Jugendlichen, die vor allem in ihrer Fantasie liegt (Theologisieren *von* Jugendlichen), sie ermutigen, Weitblick zu entwickeln und sich selbst kritisch zu hinterfragen (Theologisieren *mit* Jugendlichen) und ihnen dafür spezielles Wissen anbieten, das ihr Blickfeld freiräumt und eventuelle Missverständnisse aus der Welt schafft (Theologisieren *für* Jugendliche), so Friedrich Schweitzer (2003a). Es verlangt von ErzieherInnen große Aufmerksamkeit einzuschätzen, welches Element in welchem Moment des Lernprozesses gefragt ist. Das folgende Schema bietet eine Zusammenschau des religiösen Lernprozesses (in drei Schritten) und des Verhältnisses zum jugendlichen Theologisieren.

(a) Elementarisierung		(b) Verflüssigung	(c) Aneignung
Schlüssel-themen Elementare Strukturen und elementare Wahrheiten	*Schlüssel-erfahrungen* Elementare Erfahrungen und elementare Entwicklungsbedingungen	*Schlüssel-erzählungen und Schlüsselkenntnisse*	*Schlüssel-einsichten*
Basisideen; Lernziele dem Lehrplan entsprechend	Anfangssituation; Lernziele dem SchülerInnenprofil entsprechend	Didaktische und methodische Impulse; Unterrichtsprozess	Strukturierende Einsichten nach dem Unterrichtsprozess; Evaluierung
Theologisieren *für* Jugendliche	Theologisieren *von* Jugendlichen	Theologisieren *mit* Jugendlichen	Theologisieren *mit/von* Jugendlichen

Eine zentrale Überlegung in diesem gesamten Didaktisierungsprozess und spezifischer im Bereich der elementaren Entwicklungsbedingungen oder Zugänge ist die Dimension der religiösen Entwicklung. In jedem Lebensalter werden je eigene Entwicklungsschritte möglich. Beim didaktischen Transformieren von Schlüsselerfahrungen durch Schlüsselerzählungen muss man die Altersentwicklung und – besonders bei Kindern und Jugendlichen – auch die Fähigkeit, zu elementarisieren und zu theologisieren, berücksichtigen (Miedema 2010). Die Diskussion darüber, welchen Aufgaben Kinder gewachsen sind und welchen noch nicht, wird in der Religionspsychologie schon länger geführt, und sie hinterlässt ihre Spuren immer wieder auch in der Religionspädagogik. Ich habe den Eindruck, dass das Pendel, auch aufgrund des Impulses von *Children's Spirituality* und *Kindertheologie*, in Richtung einer vorsichtig positiven Einschätzung ausschlägt. In der untenstehenden Tabelle skizziere ich eine Entwicklungslinie, die zeigen soll, was wann im Spiel des Bibel-Erzählens mit Kindern, Jugendlichen, jungen Erwachsenen und Erwachsenen wichtig wird. Die sechs Schritte orientieren sich am Lebensalter der Lernenden, ausgehend von der ersten Naivität (als kindhafter Empfänglichkeit) und münden in die zweite Naivität (als erneuerte Entscheidung der Erwachsenen für ein Leben in Empfänglichkeit). In jeder Phase wird aufgeführt, um welche Altersgruppe es sich handelt, welche methodischen Wege man für die Arbeit mit der Bibel einschlagen kann und wie die jeweilige Person die Erzählung wahrnimmt und interpretiert.

Ausgehend von der ersten Naivität		
1. Frühe Kindheit: Geschichten hören und erleben *Ich bin in der Geschichte.*	2. Kinder ab 10-12 Jahren: Der eigenen Identität auf die Spur kommen und sie klären *Ich stehe der Geschichte gegenüber.*	3. Präadoleszente: Wissen über Sprache und Kulturgut erwerben, Kontext damals und heute *Ich entmythologisiere die Geschichte.*
6. Erwachsene: Sich dem tragenden Grund des Daseins anvertrauen *Ich bin als Teil der Geschichte selbst angesprochen und bin aufgefordert eine Antwort zu finden.*	5. Junge Erwachsene: Erfahren der eigenen fragmentierten narrativen Identität, zwischen Sehnsucht und Vision *Diese Geschichte braucht eine Erzählerin/einen Erzähler und die/der bin ich.*	4. Adoleszente ab 16 Jahren: Vorbei am Informativen: Auf welche Art von Fragen geben religiöse Menschen eine Antwort? *Ich dekonstruiere die Geschichte.*
Mündend in die zweite Naivität		

4. Anwendung in einem bibeldidaktischen Seminar

In den Wintersemestern 2007/2008 sowie 2008/2009 habe ich mit den Studierenden des Seminars „Mensch und Schöpfung in Darstellung und Vermittlung" im Rahmen des Bachelorstudiums „Katholische Theologie" an der Technischen Universität Dortmund versucht, die Noah-Geschichte aus Genesis 6-9 theologisch zu reflektieren und religionsdidaktisch zu elementarisieren sowie aufzubrechen. Die mythische Geschichte von Noah und seinem Gott wurde zunächst aufgrund einer exegetischen Analyse gelesen und besprochen. Außerdem wurde der Text im Hinblick auf die hermeneutischen Bestimmungen von elementaren Strukturen und Wahrheiten analysiert. Hilfreich war dabei der Vergleich mit anderen Schöpfungsmythen, wobei ähnliche paradigmatische Elemente wiederzufinden waren. In zweiter Instanz wurden die elementare Struktur (Gattung Schöpfungsmythos) sowie die elementaren Wahrheiten (Schöpfung, Gefährdung der Menschheit, Auserwählung) mit den Konzepten ‚elementarer Erfahrungen' und ‚elementarer Entwicklungsbedingungen' weiter ergänzt und für den Religionsunterricht transformiert. Dieser Lernprozess war nicht nur als didaktische Vermittlungsarbeit interessant, sondern auch als Aneignungsprozess für die Studierenden selbst ganz hilfreich. Die folgenden Überlegungen sind als Ergebnisse aus diesem Seminar hervorgegangen. Es sind die elementarisierten Früchte eines gemeinsamen theologischen Suchprozesses von zukünftigen ReligionslehrerInnen.

1. Im Großen und Ganzen gibt es drei zentrale Grundbescheide in diesem Text: Schöpfung, Anti-Schöpfung oder Zerstörung und Neuanfang oder Neugestaltung (*re-creation*). In Gen 8,21 versöhnt Gott sich durch Noah mit der Welt und den Menschen. Das Wasser ist nicht länger Todeswasser, das alles überschwemmt und ausrottet, sondern Lebenswasser: „Balle ich Wolken über der Erde zusammen und erscheint der Bogen in den Wolken, dann gedenke ich des Bundes, der besteht zwischen mir und euch und allen Lebewesen, allen Wesen aus Fleisch, und das Wasser wird nie zur Flut werden, die alle Wesen aus Fleisch vernichtet“ (Gen 9, 14-15). Gottes Weisheit und sein Bund mit den Menschen lässt sich auch als lebendiges Wasser, das in die Menschen hineinfließt (Jes 55, 6-13) und in Jesus den Lebensdurst stillt (Joh 4, 1-30), erfahren, allerdings nur unter der Bedingung, dass Gott als Herr des Lebens im Zentrum steht und sich der Mensch nicht selbst als Mittelpunkt des Weltalls betrachtet, sondern für sich selbst und mit anderen die Verantwortung übernimmt.

2. Der Gott von Abraham, Isaak und Jakob, der Gott von Jesus Christus ist ein ethisch qualifizierter Gott: Er geht den Bund mit sündigen Menschen ein, mit Menschen, die in Freiheit entscheiden können, gut oder böse zu handeln, und in dieser Begegnung engagiert er sich für Humanität. Gott hat das Leid seines Volkes in Ägypten wahrgenommen und ist in Bewegung gekommen. Durch Moses engagiert er sich und hofft, dass auch die Menschen sich füreinander engagieren. Der ethisch qualifizierte Gott erwartet ethisch qualifizierte oder solidarische Menschen. Befreiung zur Solidarität ist ein Schlüsselbegriff in der biblischen Tradition.

3. In unserer heutigen Zeit ist das Klimaproblem eine aktuelle Herausforderung, um mit der Schöpfung neu anzufangen und in „Schöpfungsgerechtigkeit“ (Karl Kardinal Lehmann) zu handeln. Christliche Menschen sollen nicht indifferent bleiben, sondern Solidarität betrachten und Gott dabei als Schöpfer und Herrn des Lebens erfahren. Sie sind selbst eingeladen, Mit-Schöpfer zu werden. Unsere universelle Schicksalsverbundenheit impliziert, dass wir alle zusammen leben in derselben komplexen Situation der Klimaproblematik. Wir können als Menschen nicht anders, als in Form suchender Menschen miteinander umzugehen und neues

Sinnvolles zu gründen und zu begründen. Das bedeutet permanente Dialogbereitschaft und Perspektivwechsel. Theologisch betrachtet kann man sagen, dass wir alle Kinder Gottes sind und in Gottebenbildlichkeit leben.

4. Diese universelle Grunderfahrung oder Vision (Leben in Solidarität und Dezentrierung, in Kommunikation und Schicksalsverbundenheit) kann in verschiedenen und oft auch gegensätzlichen Religionen und Glaubensüberzeugungen tatsächlich gelebt werden (Roebben 2008a). Für Christen bedeutet dies: Wie lesen wir die Zeichen der Zeit? Was ist unsere kritische Hermeneutik, mit der wir uns heute solidarisch engagieren? Wie können wir die Schöpfung durch unseren freien Willen (Arbeit) und durch die gnadenvolle Beziehung oder den Bund mit Gott (Liturgie) ehren als „ora et labora", „Arbeit und Sabbat", „Mystik und Politik" (Roebben 2009a, 79-90)?

5. Soll diese Spannung zwischen dem, was faktisch gegeben ist, und dem, was möglich wäre, wie eine *counter story* (oder Gegen-Geschichte) zur Sprache kommen oder eher real-politisch? „Die Reich-Gottes-Botschaft, die im universalen Heilswillen Gottes gegenüber allen Menschen (vgl. 1 Tim 2,4) und der ganzen Schöpfung (vgl. Röm 8,21 f.) gründet, bildet für die Kirche die theologische Grundlage für die Gestaltung einer gerechten Gesellschaft und eines gerechten Verhältnisses zur außermenschlichen Natur. Diese Botschaft enthält *kein Patentrezept* zur Lösung der Probleme des globalen Klimawandels, bildet aber den Horizont für das geschichtliche Handeln der Kirche, die aus der Reich-Gottes-Hoffnung lebt. Wer sich zum Glauben an den biblischen Gott bekennt, der darf gegenüber Ungerechtigkeit niemals gleichgültig sein und muss alle Menschen, sowie die belebte und unbelebte Natur in seiner Solidarität und Verantwortung einschließen" (Die deutschen Bischöfe 2006, 16). Also, Inspiration und Vernunft, Begeisterung und *prudentia* (Klugheit) sollen beide in diesem sozial-ethischen Unterscheidungsprozess gegeben sein.

6. Es gibt ein Spannungsverhältnis zwischen den Sprachen der Wissenschaft und der Bibel. Sind sie inkompatibel? Sind religiöse Texte überhaupt noch zugänglich? Wie soll ein theologisches Institut sich auf dem Campus einer Technischen Universität wie in Dortmund legitimieren? Technologie (ein ‚Logos' über Technik) und Theologie (ein ‚Logos' über Gott) können einander bereichern (van Erp 2007). Die Globalisierung kann eine Herausforderung für die Theologie sein. Die Gottesfrage (oder das Handeln *etsi Deus daretur*) könnte eine Herausforderung für die

Technik sein. Im Hinblick auf den Vergleich und die Zusammenarbeit an einer Technischen Universität kann man gemeinsame formale Rahmenbedingungen vorfinden und kommunizieren, wobei Schöpfung, Gemeinschaft und Heil die Schlüsselthemen sein können.

7. Bibeldidaktische Arbeit als Verflüssigung kann ermöglicht werden durch Literatur und Drama. Schlüsselszenen oder -erfahrungen des biblischen Textes können durch literarische Verarbeitung von (oft tragischen) Schlüsselfiguren (Provoost 2003) und/oder szenischer Verarbeitung (zum Beispiel im Bibliodrama) einsichtig gemacht werden.

Schlussfolgerung

Für diesen hier vorgestellten anspruchsvollen Auftrag an den Religionsunterricht, diese ‚subversive' bibeldidaktische Arbeit im Klassenraum, verdienen LehrerInnen alle Unterstützung aus Gesellschaft, Schule und Kirche. Sie dürfen vor dieser Aufgabe nicht weglaufen, und es ist für sie daher in vielerlei Hinsicht lebensnotwendig, korrelierende Persönlichkeiten zu sein und sein zu dürfen: Menschen, die die Spannung zwischen Kontext und Tradition aushalten, die sich aktiv mit der Zeugnisdimension ihrer Überzeugung auseinandersetzen, die nicht den Kopf hängen lassen, sondern dynamisch und affektiv von ihrem Fach angerührt bleiben. Die größte Unterstützung sollten LehrerInnen letztendlich von der Kirche erwarten dürfen. Denn sie verdienen höchsten Respekt dafür, dass sie religiöse Erfahrung bei zukünftigen Generationen wieder zutage fördern und so die alte(n) religiöse(n) Tradition(en) aufleben lassen. ReligionslehrerInnen sind GrenzgängerInnen zwischen Kirche und Welt. Sie sind herausragende Interpretinnen und Interpreten von Spannungen, die durch den Glauben erzeugt werden. Sie stehen an der Frontlinie, an der Glaube und Sinngebung hinterfragt und auf Authentizität und Verantwortungsbereitschaft geprüft werden (Alma & Heitink 1998). Das Hinterland der LehrerInnen – also die Glaubensgemeinschaft – müsste sich daher ausdrücklich mit den ReligionslehrerInnen solidarisieren, so der Bischof von Erfurt, Joachim Wanke (1998, 116). Sie darf die LehrerInnen nicht ihrem Schicksal überlassen, geschweige denn sie negieren oder an ihnen vorbeilaufen. ReligionslehrerInnen verdienen etwas Besseres, mehr noch: sie verdienen das Beste.

Kapitel 7
Religiöse Bildung und Diversität

Kulturelle und religiöse Diversität gestalten unsere Lebens- und Lernumgebung. In den letzten Jahren ist dies zum Gegenstand bedeutender Debatten geworden. Unsere Gesellschaft und auch die Schulen unterziehen sich einem ‚tiefen' Farbwechsel. Das brisante Zusammenspiel von multikulturellen Konflikten und religiösen Spannungen hat in vielen Teilen Europas zu erheblichen Berichterstattungen in den Medien geführt. Es ist jedoch interessant zu bemerken, dass in Schulen und anderen Institutionen, in denen soziale Kompetenz erlangt werden kann, die ständige Arbeit des gegenseitigen Austausches und der Bereicherung zwischen kulturell und religiös verschiedenen Gruppen sehr viel weniger mediale Aufmerksamkeit zu genießen scheint. Vor allem seit dem 11. September sind wir besonders empfindlich für die zerstörerische Gewalt des religiösen Fanatismus, auch im Klassenzimmer.

Gerade deshalb fordern religionspädagogische ExpertInnen, dass der Religionsunterricht (RU) nicht länger im Lehrplan der modernen Schule ausgelassen wird und als Prüfungsfach für *alle* Schüler zugelassen sein sollte (z.B. Miedema 2000 und 2007). In diesem Beitrag folge ich dieser Linie und spreche mich vor allem für einen pragmatischen Ansatz aus. Weltweit beschäftigen sich Menschen mit Religion. Was machen sie mit ihr? Und was macht Religion mit ihnen? Jugendliche in weiterführenden Schulen haben einen Anspruch darauf, Kenntnisse zu gewinnen über die Dynamik der Religion und über den möglichen Sprengstoff, der sich entzünden könnte, wenn Menschen gefährlich mit dem ‚religiösen Feuer' spielen. In dieser Hinsicht sind Information und Interpretation Schlüsselworte. Jugendliche lernen besser, wie sie sich ihre religiöse Herkunft vorstellen können: mit Erkenntnis und Achtung. Erfolgreicher Unterricht trägt zu solch einem gegenseitigen Verstehen inmitten der Unterschiede bei.

Unterhalb dieser Verpflichtung liegt jedoch eine tiefere Schicht. Wer sich mit der Begegnung mit dem Anderen beschäftigt, wird nicht nur mit der Verschiedenheit und mit der Unterschiedlichkeit (*la différence*) des Anderen konfrontiert, sondern auch mit seinem radikalen Anderssein oder seiner Alterität (*l'altérité*). In der Klasse treffen die SchülerInnen auf eine direkte Art, als KlassenkameradIn, als Person, als Mensch mit eigener Herkunft und eigener Zukunft, aufeinander. Vor allem sind sie nicht Repräsentanten ideologischer und religiöser Gruppen. Sie sind Menschen, in voller Blüte, auf der Suche nach dem Glück, die anfangen, ihr eigenes moralisches und existentielles Profil zu bilden. Ich bin der festen Überzeugung, dass Jugendliche nicht nur lernen, die *Herkunft* des Anderen zu erkennen und zu achten, sondern auch lernen, wie sie gegenüber der unveränderlichen Authentizität und dem Lebensentwurf oder der *Zukunft* des Anderen aufgeschlossen werden. Diese Zukunft wird sehr intensiv in seinen oder ihren (nicht-)religiösen Überzeugungen widerhallen. Darin wird ein Hinweis auf das Mysterium des Anderen offenbart werden. Es ereignet sich in der Klasse, oft unbemerkt und nicht mit Absicht pädagogisch gewollt. Es geschieht, wenn ein Schüler in der Begegnung mit dem Anderen, und genauer gesagt, in seiner Antwort auf die Frage „Was möchte ich für ein Mensch werden, und was ist *meine* Zukunft?“, ermutigt wird, darüber zu reflektieren, wie er sich seine Zukunft tatsächlich denkt und wie seine Herkunft dieses Denken prägt.

Unmittelbar nach dem 11. September formulierte es der niederländische Rabbi Raphael Evers wie folgt: „Wir haben hier eine Kultur, in der wir eine hohe Meinung von Toleranz haben. (…) Und das ist es, was Sie jungen Leuten beibringen sollten. In der Schule zu lernen, miteinander zusammen zu leben, ist sogar von größerer Wichtigkeit als lesen und schreiben zu lernen, oder zu wissen, wo Paris liegt. Wir machen alle einen gewaltigen Fehler, wenn wir einander ansehen und denken: da sitzt ein Muslim. Und: da sitzt ein Jude. Wir vergessen, dass der Andere in erster Linie ein Mensch ist, der zufällig in einer muslimischen oder jüdischen Kultur aufgewachsen ist. In unserem religiösen Eifer vergessen wir oft den Menschen“ (zitiert in Sjah 2002, 29; Übersetzung BR).

Dies ist eine tiefere Ebene des inter-religiösen Lernens, die wir in diesem Kapitel erschließen und untersuchen möchten. Lernen, Unterschiede oder Differenzen wahrzunehmen und zu schätzen, impliziert eine Begegnung auf einer tiefer gehenden Ebene. Mit den Worten von Mary C. Boys (2008) würde ich es ‚Lernen in der Gegenwart des Anderen‘ *(learning in the presence of the other)* nennen. Diese Begegnung geschieht gewöhnlich, nachdem das erste Zusammentreffen stattgefunden hat und man sein Bestes getan hat, um Informationen über den Anderen zu erwerben und mit dem Anderen über Unterschiede und Ähnlichkeiten zu sprechen. Diejenigen, die dann tiefer graben, treffen auf hermeneutische Engpässe und Interpretationsunterschiede, die eine Klärung verlangen. Im siebten und achten Teil dieses Kapitels lote ich die Möglichkeiten dieser Art des inter-religiösen Lernens aus. In den ersten sechs Teilen beschreibe ich das ‚traditionelle' moderne Konzept des inter-religiösen Lernens, wie es in der aktuellen Theorie des Religionsunterrichts ausgeprägt ist. Durch die Begegnung lernen die SchülerInnen nicht nur die Unterschiedlichkeiten wahrzunehmen und mit anderen zu kommunizieren und deren Position besser zu verstehen, sondern werden auch eingeladen, über ihre eigenen religiösen Erfahrungen miteinander zu sprechen. „Besuch mich, und lass dich verzaubern!" und „Wer bist du, ich möchte von dir verzaubert werden?" Die Begegnung ermöglicht daher nicht nur die Wahrnehmung, Kommunikation und Beharrlichkeit der verschiedenen Positionen, repräsentiert durch Mitmenschen, sie setzt auch diese Unterschiede voraus. In dieser Hinsicht ist inter-religiöses Lernen ohne Zweifel eine anregende Einladung zu lernen, seinen eigenen (nicht-)religiösen Standpunkt zu formulieren und dafür Verantwortung zu übernehmen.

1. Aktuelle Ansicht des Schulfaches Religionsunterricht

In einer pluralistischen Gesellschaft kann Religionsunterricht nicht länger von einer katechetischen Orientierung her betrachtet werden. Schließlich bedarf eine ausdrückliche Initiation in eine private Religion der Gemeinschaft von Gläubigen, eine Funktion, die nicht von der modernen Schule als Ausbildungsinstitution erfüllt werden kann. Ein Modell von reiner Applikation oder Adaption an die säkularisierte Kultur wird ebenfalls nicht erfüllt: Religionsunterricht ist immerhin qualitativ verschieden von sozialer und moralischer Bildung. Das Schulfach verlangt, dass die komplexe Realität heutiger Religiosität von einem kritischen Blickwinkel aus gelernt werden sollte. Es hilft Jugendlichen, ihren ‚langsamen Fragen' sorgfältiger zuzuhören, inmitten ihrer komplexen Biographien, und solche vernünftige Fragen im Klassenzimmer zur Sprache zu bringen. In einer pluralistischen und religiös oft indifferenten Kultur haben Jugendliche nicht nur einen Anspruch, solide Informationen und eine Führung im Hinblick auf Fragen des Lebens zu erhalten, sondern auch zu lernen, diese kritischen religiösen Fragen für sich selbst aufkommen zu lassen. In der neueren pädagogischen Entwicklung der Kindertheologie wird diese Kompetenz bewusst in früher Kindheit angeregt (Büttner 2007a; Dillen 2007; siehe auch Kapitel 5).

Diese wesentliche Kompetenz besteht aus zwei einzelnen Komponenten bzw. ist von einer hermeneutischen und einer kommunikativen Wesensart (Lombaerts & Roebben 2000; Lombaerts & Pollefeyt 2004). Diese zwei Kompetenzen besitzen besonders die Fähigkeit zur Identitätsklarstellung und zur Kommunikation mit Weltanschauungen. Was die erste Kompetenz betrifft: Jugendliche wachsen heute in einer Gesellschaft auf, in der viele Ideen nebeneinander existieren und kreuz und quer einander durchziehen, nicht nur innerhalb jugendlicher Gruppen, sondern auch im Innern der Existenz des Individuums selbst. Heutzutage bildet sich Identität in radikaler Vielfalt aus: Die großen Erzählungen, die einst Bedeutung vermittelten, sind nicht länger plausibel, und Menschen vertrauen jetzt einander und ihrem eigenen inneren Kompass im Erwerben von Klarheit auf ihrer Suche nach Sinn (Crawford & Rossiter 2006). Das Schulfach Religion bietet ihnen einen sicheren Ort und biografischen Rat, um zu lernen, mit diesen Erfahrungen und Fragen umzugehen (Mette 2007, 235-255; Schweitzer 1996, 164-178; 2006, 81-96). Schließlich ist die Umgebung, in der Jugendliche aufwachsen, häufig bedrohlich, verwirrend, überwältigend – wenn man nur an die Auswirkungen der Medien denkt (Roebben 1999d; Crawford & Rossiter 2006, 322-367).

Was die zweite Kompetenz betrifft: Junge Menschen müssen lernen, sich auszudrücken und Rechenschaft über sich anderen gegenüber abzulegen. Sie müssen herausgefordert werden, die Welt der undeutlichen Meinungen kritisch zu überprüfen und sich selbst, mit einer gut belegten und solide begründeten Ansicht, in ihrer Interaktion mit anderen zu positionieren. Die Klassengruppe spielt eine wichtige Rolle in diesem Entwicklungsgang der religiösen Kommunikation. Für einen guten Lernfortschritt ist es von immenser Bedeutung, dass Meinungen geklärt, erklärt und bestätigt werden. Diese Auseinandersetzung kann Einsichten in die Dynamik von Fragen bieten, wie: „Worüber sprechen religiöse Menschen wirklich? Was verzückt Gläubige so, dass sie ihr Leben aus einer Perspektive radikaler Hingabe betrachten? Auf welche Art formuliere ich die Fragen des Lebens, die *mich* betreffen, bedingungslos?“ In diesem Sinne findet der Dialog nicht allein in der Klassengruppe statt, sondern verbindet sich kontinuierlich mit dem andauernden Dialog der Menschheit, mit den großen Fragen des Lebens und den Antworten, die religiöse und nichtreligiöse Weltanschauungen anbieten.

2. Religionsunterricht eingebettet in die Bildungsdynamik der modernen Schule

Guter Religionsunterricht etabliert sich selbst in der interkulturellen Dynamik der gegenwärtigen Schule, die ihrerseits auf die großen Fragen der Gesellschaft und Kultur versucht zu antworten. Schulfächer stehen nie für sich allein, so wie auch Schulen nie für sich allein stehen. Seit dem 11. September kann Religion nicht als ein privates Thema angesehen werden, sondern wird zum Kern der Bildung gezählt, betrachtet als interkultureller Dialog. Religionsunterricht ist in Europa eine Angelegenheit des öffentlichen Bewusstseins geworden, auch und nicht zuletzt in konfessionellen Schulen (für Schulen in evangelischer Trägerschaft siehe Nipkow in Miedema 2008a; für die katholische Tradition siehe Mette 2007). Er blieb auch nicht außerhalb der Beachtung von Politikern und gesetzgebenden Körperschaften in Europa (Jackson et al. 2007): Er wurde als ein *pan-european topic in education* aufgenommen (Miedema 2007, 269). Er sollte SchülerInnen die Gelegenheit bieten, ihre Sorgen um ihre Lebensumgebung herauszufinden, zu beschreiben und zu klären, als nützliche Bausteine für eine neue Welt, und sie einladen, das chaotische Feld der Klatschmeinungen und bedrohlichen Informationen in eine kraftvolle Lebensumgebung von Einsichten und Fähigkeiten umzuwandeln, die eine befreiende und belebende Wirkung haben, und die eine Zukunft ermöglichen.

Um diese Rolle des Religionsunterrichts im öffentlichen Raum der Schule zu verstehen, sollte das traditionelle Paradigma der Übergabe von (religiöser) Information und von Lebensmustern an die nächste Generation radikal in ein Paradigma (religiösen) Bewusstseins des sozialen Kontextes dieser und anderer (mehr weltlicher) Formen der Übergabe umgewandelt werden. Üblicherweise ging es im Religionsunterricht um Initiation in eine besondere religiöse Tradition. Heute impliziert Religionsunterricht vielmehr das Erkennen der einzigartigen Einbettung des schulischen Unterrichts in der Gesellschaft, das Bewusstsein der zugleich attraktiven und erschreckenden Gegenwart der Religion in der Gesellschaft und das unvermeidliche Bedürfnis nach religiöser Kommunikation in der Gesellschaft, im Herzen der Modernität. Der österreichische Religionspädagoge Martin Jäggle meint, dass diese Aufgabe vielen Schulen heutzutage schwer fällt: „Die Schule neigt dazu, Differenz und besonders religiöse Differenz zu privatisieren, zu verdrängen oder auszublenden, umso mehr wenn Religion als Privatsache oder eine bestimmte religiöse Konvention als nicht hinterfragbarer Standard gilt“ (Jäggle 2009, 271).

Zu lernen, konstruktiv mit Unterschieden umzugehen, ist ein Hauptziel der heutigen Schule umso mehr, als der Dialog mit anderen Überzeugungen nicht nur in der Tiefe der Zeit (intergenerationell), sondern auch in der Mitte des Raumes (interkulturell) und in der Perspektive der Hoffnung für die Welt (global) stattfindet. Die faktische Gegenwart von Menschen anderer Kulturen (via Migration und Asyl), die große Mobilität von Menschen und Dienstleistungen, die Versorgung durch die Medien (TV, Film und Internet) etc. stellen sicher, dass unsere Lebensumgebung in einer andauernden Atmosphäre gegenseitiger Befruchtung bleibt.
Dieser Prozess formt unsere Ansichten und unsere Art, zu leben, neu und entfacht Herausforderungen und Spannungen in der Gesellschaft und daher auch in der Ausbildung zukünftiger Generationen. Wertebildung, Erziehung zum Staatsbürger, persönliche, soziale, moralische und spirituelle Bildung sind die Antworten auf diese Situation. In Schulen bemüht man sich, einen sicheren Ort zu schaffen, um dieser Situation zu begegnen. Unterschiedlichkeiten wird nicht ausgewichen, sondern sie werden hinsichtlich ihrer Deutlichkeit und der Kraft ihrer Interpellationen geprüft und auf ihre Fähigkeit untersucht, Menschlichkeit zu fördern. Das bedeutet, dass erschreckende und engstirnige Konzepte eines guten Lebens auch kritisch zur Sprache gebracht werden können und von ihrer fanatischen und fundamentalistischen Einseitigkeit befreit werden können. Religion hält sich nicht aus diesem Prozess der Interpellation heraus (Lombaerts 1997). Wie sich der ganze soziale und kulturelle Horizont der Bedeutungen verlagert, so verändert sich auch Religion. Trotzdem verläuft dieser Prozess des Erwachens langsam und mühselig, so wie Religion eher dahin tendiert, die existierenden Situationen zu vernachlässigen und die Zufälligkeit der Existenz zu verbergen (van der Ven 1994).

Auch das Christentum steht vor der historischen Herausforderung, sich mit dieser Situation direkt auseinandersetzen zu müssen. Die Versuchung, in religiösen und/oder kirchlichen ‚Platonismus' zu flüchten („Diese Situation betrifft uns nicht, wir machen genau so weiter, als ob niemals etwas geschehen wäre") ist groß (Valadier 1990, 97). Schließlich hat das Christentum für Jahrhunderte die Agenda des sozialen und kulturellen Systems in Europa bestimmt, mit dem Ergebnis, dass es jetzt schwierig für das System ist, seinen inneren Wahrheitsanspruch von dessen kontextuellen und institutionellen Interpretationen zu lösen. Die große Herausforderung für die christliche Tradition besteht darin, sich erneut in einen Kontext einzuordnen, in ein Umfeld von moralischer und existentieller Vielfalt und Indifferenz. Diese Ansicht von Tradition als einem Prozess von *re-sourcing* impliziert, dass Christen bereit sind, die innere reflektierende, affektive und dynamische Stärke ihrer Tradition vor dem Hintergrund sozialer und kultureller Entwicklungen zu überblicken und erneut zu erfahren. Sie werden diese Aufgabe besonders mit einer sich auseinandersetzenden Strategie erfüllen, die weiter geht als schicksalsgläubige Selbsterhaltung einerseits und halbherzig angepasstes Benehmen andererseits (Roebben 1997, 340-346). Die Hauptaufgabe der heutigen christlichen Schule ist es deshalb, ihr lehrendes und lebendes Potential in den Dienst der Suche nach Sinn für Kinder, Jugendliche und junge Erwachsene zu stellen.

3. Die multi-vokale Identität der spätmodernen Jugendlichen

Religiöse Sozialisation findet heute nicht länger innerhalb ein einziges religiösen Sprachspiels statt. Die Zeit ist vorbei, in der die ganze Lebenszeit des Erwachsenwerdens von *einer* religiösen Einstellung zur Realität gekennzeichnet war. Eine linear-chronologische Interpretation moralischer und religiöser Entwicklung (von einer univokalen Initiation als Sprungbrett für eine gleichermaßen univokale Position als Erwachsener) wird der heutigen Situation von Vielfalt und Individualisierung nicht gerecht. Kinder wachsen heute in einer Welt der Verschiedenheit auf. Folglich gerät ihre persönliche Identität häufig unter Druck: Sie müssen die verwundbare, sich entwickelnde Aufgabe der Selbstklärung im Kontext einer Gesellschaft und einer Kultur erfüllen, die sich selbst nicht im Klaren über ihre Entwicklungsperspektiven sind.

Ist diese Situation denn qualitativ so anders als früher? Stellt sich Identitätsentwicklung heute so anders dar? Zum Teil nicht: Früher haben Kinder ihre Identität an das Selbstbild angepasst, das sie von anderen empfangen haben (‚das generalisierte Andere'). Kinder von heute ziehen ebenfalls den Anders-Pol in den Selbst-Pol hinein, sie verweben die Geschichten, die ihnen von anderen erzählt und auf die sie zurückgeführt werden können, in ein Netz von Intertextualität. Wenn jemand Jugendliche fragt, wie sie denn so sind, verwandeln sie das Textmaterial von bedeutenden Anderen aus ihrer Umwelt in eine persönliche Textur und schließen daraus: „Genau so bin ich."

Eine pluralistisch strukturierte Umwelt ist viel verwirrender für Heranwachsende als eine Herkunft, die ordentlich und ohne Frage singulär ist. Einige Kinder verlieren sich in der Zersplitterung (der Anders-Pol übertrifft sie), andere haften stur an einer Perspektive (der Selbst-Pol nimmt alle Unterschiede auf). In der Entwicklungspsychologie redet man heute von einer „balancierenden Identität“ oder „multi-vokalen Identität“ (Streib 1994; Meijer 1995; Van der Ven 1998, 266-282; Sterkens, Hermans & Van der Ven 1999). Dies kann man folgendermaßen beschreiben: Ich versuche meine Ansicht zu bewahren, obwohl ich gleichzeitig die Stimmen der vielen bedeutenden Anderen anhöre, die auf mein Selbst abfärben. Ich versuche mir bewusst zu sein, woher ich komme und wie meine Lebensgeschichte bis jetzt ist (diachronisch multi-vokal), und versuche darüber Klarheit zu erhalten und mit den vielen Stimmen zu leben, die sich in meinem Innern, häufig widersprüchlich, im Augenblick abspielen (synchronisch multi-vokal). Die hermeneutische Aufgabe der Schule im Allgemeinen und die des Religionsunterrichts im Besonderen wird daher sozusagen intensiviert durch die Umstände, unter denen Bildung heute stattfindet. Kulturen und Religionen haben niemals in einem chemisch reinen Zustand existiert, aber heutzutage durchbricht das Gewicht der Pluralität genau die sicheren Identitätsgrenzen und zwingt die Jugendlichen und ihre Ausbilder zu höherer Reflexivität. Diejenigen, die wissen wollen, wo sie stehen, müssen bewusst in den vielen Stimmen aufgehen, die in ihrer Erzählidentität widerhallen.

Inter-religiöses Lernen ist deshalb aus dieser Perspektive heraus eine mögliche Art und Weise, intensiven Religionsunterricht zu betreiben. Es ersetzt den Religionsunterricht nicht, sondern vertieft seine substantielle hermeneutische Dynamik. Es findet in erster Linie nicht zwischen Repräsentanten ideologischer und religiöser Gruppen aus einer Außenperspektive statt, sondern eher in der Dynamik der Weltanschauung der Person selbst. Deshalb ist es besonders ein Thema des intra-religiösen Lernens. Wenn religiöse Sozialisation ausdrücklich nicht länger in einer linear-chronologischen Perspektive zur Diskussion steht, weil sie nicht länger funktioniert, dann ändert sich auch das Ziel des RU. Sein Ziel ist es dann, einen hermeneutischen Suchprozess in Kommunikation mit dem Anderen (siehe oben, das zweifache Ziel von RU) auszulösen, um Klarheit über die diachronischen und synchronischen Aspekte der eigenen Identität zu erlangen. Er passt an erster Stelle nicht zu expliziten religiösen Initiationsräumen, aber er zeigt das weite Feld religiöser Sinngebung oder ‚gelebter Religion‘ von Jugendlichen auf (Grözinger & Lott 1997). Jugendliche erfahren einen Überfluss an ideologischen Zutaten, es gibt keine Knappheit von Religion und Weltanschauung, stattdessen eher ein Überangebot. ‚Magenschmerzen‘ lauern um die Ecke, wenn der Lernprozess den Jugendlichen nicht hilft, diese Menge zu verdauen und sich selbst allmählich aber sicher mit einem Lebensentwurf zu verbinden, nicht länger in einer unverbindlichen und frei experimentellen Art, sondern wesentlich verbunden mit dem Wahrheitsanspruch dieses Entwurfs an sich. *Bricolage,* Stichprobenverfahren und Synkretismus sind einige der Merkmale dafür, wie Jugendliche die Pluralität aushalten.

Dies ist das charakteristische Umfeld des Religionsunterrichts, in dem ReligionslehrerInnen ihre Arbeit ausführen. Eine oft von diesen gehörte Klage ist jedoch, dass sie selbst nicht länger für Uniformität in ihrer eigenen Tradition einstehen (Sajak 2009). Man kann und sollte sich nicht wünschen, die Traditionskrise der Kirche und des christlichen Glaubens zu lösen, indem man im Religionsunterricht annimmt, dass das christliche Erbe eins und ungeteilt ist und deshalb an junge Suchende als solches weitergegeben werden kann. Der Diskurs über die Frage, ob Kinder zuerst ihren eigenen religiösen Futterplatz brauchen, bevor sie mit dem Inter-religiösen umgehen können, ist oft ideologisch gefärbt (Mokrosch 1999, 24-28; Schweitzer 1999; Dommel 2007). Was ist die zugrunde liegende Vorstellung von Glaubensverantwortung und von Bekenntnis zur Tradition? Ist es unzweifelhaft wahr, dass Kinder erst alles über eine Tradition wissen müssen, bevor sie echt verantwortlich für andere sein können? Macht uns die Krise der christlichen Glaubenstradition stattdessen nicht empfindlich für die Tatsache, dass eine sturmfreie Initiationszone nicht mehr existiert und dass ‚eine Welt von Differenzen' sogar in die am meisten geschlossenen Religionsgemeinschaften eindringt?

4. Drei Lernmodelle zur Behandlung religiöser Vielfalt in der Schule

Religionsunterricht sollte zu einem Verstehen und einer Wertschätzung der religiösen Unterschiede zwischen Menschen beitragen, abhängig von der Situation im Klassenzimmer oder derjenigen der Gesellschaft. Zu erfahren, was Religion impliziert und wie Religion das Leben der Menschen beeinflusst, sind zwei wichtige Ziele guten Religionsunterrichts. Religionsunterricht kann sich in dieser Hinsicht mit zwei negativen Entwicklungen beschäftigen, die eine friedliche Koexistenz von Menschen behindern: Ignoranz und Gleichgültigkeit. Hier ist der Ort, wo interreligiöses Lernen angesiedelt werden muss. Im weiteren Sinne des Wortes bezieht dieses sich auf die religiösen Einsichten, die Jugendliche gewinnen, wenn sie anderen begegnen. Im engeren Sinne bezieht es sich auf das Element der ‚Interpretation durch Kommunikation' (*learning from religion*), das auf das Element der ‚Information durch Dokumentation‘ (*learning about religion*) folgt. Inter-religiöses Lernen möchte den Schüler einfühlsam gegenüber der einzigartigen Natur einer religiösen Position machen und, in (Nicht-)Übereinstimmung mit anderen, ihn einladen, sich selbst innerhalb dieses Gebietes anzusiedeln. Traditionell werden drei Modelle im Lernkonflikt zwischen Partikularität und Pluralität vorgeschlagen: das mono-, das multi- und das inter-religiöse Modell (Grimmitt 1987; van der Ven & Ziebertz 1994). Darüber hinaus gibt es drei Fragen, die helfen, diese Modelle kritisch einzuschätzen: Auf welche Art werden sie der Besonderheit einer eigenen Tradition gerecht? Wie behandeln sie die Phänomene religiöser Pluralität? Und wie positionieren sie sich selbst im Konflikt zwischen diesen beiden? (Sterkens, Hermans & Van der Ven 1999, 163-165).

Das mono-religiöse Modell (‚Lernen in Religion‘) zielt auf die bewusste Vertiefung Jugendlicher in die Dynamik einer besonderen Tradition und macht sie zu voll entwickelten Teilnehmern dieser Tradition. Es gibt eine mögliche exklusive Variante dieses Modells, die andere Lebensanschauungen radikal ausschließt, während eine inklusive Variante existiert, die einen Heilsoptimismus annimmt und davon ausgeht, dass Erlösung – vielleicht in Fragmenten, niemals *in extenso* – auch in anderen Traditionen gefunden werden kann. Bei der Evaluierung dieses Modells kann man kritisch anmerken, dass das hier zugrunde liegende Konzept von Tradition extrem statisch ist. Sogar in der am meisten geschlossenen Gemeinschaft entstehen Krisen auf die Art, wie sich Menschen selbst begreifen. Die Einzigartigkeit des anderen wird nicht erkannt, und es gibt eine starke Korrelation dieser Haltung mit Formen von Ethnozentrismus. Außerdem sind die Menschen blind gegenüber der möglichen Spannung zwischen dem, was vertraut ist, und dem, was fremd ist.

Das zweite Modell ist das multi-religiöse Modell (‚Lernen über Religion‘). Hier geht man davon aus, dass Jugendliche in verschiedene religiöse Traditionen und Weltanschauungen simultan oder sukzessiv eingeführt werden können, seitdem sie keine spezifische Affinität mit der einen oder anderen Tradition haben und sich daher selbst entscheiden können, schlicht und einfach auf der Basis von Informationen. ‚Religionskunde‘ in Deutschland, ‘multi-faith education’ in England und ‘geestelijke stromingen’ in der Grundschule in den Niederlanden haben sich aus diesem Modell in den letzten Dekaden entwickelt. Die Bewertung dieses Modells stellt sich wie folgt dar:Es führt zu Gleichgültigkeit, und es wird kein gewissenhaftes Bekenntnis zwischen dem Kind und der Tradition angeregt. Wenn alles dasselbe ist, wenn nichts irgendeinen Unterschied macht, dann gibt es absolut keinen Grund dafür, sich bewusst zu engagieren und sich selbst gründlich für eine bestimmte Perspektive zu interessieren. Ebenso wird die Vielgestaltigkeit religiöser Erfahrungen nicht völlig ernst genommen: SchülerInnen übernehmen sie sozusagen in religiös unpersönlicher Einstellung und betrachten die religiösen Phänomene aus der Perspektive eines Beobachters. Eskapismus tritt an die Stelle der Suche nach Wahrheit. Dieses Modell läuft Gefahr, ideologisch missbraucht zu werden. In einer unverbindlichen Präsentation verschiedener Religionen und Lebensanschauungen droht die Idee, dass es keine Rolle spielt, ob man engagiert ist oder nicht, überall widerzuhallen. Diese Art des Unterrichts spricht gegen sich selbst: Er informiert nicht, sondern deformiert. Er macht Jugendliche zu einer Art religiöser Touristen, die sich selbst den anekdotischen, exotischen, abenteuerlichen und ‚kickerzeugenden' Fassaden von Religionen unterziehen. Unterschiede zwischen den Traditionen werden geglättet und entpolitisiert, ihr Potential als Momente des Lernens auf dem Weg zu einer bewussteren Menschlichkeit geht dann verloren (für die ‚Depolitisierung der Differenzen' siehe Giroux 1993).

Als Letztes erfasst das inter-religiöse Modell (‚Lernen von Religion') thematisch die Tiefe der Fragen des Lebens, auf die religiöse Traditionen und Weltanschauungen parallel und/oder unterschiedlich antworten. Die Einstellung einer Religion oder Weltanschauung kann in vier Formen analysiert und kommuniziert werden: als Lehre, Moral, Gemeinschaft und Ritual. Auf diesen vier Ebenen kann die innerlich-argumentative Stärke der Interpellationen von Religionen und Weltanschauungen im eigenen Leben untersucht und getestet werden sowie Gesprächspartnerinnen und -partnern zur Untersuchung und zum Austesten in einem andauernden Spiel perspektivischen Austausches vorgelegt werden. Echter Pluralismus geht von einer Vielzahl von Glaubensperspektiven aus, die auch von konkreten Menschen wirksam unterstützt werden. Glaubensrichtungen werden dann nicht auf einen Haufen gefegt, als ‚alles dasselbe', sondern vertreten die Vision verschiedener Gesprächs-partnerInnen in der Begegnung. Was die Evaluation dieses Modells be-trifft: Ein innewohnendes Bekenntnis zur eigenen Tradition, wie gering es auch ist, wird von den einzelnen SchülerInnen erwartet, sodass sie vorbereitet sind, darüber zu lernen, es der Gruppe vorzustellen und so in einen perspektivischen Austausch zu treten. Es gibt sehr viel Offenheit für anderen Glauben, aber die Frage bleibt, ob eine echte Annäherung im religiösen Bereich möglich ist und, ob das spätmoderne multi-vokale Selbst (siehe oben) imstande ist, diese Vielfalt auszuhalten, ob es genug sozial beweglich sein wird und nicht in Indifferenz einerseits oder in Fundamentalismus anderseits kollabiert.

Bei der Evaluation dieses Modells läßt sich behaupten, dass Religionsunterricht hier hauptsächlich auf dem Grundsatz ‚bloß niemandem zu schaden' basiert: Ich biete anderen die volle Gelegenheit, sich zu entfalten, ich verhalte mich immer *politically correct*, solange diese anderen mir nicht bei der persönlichen Selbstdarstellung im Weg stehen. Alle dürfen ihrer eigenen Religion und ihrem persönlichen Lebensstil huldigen, solange sie den meinigen nicht angreifen oder mich unter Druck setzen. Unser Religionsunterricht sei viel zu verweichlicht, argumentiert der englische Sozialwissenschaftler und Menschenrechtsforscher Liam Gearon: "Curricula based on high-minded principles of tolerance, understanding and empathy, also need something of a more hard-edged engagement for times when there are clashes between supposedly universal values such as human rights and culturally particular religious beliefs and/or moral values" (Gearon 2006, 75). Konfliktbewältigung in der Begegnung mit der Unterschiedlichkeit und (darüber hinaus) mit der Alterität oder mit dem Anderssein des anderen sollte deswegen auch in der Schule explizit eingeübt werden (Ter Avest 2009a). Die aktuelle und spontane multikulturelle Empfindsamkeit von Jugendlichen, die sich in weltweiten Musikfestivals, im internationalen Austausch, in der Root-Musik und der Folk-Musik sowie der Folk-Kultur usw. ausdrückt, deutet jedoch in die Richtung einer positiven Entwicklung. Viele Jugendliche scheinen eine Vielstimmigkeit in ihrem eigenen Leben zu erkennen und sie als spontane Vitalität zu integrieren und zu zelebrieren.

5. Von multi-religiösem Lernen zu inter-religiösem Lernen

Weil Religionsunterricht nicht länger in einer sturmfreien Zone stattfindet und Interaktionen mit der Außenwelt den Lebensentwurf junger Erwachsener durchqueren, hat das inter-religiöse Modell, meiner Meinung nach, die besten Erfolgschancen. Dieses Modell erwartet jedoch eine gründliche Kenntnis der religiösen Herkunft der MitschülerInnen im Klassenzimmer, sodass Vorurteile keine Gelegenheit haben zu entstehen und sich Respekt für andere Meinungen entwickeln kann, in Hinsicht auf die Formulierung einer eigenen Position. Das inter-religiöse Modell schließt das multi-religiöse Modell daher nicht aus, sondern eher ein. Das Beobachten von Religion als einem gesellschaftlichen Phänomen („Was macht Religion mit Menschen und was machen Menschen mit Religion?“) (*Lernen über Religion*), bietet SchülerInnen die Gelegenheit, die Fragen des Lebens zu beurteilen, zu denen religiöse Menschen im Laufe der Zeit und in der Breite der Gesellschaft Antworten gegeben haben (*Lernen von Religion*). Das kann zu einem besseren Verstehen der eigenen Weltanschauung beitragen und helfen, die eigene vielstimmige Identität zu klären. Multi-religiöses Lernen und inter-religiöses Lernen setzen sich einander voraus und ergänzen einander.

Diese dialektischen zwei Formen des inter-religiösen Lernens können in der täglichen Praxis im Klassenzimmer vorkommen. Einige SchülerInnen sind von ihren religiösen Werten stark überzeugt und ihr Verhalten betont die Notwendigkeit von Information. Andere sind sehr schüchtern und unsicher, was ihre religiöse Position betrifft, und benötigen mehr vom Element der Interpretation innerhalb des didaktischen Prozesses. Beide Formen können im Klassenzimmer vorkommen. Karl-Ernst Nipkow (1994) nennt diese Formen die ‚harte‘ und die ‚weiche‘ Form des Lernens in Pluralität. Die harte Form lädt Jugendliche ein, ihre religiöse Herkunft im Gespräch umzubenennen, zu dokumentieren und zu klären. Sie werden zum Beispiel gebeten darüber nachzudenken, welche Auswirkung ihre Taufe auf sie hat (oder hatte), indem sie ihre Eltern und/oder Großeltern hierzu befragen. Man nimmt an, dass diejenigen, die eine zurückverfolgbare religiöse Geschichte und Herkunft haben, auch in der Lage sein müssen, sich auf sie zu beziehen und Antwort geben können auf Fragen wie: „Bedeutet es dir etwas oder ist es dir gleichgültig? Weißt du, worüber du sprichst, wenn du sagst, dass du nichts mit Religion zu tun hast, obwohl du getauft bist?“ In diesem Dokumentationsprozess tragen die jungen Erwachsenen ihre religiöse Herkunft zusammen, sie werden nach Ähnlichkeiten und Unterschieden suchen, und lernen, die Schätze ihrer religiösen Herkunft zu verstehen und anderen gegenüber zum Ausdruck zu bringen. Für viele ist diese Herkunft auf ihrer Suche von keiner Bedeutung, trotzdem kann sie aber auch nicht geleugnet werden. Für diejenigen, die religiös überzeugt sind, ist es oft ein geschlossenes Kapitel. Es liegt an ihnen, das Buch wieder zu öffnen und zu lernen, zu vermitteln, was in ihm erzählt wird.

Die zweite, weiche Form des inter-religiösen Lernens hat mehr mit der vielstimmigen Identität junger Erwachsener zu tun. Schließlich weiß eine Menge Jugendlicher nicht, aus welcher Art von religiösem Nest sie kommen. Es ist daher sinnlos, auf die (angenommenen) Grundbegriffe einer expliziten religiösen Initiation einzugehen. Diese Form entscheidet sich für eine weite Perspektive auf Religionen und Weltanschauungen, von der aus sie nach Verbindungen sucht und junge Erwachsene einlädt, sich selbst zu positionieren. Die Annahme ist hierbei, dass es äußerst sichere religiöse Bindungen gibt, diese aber oft nicht in Worten und Vorstellungen ausgedrückt werden. Die Klarstellung ist im Wesentlichen eine kommunikative Aufgabe. Es geht darum, junge Erwachsene zu lehren, gute Fragen über ihre Existenz zu stellen und ihnen divergierende Gedanken zu vermitteln, das bedeutet, ihre eigene Perspektive in Klammern zu setzen und deren Relativität durch Gespräche mit anderen akzeptieren zu lernen (Rickers 1998, 135-137; Van der Ven 1998, 266-282). Laut dem englischen Religionspädagogen Robert Jackson wird dies zur *edification* der Person führen: "Through the challenge of 'unpacking' another worldview one can, in a sense, become a new person" (Jackson 1997, 130-131).

6. Ein inter-religiöser Lernprozess mit offenen Fragen

Religion ist verletzlich, weil sie uralte Fragen mit sich bringt. Jugendliche, die über Religion diskutieren, werden diese Verletzlichkeit vergrößern. Das Schulfach kann mit solchen Erfahrungen zurechtkommen, aber es kann das Entstehen hermeneutischer Konflikte nicht verhindern, die den geplanten Lernprozess zu einem Stillstand bringen könnten. In Situationen, in denen Auslegungsunterschiede das Fortkommen behindern, kann Religionsunterricht nicht durch eine didaktische Vorgehensweise zufriedenstellen, bei der SchülerInnen nur mit Informationen ausgestattet werden und die Jugendliche in einer äußerst braven Art und Weise einfach freundlich miteinander kommunizieren lässt. Meiner Meinung nach muss der Lernprozess während dieser Momente vielmehr vertieft werden. In vielen Fällen wird das auch von alleine passieren. Wenn die Themen des Lebens berührt werden, kann niemand gleichgültig bleiben. Die Überzeugten werden ihren starken Glauben zeigen, die Zweifelnden werden zögern, und die Gleichgültigen werden sich unter den Forderungen der anderen zurückziehen. Einige Jugendliche haben eine starke Meinung über ihre religiöse Perspektive gewissen Themen gegenüber von zu Hause erhalten (harte Form). Andere haben das Bedürfnis, sich auf sich selbst zu verlassen und sind chaotischen und unklaren Dispositionen ausgesetzt (weiche Form). Natürlich verlangt dies eine Führung von hoher Qualität. Die Lehrperson sollte Widersprüchen nicht aus dem Wege gehen. Sie harmonisiert den Lernprozess nicht, ist aber kompetent, den SchülerInnen die Komplexität zu erklären und wieder auf die Situation zurückzukommen. Das Harmoniebedürfnis, welches es in jedem

Lernprozess gibt, darf nicht unbedingt zu Harmoniesucht führen (Jäggle 2006, 41). Die Lehrkraft muss die Frage der Wahrheit zur Sprache bringen, indem sie gegensätzliche Ansprüche auf Wahrheit zu beschreiben und einzuschätzen hilft: „Aufgrund welcher Wertvorstellungen geben Menschen oder Institutionen diese besondere religiöse Antwort auf eine Frage des Lebens? Was macht sie mit ihnen? Und was machen sie ihrerseits mit der Antwort? Kann man die Leidenschaft und Begeisterung religiöser Menschen verstehen und versteht man, warum sie genau diese besonderen Antworten geben? Kommen die Antworten wirklich von ihnen, oder sind sie durch eine Institution installiert worden? Tragen diese Antworten dazu bei, ein besserer Mensch zu werden, oder entmenschlichen sie Menschen stattdessen?“ Im Folgenden möchte ich auf drei Aspekte hinweisen, die veranschaulichen, dass inter-religiöses Lernen unter bestimmten Umständen nicht evident ist und ich möchte aufzeigen, wie es aus der Perspektive eines Schülers oder einer Schülerin gesehen wird.

6.1. Ein erstes Problem betrifft die Beobachtung, dass das Klassenzimmer nicht “*safe for diversity*” (Lickona 1991, 276-278) ist. SchülerInnen könnten sich bedroht, missachtet und sogar in ihrer religiösen Position ignoriert fühlen. Wenn es kein Vertrauen zum Austausch von Erfahrungen gibt, besonders, wenn es um den verletzlichen Bereich der Religion geht, dann ist inter-religiöses Lernen überhaupt ausgeschlossen. Auf einer tieferen Ebene liegt die Frage, wie mit Ansprüchen auf Wahrheit umzugehen ist. Wie weit kann man im Namen der Toleranz und unter Beachtung der Fortführung eines menschlichen Gesprächs gehen, bevor man eine intolerante Position kritisieren und eliminieren sollte?

6.2. Ein zweites Problem betrifft die individuelle Entwicklung der SchülerInnen. Inter-religiöse Kommunikation in der Klasse setzt natürlich ein fortgeschrittenes Stadium der Persönlichkeit voraus: Nur diejenigen, die in der Lage und gewillt sind, ihre eigene Position zu repräsentieren, können sich am Dialog vollständig beteiligen. Das bedeutet nicht, dass alle SchülerInnen TheologInnen im Taschenformat zu sein brauchen. Ferner bedeutet es auch nicht, dass sie in der Lage sein sollten, einen ordentlichen und vollständig geplanten Lebensentwurf zu präsentieren. Es setzt jedoch voraus, dass sie gewillt sein sollten, über ihre eigenen Weltanschauungen und ihre religiöse Biographie nachzudenken, sowohl in einer synchronischen als auch in einer diachronischen Perspektive. Oder in Kohlbergs Begriffen, dass sie fähig und willens sind, sich von einem konventionellen Standpunkt – durch Klärung – zu einer postkonventionellen Meinung hin zu entwickeln. Von einem Alter ab sechzehn Jahren an wird sich dieser Ansatz auszahlen. Das bedeutet jedoch nicht, dass Kinder und Jugendliche nicht für die Vielfalt, die sie in ihrer eigenen Lebensspanne umgibt, sensibilisiert werden können. Die äußerst wichtige Frage, die bis zum heutigen Tage noch nicht effektiv beantwortet wurde, ist die Frage, ob es einen deutlichen Übergang von der Monophonie zur Polyphonie gibt. Oder anders ausgedrückt: Wie viele unterschiedliche Stimmen kann ein Kind ertragen, bevor es in einem chaotischen Labyrinth landet?

6.3. Und zuletzt geht es um das Thema, dass sich junge Erwachsene zu unsicher und zu sehr ‚sozial unbeweglich' fühlen könnten, um sich auf ein Gespräch mit anderen einzustellen. "How far can I walk in the mocassins of the other?", fragt Hans-Günter Heimbrock sich selbst (zitiert in Streib 2001, 140). Immerhin könnten bestimmte Grundbegriffe unzugänglich und radikal verschieden sein, weil sie aus völlig unterschiedlichen religiösen Traditionen stammen und deshalb nicht ausgedrückt werden können. Außerdem kann man mit der inneren Fehlbarkeit der eigenen religiösen Überzeugung konfrontiert werden, wenn man der wahren Geschichte eines anderen zuhört. Bestimmte Grundbegriffe der eigenen Überzeugung könnten im Prinzip inkompatibel mit denen anderer Traditionen sein (zum Beispiel Auferstehung im Gegensatz zu Wiedergeburt). Man könnte ebenso in die Hände eines ‚heiligen Neides' *(holy envy)* geraten, einer Art religiöser Eifersucht, "experiencing something so profound one wishes that his or her own faith community also had or practiced it" (Boys 2000, 276; Lubarsky 1996). Man könnte sich ganz verfangen, nicht nur innerhalb eines Gespräches, sondern auch im eigenen Inneren selbst.

Es liegt genau im und durch das Umgestalten dieser hermeneutischen Konflikte in einen erfolgreichen Lernprozess begründet, dass LehrerInnen die Frage nach der Erzählidentität junger Erwachsener stellen könnten. „Woher kommst du (Herkunft) und wohin gehst du (Zukunft)? Was kannst du wissen und worauf könntest du hoffen?" Drei mögliche Reaktionen könnten innerhalb der Praxis des Klassenzimmers umrissen werden, die die eher ‚profunde' Form des inter-religiösen Lernens betreffen: eine realistische, eine optimistische und eine fatalistische Reaktion.

Was die erste Reaktion betrifft: Untersuchungen in den Niederlanden beweisen, dass die meisten jungen Erwachsenen im Alter von sechzehn bis achtzehn Jahren eine Vorliebe für multi-religiösen und nicht für inter-religiösen Unterricht haben (Roebben & Van der Tuin 2004). Sie schätzen Vielfalt als hohes Gut ein und möchten für ihre eigene persönliche Bereicherung etwas über andere Meinungen erfahren. Gleichzeitig sind sie jedoch nicht gewillt, ihren eigenen Standpunkt zu revidieren. Es ist Toleranz gegeben, solange alle unverletzt bleiben (zum Beispiel durch willkürliche und sinnlose Gewalt). Jeder und jede hat eine eigene Wahrheit, man hat das nicht zu bezweifeln, weder im negativen noch im positiven Sinn, so die Kommentare niederländischer Jugendliche. Siebren Miedema betrachtet diese ‚tolerante' Vorgehensweise des *learning about religion* als eine notwendige, aber nicht ausreichende Bedingung für besseres und beiderseitiges Verständnis von Jugendlichen in der Schule. SchülerInnen haben auch das Recht auf eine offene, persönliche Reflexion und Resonanz – *learning from religion* – eine Vorgehensweise, die offen ist und SchülerInnen nicht dahin leitet, zu einer vorabbestimmten Schlussfolgerung kommen zu müssen (Miedema 2007, 281). Hans-Georg Ziebertz kommt in Deutschland zu ähnlichen Ergebnissen (2005; siehe auch Riegel & Ziebertz 2007). Er meint übrigens auch, dass Religionsunterricht mehr sein sollte, als ein bloßer Informationstransfer: "One should not only be acquainted with the different religions, but also allow oneself to be affected by their messages. This is inherent in religion as religion" (Ziebertz 2005, 219).

Das bringt mich zur zweiten Reaktion: Junge Erwachsene sollten sich selbst nicht nur für die Schlussfolgerungen interessieren, die in der Vielfalt religiöser Meinungen gefunden werden können, das tun sie eigentlich schon. Dies ist die optimistische Sicht. Die Tatsache, dass junge Erwachsene in einer Sphäre der Polyphonie erzogen werden, muss kein Problem sein. Es könnte wahrscheinlich und überwiegend eher ein Problem für LehrerInnen sein, die selbst in einer Zeit eines linear-chronologischen Unterrichts aufgewachsen sind und die deshalb annehmen, dass man sich zuerst irgendwo ‚zu Hause' fühlen muss, bevor man sich selbst in ein Gespräch ‚draußen' vertiefen kann. Die meisten jungen Erwachsenen scheinen jedoch Polyphonie zu erkennen, zu integrieren und zu zelebrieren, als eine Art von spontaner Begeisterung in ihrem Leben. Was das betrifft, weisen einige AutorInnen darauf hin, dass eine unvoreingenommene Präsentation religiöser Positionen an der Universität in einem Fach wie Religionswissenschaft natürlich auf Fragen hinausläuft, die individuelle Sinngebung involvieren (Bowman 2006; Simmons 2006). Heutzutage werden junge Menschen von religiösen Traditionen leicht angesprochen, gerade weil es nichts zu verlieren oder zu gewinnen gibt. Ihr persönliches Wachstum ist überhaupt nicht durch Unklarheit über religiöse

Vielfalt belastet: Sie genießen spirituelle Praktiken im Überfluss. Außerdem ist die Außenseiterperspektive in der ‚Religionswissenschaft' (oder dem multi-religiösen Modell im weiterführenden Unterricht) in den Augen junger Erwachsener nicht mehr aktuell. Sie existiert vielleicht nur in der Vorstellung von LehrerInnen, die dadurch rebellieren wollen, oder sich selbst aus einer Insiderperspektive der traditionellen Theologie wahrnehmen.

Als Letztes besteht eine dritte Reaktion aus, wie ich es nennen würde, Fatalismus: ein Hilferuf, um einen Weg aus der hermeneutischen, in diesem Fall einer inter-religiösen, Kreuzung zu finden. Junge Erwachsene werden dann aufschreien: „Es ist alles gut mit mir, das ist die Art, wie religiöse Menschen auf die profunden Fragen des Lebens antworten. Aber was bedeutet es für Sie, Herr Lehrer/Frau Lehrerin? Wie fanden Sie sich mit diesen Fragen ab, wie mühten Sie sich mit Ihrer Tradition in dieser Angelegenheit ab?" Sie möchten lernen, was ein Mensch aus Fleisch und Blut, jemand, der zudem mit Autorität spricht, über diese oder jene Sache zu sagen hat. In diesem Moment heben sie den hermeneutischen Lernprozess auf eine andere Ebene, und zwar auf die von zuverlässiger und vernünftiger Aussage. Dann verlangen sie (beinahe wie in einem Verzweiflungsakt, weil der Unterricht sie manchmal wirklich ausgehungert zurücklässt) die Unterscheidung eines abweichenden Standpunktes, das Anderssein innerhalb der Perspektive des Anderen, einen Menschen, der in seiner Eigentümlichkeit mit den Entscheidungen, die er getroffen hat, lebt. Der Standpunkt des Anderen bleibt fremd, aber es gibt Nahrung zum Nachdenken, es kann Menschen aufrütteln, aus ihrer religiösen Selbstgefälligkeit aufzuwachen. Ich denke, dass dieser Fatalismus einerseits, gepaart mit der neuen Empfänglichkeit für spirituelle Formen des Lebens andererseits, Möglichkeiten für Religionsunterricht schafft, besonders in einem multikulturellen und multi-religiösem Umfeld. Benötigt werden LehrerInnen, die pädagogisch und theologisch gewillt sind, den narthikalen Lernraum für die Auswahl an religiösen Traditionen und Gemeinschaften im Leben junger Erwachsener zu öffnen, und die willens sind, sie einzuladen, ihre religiösen Erfahrungen zu beurteilen und zu erforschen. Durch Modelllernen und soziales Lernen werden die Jugendlichen eingeladen, an einer Atmosphäre teilzunehmen und eine solche zu erschaffen, in der die aktuellen Unterschiede und die Fremdheit in ein utopisches Anderssein und Neusein aufgebrochen werden können. Der niederländische Religionspädagoge Cok Bakker ist optimistisch: Er meint, dass ReligionslehrerInnen als *reflective practitioners* über praktische Vernunft verfügen und Probleme der religiösen Diversität kompetent lösen können, genauso wie viele andere Diversitätsfragen in ihren Klassenräumen (Bakker 2007).

7. Inter-spirituelles Lernen als Lernen in der Gegenwart des religiös Anderen

„Was kann ich von dir lernen, wenn wir nicht verschieden voneinander sein dürfen? Wozu würde ich überhaupt lernen, wenn es keinen Unterschied macht, woher du kommst, wer du bist und wofür du stehst?" Lernknotenpunkte haben dort ihren Ursprung, wo Interpretationsunterschiede auftreten. „Du bist anders als ich, die Art, wie du dich verhältst, ist mir fremd, aber ich möchte dich kennenlernen, du machst mich neugierig. Hierfür stehe ich und wofür stehst du?" Diese Fragen können den Lernprozess der religiösen Unterschiedlichkeit oder Differenz in der Klasse eröffnen (das ist multi-religiöses und inter-religiöses Lernen) und ihn zu einem ‚Lernen durch Begegnung' formen. Informationstransfer und das Ermöglichen von Interpretation durch Kommunikation werden nicht die einzigen Ziele sein, man muss ebenso die Authentizität des Menschen herausfordern und seine Seele berühren. Dann ergibt es sich, dass Menschen in das unfassbare Geheimnis ihrer Einzigartigkeit, Immanenz und Transzendenz als Mitglied der Menschheit eingeführt werden. Bei diesem Gedankenaustausch erfährt jeder die Initiation in religiöse Erfahrungen und in das Geheimnis, auf das sich diese Erfahrungen beziehen. Es ist offensichtlich, dass dieses Lernen durch Begegnung aufgrund von Differenzen dem ‚Lernen in Indifferenz' diametral gegenübersteht. Letzteres liegt nicht nur vor, wenn Unterschiedlichkeiten keine Chance eingeräumt wird, sondern auch, wenn Differenzen weggewischt werden. SchülerInnen werden dann aussteigen, weil es für sie nichts mehr zu lernen gibt: Es gibt keine Stimulation durch eine Verschiedenheit von Perspektiven und keine Berührung der Seele durch die radikale Alterität oder Anderssein des Anderen.

Diesen Typ des neuen Lernens kann man ‚Lernen durch Begegnung' nennen, oder mit der brillanten Bezeichnung der amerikanischen Religionspädagogin Mary C. Boys: „Lernen in der Gegenwart des Anderen" (*learning in the presence of the other*, vgl. Boys 1997b, 6-60; *2008*). In diesem Dialog – man könnte ihn als inter-spirituell bezeichnen – geht es nicht darum, das letzte Wort in Bezug auf doktrinäre oder disziplinäre Fragen zu haben, er bezieht vielmehr ein Anteilnehmen an spirituellen Erfahrungen, die eventuell außerhalb der unterschiedlichen Positionen liegen, ein. Konkret könnte man religiöse Basistexte austauschen und so mit-, von- und aneinander inter-spirituell lernen – in der Gegenwart des religiös Anderen: „Zu einem dialogischen Umgang mit den Grundlagentexte der Religionen gehört danach, sich darin zu üben, mit den jeweils andern in ihren heiligen Schriften zu lesen, sie so weit wie möglich in ihrem Selbstverständnis und im Interpretationsraum der jeweiligen Religionstradition wahrzunehmen, dies in Relation zur eigenen Glaubensüberzeugung zu reflektieren und daraus für ein erneuertes wechselseitiges Verstehen, spirituelle Vertiefung und gemeinsames Handeln Gewinn zu ziehen“ (Lähnemann 2007, 73).

Ich bin überzeugt, dass, wenn man den Eifer, die Gelassenheit und die Interaktivität der spirituellen Suche heutiger Jugendlicher betrachtet, dieses inter-spirituelle Modell sehr gut in der Klasse umgesetzt und praktiziert werden kann. „Es geht darum, ein inneres religiöses Gespräch mit sich selbst zu führen, eine Begegnung in der Tiefe der eigenen Religiosität, nachdem ich eine andere Person auf derselben intimen Ebene getroffen habe“, so argumentiert der indische Theologe Raimon Pannikar (1978, 40; Übersetzung BR). Ist das ein zu hohes Ziel in der Klasse? Vielleicht. Aber es ist eine Herausforderung und ein lohnendes Ziel für die Zukunft. Denn wenn man junge Erwachsene in den Bereich der Seele führt, sind die Anforderungen an den Klassenunterricht hoch, der Wunsch nach Information groß, und das Verlangen nach Kommunikation mit Gleichaltrigen grenzenlos. Vielleicht wird der bemerkenswerteste Aspekt des Prozesses die zugrunde liegende Frage der Jugendlichen nach Hoffnung und Zukunft sein: „Ist da eine Perspektive möglich, die Menschen weltweit verbindet und vereint, die über die Menschheit hinausgeht, und die gleichzeitig den Menschen hilft, beides zu respektieren und zu kultivieren, seine Individualität genauso wie seine Verbundenheit mit Anderen?“

Die kritische Begegnung mit dem Anderen ermutigt mich, mich selber gründlicher zu betrachten. Inter-religiöses Lernen ist keine jugendliche oder schulähnliche Version eines ‚harten‘ inter-religiösen Dialogs, sondern ein religiöser Lernprozess, in dem religiöse Vielfalt (in Klassengruppen, aber auch in der Person selbst) ernst genommen wird. Diese kritische Begegnung verstärkt die Fähigkeit, tiefer in das eigene sinngebende System zu blicken und die existentielle Unverwüstlichkeit, die es bietet, weiter zu erforschen. Durch die inter-kulturelle und inter-religiöse Begegnung bin ich herausgefordert, mich selbst *neu zu definieren* und *neu zu ‚dignifieren‘ (also würdigen)*, mich selbst besser zu kennen und mich selbst mehr zu respektieren, als eine menschliche Person mit einer unangreifbaren Würde (siehe Schema unten). Die Ansicht einer anderen Person über eine bestimmte religiöse Frage kann nur einen Denkanstoß geben und inspirieren, wenn ich mich selbst für die Frage engagiere und beginne, eine Antwort darauf zu finden. Das ist der Ausgangspunkt, irgendwo muss man beginnen. Keiner kann gleichzeitig alle Perspektiven erkennen und ehren. Ohne diesen wertvollen Charakter einer eigenen spirituellen Anschauung (in Beziehung zu einer wachsenden Einsicht in die eigene religiöse Herkunft), ist es für einen sogar unmöglich, mit anderen ins Gespräch zu kommen. Es würde sogar die Anstrengung nicht wert sein, denn es würde nichts Neues dabei herauskommen. Deshalb hängen in diesem Ansatz die multi- und die inter-Dimensionen mit der intra-Dimension zusammen. Begegnung impliziert Unterschiedlichkeit oder Differenz. Ohne Unterschiedlichkeit kann es keine Begegnung geben (Jäggle 2006, 33; Jäggle 2009, 274; vgl. Schweitzer 1999b und Mette 2001). Deshalb könnte man argumentieren, dass die intra-religiöse Dimension in den Ansatz inter-religiösen Lernens neu einbezogen ist (Halsall & Roebben 2006; Roebben 2007a, 156-160). Auf English bezeichne ich es als "learning *in/through* religion" (Roebben 2009b, 148).

Ich stelle meine Position dabei noch einmal kondensiert da: Religion und Weltanschauung sind in der Gesellschaft auf diffuse und zerstückelte Art und Weise gegeben. Aufgrund des Bildungsauftrags der Schule verlangen sie nach einer klaren und systematischen Herangehensweise im Rahmen des Religionsunterrichts. Alle Kinder und Jugendliche haben ein Recht auf diesen Lernprozess. Dazu müssen Informationen bereitgestellt, sozusagen *repräsentiert* werden, durch sinnvoll ausgewählte Lehrmaterialien von konkreten, religiösen Menschen und ihren Lebensräumen – faktisch oder virtuell anwesend, und nicht zuletzt von der Lehrkraft. Sie formen einen konkreten Zugang zu einem partikulär (nicht-)religiösen Standpunkt. Durch ihr Zeugnis – ihren gelebten Glauben – *präsentieren* solche Menschen ihren eigenen intentionalen Umgang mit ihrem Standpunkt – den gelernten Glauben. Kinder und Jugendliche bekommen die Chance, sich dabei Fragen zu stellen und nachzuspüren, wie diese Beispiele und Modelle ihrem eigenen Lebensprojekt Orientierung geben können. Sie lernen die Vielfalt von Perspektiven zu bestimmten Lebensfragen kennen, die jeder Mensch sich stellt. Die Konfrontation mit diesen Perspektiven frischt die Bereitschaft, auch selbstständig Fragen zu stellen, auf: „Was ist es, das diese religiösen Menschen (hier faktisch anwesend oder repräsentiert in Texten und Bildern) begeistert? Was haben sie gesehen, was ich bis heute noch nie gesehen habe?“ Es passiert mitten in diesem kreativen Bildungsprozess, in den verlangsamenden Fragen nach der menschlichen Existenz, dass eine Vielfalt von glaubwürdigen nicht-religiösen und religiösen Positionen angeführt und ausdifferenziert wird, sodass Jugendliche sich herausgefordert fühlen, sich selbst und die eigene Herkunft erneut zu erkunden und sich selbst und die eigene Zukunft erneut ernst zu nehmen. Von ihnen wird langsam aber sicher eine *Präsenz* erwartet, eine ‚Gegenwärtigkeit des Geistes', ein eigener Standpunkt in einem weiten Umfeld von gelebten Überzeugungen. Schematisch lässt sich solches ‚inter-spirituelles Lernen als Lernen in der Gegenwart des religiös Anderen' in dieser Art und Weise zusammenfassen:

Learning *about* religion Lernen *über* Religion	Learning *from* religion Lernen *von* Religion	Learning *in/through* religion Lernen *in/durch* Religion
Repräsentation *Multi*-religiöses Lernen	**Präsentation** *Inter*-religiöses Lernen	**Präsenz** *Intra*-religiöses Lernen
Kennen des Anderen	Respektieren des Anderen	Mich selbst (aufs Neue) kennen und respektieren
Information durch Dokumentation	Interpretation durch Kommunikation	Konfrontation durch Begegnung
Heuristische Kompetenz	Soziale Kompetenz	Existentielle Kompetenz
LehrerIn informiert als Experte bzw. Expertin	LehrerIn interpretiert als ModeratorIn	LehrerIn konfrontiert als Zeuge bzw. Zeugin
Unterschiedlichkeit (différence)		Anderssein (altérité)

8. Bescheidenheit und Standfestigkeit

Eine zu glatte Sicht der Toleranz (einschließlich der Verwahrlosung des eigenen Standpunktes) führt dazu, dass Indifferenz oder Gleichgültigkeit auf Dauer die Oberhand gewinnen. Man gerät dann nicht mehr in Bewegung durch den Standpunkt des Anderen, um seine eigene Weltanschauung und sein eigenes Lebensprojekt umzugestalten, denn wenn ich mir selber nichts zu sagen habe, kann auch kein Anderer an mich appellieren. So geschieht es, dass der Andere zu einer Kopie von mir selber reduziert wird: Sympathie maskiert dann subtile Gleichgültigkeit und Verrat (Duffy 1995-1996). Im interreligiösen Lernen könnte dies bedeuten, dass der ursprüngliche Dialog zu einer ‚Nacht, in der alle Katzen schwarz sind' verkommt, in der konstitutive Unterschiede einer unbestimmten religiösen Gemeinschaftlichkeit geopfert werden, deren Indifferenz und Banalität auf keine Weise noch einen Bezug zu dem lebendigen Geschehen von Praktiken und Interpretationen konkreter Traditionen aufweisen. Der belgische Moraltheologe Roger Burggraeve geht noch einen Schritt weiter: "If the other is only appreciated because he or she displays certain characteristics, attributes and qualities whereby they become interesting for me 'to learn from', and because so doing they confirm and reinforce my identity, then, according to Levinas, we end up in one or the other form of (…) ethnocentrism and even racism" (Burggraeve 2007, 232).

Der Dialog lehrt uns somit Bescheidenheit und Standfestigkeit: Der Andere ist radikal anders und ich kann von ihm lernen; um aber diesen Lernprozess wahrhaft durchzumachen, muss ich standfest sein und mich selbst als ein wahrhaftes Selbst mit dem Anderen konfrontieren, in der Hoffnung sowie im Vertrauen, dass auch dieser standhaft ist und sich im Dialog nicht allzu beeindruckt zeigt. Respekt vor anderen hat somit mit *difficult spadework* (Duffy 1995-1996, 65) zu tun, um echt zu erfahren, wie der Standpunkt des Anderen aussieht, und nicht allzu voreilig in Hurrarufe wie „Alle Menschen werden Brüder" auszubrechen. Andererseits hat es auch mit der grundlegenden Bereitschaft zu tun, dem Anderen seine Eigenheit zu lassen, ihn in seinem Standpunkt zu respektieren und darauf zu vertrauen, dass auch er von seinem Wahrheitsanspruch her bereit bleibt, seine Ansicht zu äußern. Dies verlangt eine unvoreingenommene Haltung, um dem Anderen freimütig (ohne Vorbedingungen) entgegenzutreten, und von ihm sowie seiner Lebensperspektive zu lernen (a posteriori). Dies verlangt einen Sprung ins Ungewisse, eine Hoffnung auf Kommunikationsbereitschaft beim Anderen, eine Hoffnung, die sich nur dadurch überprüfen lässt, dass man sich tatsächlich als InitiatorIn in das Gespräch begibt. Es ist diese gegenseitige Verwundbarkeit (Alexander 1995), die den amerikanischen Religionspädagogen M. Boys dazu gebracht hat, von einer *hermeneutic of affections* (Boys 1997a, 353) zu sprechen, einer Bereitschaft zum Zuhören, und zwar einem Zuhören nicht so sehr in Bezug auf die Meinungen des Anderen, sondern hinsichtlich der Beseelung, die dieser darin aus seiner spezifischen Lebensperspektive ausdrückt. Dabei entsteht Raum für gegenseitige Anerkennung, für Bewunderung und Respekt vor der einzigartigen Weise, in der die GesprächspartnerInnen, jeder und jede auf die eigene Art, den religiösen Anspruch verstehen, erleben und wahr machen, ohne dass sie das Gefühl bekommen, dass sie die Eigenheit des Anderen übernehmen oder vernichten müssen. Echter Dialog lässt dem Anderen seine Wahrheit im positiven Sinne des Wortes und ist damit im Grunde genommen zutiefst ‚religiös': "For interreligious learning to make sense, in view of interreligious dialogue, it should forsake its merely 'functional' goals (studying and comparing the respective doctrines, exploring and adjusting rituals and prayers, etc.). Rather, it needs to cultivate an overall climate of gratuity, of disinterest, and of practicing interreligious dialogue for its own sake as a religious act" (Lombaerts 2007, 82-83).

Schlussfolgerung

Wird der Unterricht die heutige Betonung der ‚Egologie' erfolgreich überschreiten? Wird der Andere wirklich eine Rolle in meinem Leben spielen und es berühren, nicht länger in Funktion meines eigenen Egos und Herausbildung meiner eigenen Erzählidentität, sondern in Gestalt des radikal Anderen, der mir Denkanstöße gibt, der mich von meinen alten Gewissheiten und meinem Vorwissen wegführt, und der mich mit neuer, ‚geschenkter' Identität stärkt? In diesem Kapitel habe ich mich für inter-spirituelles Lernen durch Begegnung ausgesprochen. In diesem Lernprozess gibt es Raum für sich durchkreuzende Grundbegriffe: für Konflikt, Disharmonie, heiligen Neid – für Grundbegriffe, die außerhalb didaktischer Beherrschung stehen. Ist ein solches ‚Lernen in Hingabe' möglich und machbar? Gibt es dafür mentalen Raum in unseren hochtechnologischen Ausbildungssystemen? Gibt es genug Kreativität, eine Didaktik der Alterität, des Lernens in der Gegenwart des Anderen, zu implantieren? Das sind nur einige der Schlüsselfragen für die Zukunft der religiösen Bildung '*downtown – in the city*'…

Kapitel 8
Religionslehrerausbildung und katholische Theologie

Die Ausbildung zukünftiger LehrerInnen im Allgemeinen und von ReligionslehrerInnen im Besonderen ist eine komplexe und vielfältige Angelegenheit. Die Person der jungen Erwachsenen, die sich für eine zukünftige Position als ReligionslehrerInnen an Schulen vorbereiten, ist vielfältigen Strömungen von Einflüssen und Erwartungen ausgesetzt. Sie werden ausgebildet in der Erwartung, gute LehrerInnen mit soliden Kenntnissen und Lehrfähigkeiten zu werden, aktive TeilnehmerInnen am schulischen Leben, mit dessen eigener Kultur und Organisation, theologische Fachmänner und –fauen und Zeugen und Zeuginnen der katholischen Glaubensüberlieferung. In welcher Beziehung steht diese komplexe Anhäufung von Kompetenzen und Erwartungen zur persönlichen religiösen Identität des künftigen Lehrers bzw. der künftigen Lehrerin? Auf welche Weise berührt diese Situation die theologische Ausbildung innerhalb der universitären Lehrerausbildung? Und wie kann schließlich die amtliche Kirche ihre künftigen LehrerInnen unterstützen und stärken für ihren schwierigen Beruf zwischen Professionalisierung und Spiritualität? Diese Fragen entsprechen den ungelösten Problemen bzw., positiver ausgedrückt, der fortlaufenden Dialektik zwischen der christlichen Glaubensüberlieferung und der derzeitigen kulturellen Debatte.

In diesem Kapitel werde ich in vier Schritten vorgehen: Als erstes erkunde ich den kirchenrechtlichen Raum, in dem die sogenannte ‚erforderliche Eignung‘ von Laien als ReligionslehrerInnen festgelegt wird. Dann beschreibe ich kurz den konkreten Kontext religiöser Bildung in den letzten dreißig Jahren in Deutschland und Flandern (in Belgien) und die interessante, damit zusammenhängende Stellung der Bischöfe. Der dritte Abschnitt nimmt Bezug auf die gegenwärtige Lage des Religionsunterrichts und der theologischen Ausbildung der künftigen LehrerInnen. Ich schließe mit fünf Thesen, aus denen sich die Zukunft der Religionslehrerausbildung innerhalb der katholischen Kirche herauskristallisieren lässt, sowohl in einer visionären, als auch in einer realistischen Weise. Was ich hauptsächlich versuche, ist ‚zurückzudenken‘ von der Stellung der ReligionslehrerInnen zu ihrer Ausbildung und dann weiter zurück zum Theologiestudium. Der Übergang zwischen diesen drei Phasen verläuft nicht reibungslos. Meiner Meinung nach ist mehr praktisch-theologische Sensibilität notwendig, zwischen Kirche und Schule auf der einen Seite und zwischen theologischer Ausbildung und der täglichen Arbeit der ReligionslehrerInnen in der Schule auf der anderen Seite.

1. Auftrag und Kompetenzen des Religionslehrers

„Ebenso können sie [die Laien, BR] unter Beachtung der hinsichtlich der erforderlichen Eignung erlassenen Vorschriften einen Auftrag zur Lehre in theologischen Wissenschaften von der rechtmäßigen kirchlichen Autorität erhalten" (can. 229 § 3).

In diesem Kanon des katholischen Kirchenrechts werden die Rechte und Pflichten der Laien beschrieben, wenn sie in theologischen Wissenschaften unterrichten. Einige Aspekte bedürfen einer näheren Klärung; dies kann zum Teil auf der Basis der Aussagen anderer Kanones erfolgen. Zunächst gibt es die Vorstellung des ‚Auftrags zur Lehre' *(mandatum)*: Wer als geeignet angesehen wird, bezüglich der Vorschriften der Kirche, kann die Lehrbefugnis innerhalb des umfangreicheren Verkündigungsdienstes der Kirche erhalten (Riedel-Spangenberger 2004). Er handelt nicht in seinem eigenen Namen, sondern im Namen der Kirche. Er soll die Kirche lieben, ihr ergeben sein und vermeiden, sie zu provozieren oder Anstoß zu erregen. Wer lehrt, soll eine loyale Stellung einnehmen, die gleichermaßen kritisch und konstruktiv ist.

Was ist mit der ‚erforderlichen Eignung' der Religionslehrer gemeint? Der Kanon bleibt unklar. Wenn man jedoch im Kodex weiterliest, insbesondere im dritten Buch über den Verkündigungsdienst der Kirche, wo es um die Erziehung geht, stößt man auf diese Vorschrift: „Der Ortsordinarius hat darum bemüht zu sein, dass sich diejenigen, die zu Religionslehrern in den Schulen, auch den nichtkatholischen, bestellt werden sollen, durch Rechtgläubigkeit, durch das Zeugnis christlichen Lebens und durch pädagogisches Geschick auszeichnen" (can. 804 § 2), in der lateinischen Version: „magistri recta doctrina, vitae christianae testimonio atque arte paedagogica". Die Verknüpfung dieser drei Elemente gibt eine Vorstellung davon, was mit der erforderlichen Eignung gemeint ist. Wer die künftigen Generationen lehrt, muss eine authentische Person sein, die wiederum der Lehre und dem Leben der Kirche tief ergeben und fähig ist, dieses Wissen Kindern und jungen Menschen zu vermitteln.

Das angesammelte Wissen, das weitergegeben werden soll, hängt mit den sogenannten ‚heiligen Lehren' zusammen. Um was handelt es sich bei diesen Lehren? Und steht die Unterrichtung in ihnen an der Hochschule in einer Beziehung zum regulären schulischen Religionsunterricht? Das Kirchenrecht schweigt über diese Beziehung, aber man könnte treffenderweise voraussetzen, dass beide Lehrgebiete den gleichen Inhalt behandeln. Der Lehrer und die Lehrerin an der Schule muss den Unterricht formal nach den heiligen Lehren in der Theologie ausrichten und seine Inhalte von dieser Quelle her bestimmen. In can. 253 § 2 werden die *scientiae sacrae* folgendermaßen aufgezählt: Heilige Schrift, dogmatische Theologie, Moraltheologie, Liturgiewissenschaft, Philosophie, Kirchenrecht und Kirchengeschichte. Pastoraltheologie, Praktische Theologie und/oder Religionspädagogik werden in dieser Liste nicht erwähnt! Sie können möglicherweise im zweiten Teil desselben Paragraphen mitgedacht sein: „(...) andere Disziplinen, die nach eigener Methode zu lehren sind". Aber dann würden ihre Methoden nicht als theologisch angesehen! Genau hier setze ich an. Die Art und Weise, wie ein bestimmtes Element der Tradition transparent gemacht werden kann, für eine bestimmte Zeit und einen bestimmten Ort, und wie eine anschauliche Verbindung zwischen dem lebendigen Glauben in der Kirche und der Gesellschaft auf der einen Seite und dem Studium der heiligen Lehren auf der anderen Seite hergestellt werden kann, ist mehr als bloß die Anwendung eines didaktischen Werkzeugs. Die praktisch-theologische Verbindung zwischen der Theologie und der Lebenswelt einer bestimmten Generation ist für das Kirchenrecht scheinbar keine Form der heiligen Lehre.

Das ‚Lesen der Zeichen der Zeit im Licht des Evangeliums' ist jedoch ein integraler Bestandteil der Praxis der Kirche und ihrer Gläubigen. Es ist befremdend, dass dieses praktisch-theologische Gespür, eines der entscheidenden Elemente des Zweiten Vatikanums (Sander 2005), nicht in oben genannter Liste erwähnt wird und *mutatis mutandis* auch nicht in der Liste der „Vorschriften hinsichtlich der erforderlichen Eignung" der ReligionslehrerInnen. Mit pädagogischer Kunst und Unterrichtsgeschick (Canon 804 § 2) allein lässt sich die existierende Kluft zwischen Tradition und heutiger Erfahrung, zwischen Theologie und täglichem Leben nicht überbrücken, ebenso wenig allein mit der Hilfe des Ortsbischofs, der Sorge zu tragen hat für die Aus- und Weiterbildung (Canon 229 § 2), für geistliche Unterstützung und Seelsorge. Ich behaupte, dass die Früchte des Zweiten Vatikanums diesbezüglich noch nicht vollständig zum Tragen gekommen sind, dass das laientheologische Lesen der Zeichen der Zeit im Licht des Evangeliums noch weiterer Diskussion und Interpretation bedarf, und dass dies der Grund ist, warum der heutige Religionsunterricht vielen Belastungen ausgesetzt ist. Im dritten Abschnitt werde ich diese Situation aus einer kultur-theologischen Perspektive deuten.

2. Religionsunterricht und die Position der Lehrperson in Deutschland und Flandern

„Der kirchlichen Autorität unterstehen der katholische Religionsunterricht und die katholische religiöse Erziehung, die in den Schulen jeglicher Art vermittelt oder in den verschiedenen sozialen Kommunikationsmitteln geleistet werden; Aufgabe der Bischofskonferenz ist es, für dieses Tätigkeitsfeld allgemeine Normen zu erlassen, und Aufgabe des Diözesanbischofs ist es, diesen Bereich zu regeln und zu überwachen" (can. 804 § 1).

In Anbetracht, dass der Ortsbischof die Arbeit und die Rechtgläubigkeit sowie das rechte Handeln seiner LehrerInnen regeln und kontrollieren kann, müssen allgemeine Regeln auf der Ebene der Bischofskonferenz erlassen werden, die das Ziel, den Inhalt und die Bedeutung des Religionsunterrichts vor Ort bestimmen. Insbesondere sollte die zentrale Frage sein, wie der Religionsunterricht vor Ort in den grundsätzlichen Bildungsauftrag der Schule im Ganzen in geeigneter Weise eingebunden werden kann. Was sind die Ziele des schulischen Religionsunterrichts? In welchem Umfang wollen die Bischöfe, dass Kinder und junge Menschen mit dem christlichen Glauben vertraut gemacht werden? Und was sind die besonderen Kompetenzen der LehrerInnen? Beispielhaft möchte ich die deutsche und flämische Situation präsentieren. 1974 verabschiedete die Würzburger Synode der deutschen Bischöfe den Text „Der Religionsunterricht in der Schule", der den Beginn der Entwicklung für neue Unterrichtspläne und Handbücher in Deutschland bildete. 1996 präsentierten die flämischen Bischöfe ihr Schreiben „Katholischer Religionsunterricht in flämischen Schulen" *(Visietekst* 1996*)*, das den gleichen Prozess in Flandern ausgelöst hat. Ich möchte mit diesen beiden Beispielen die Kontextualität des Ziels, des Inhalts und der Bedeutung des Religionsunterrichts an zwei verschiedenen Orten und in zwei verschiedenen Zeiten klären und die Tatsache, dass die Bischöfe flexibel sein mussten und müssen, um auf die realen Notwendigkeiten des Religionsunterrichts in der örtlichen Gemeinschaft antworten zu können, plausibel machen.

Es ist einsichtig, dass eine besondere Art von LehrerInnen erforderlich ist, um das geforderte Modell des Religionsunterrichts zu verwirklichen.

2.1 *Deutschland*

In den siebziger Jahren wurden Ziel, Inhalt und Bedeutung des Religionsunterrichts ausdrücklich in Übereinstimmung mit dem Zweiten Vatikanischen Konzil formuliert. Kinder und junge Menschen sollten in der Schule nicht zu ChristInnen bekehrt werden, sondern sollten die Möglichkeit erhalten, sich selbst mit einem christlich-religiösen Standpunkt auseinanderzusetzen. Das Ziel ist nicht mehr die Katechese, um junge Menschen auf das Bekenntnis ihres Glaubens vorzubereiten, sondern religiöse Bildung. Der Religionsunterricht fordert sie auf, ihren eigenen Glaubensstandpunkt zu vertiefen und zu verdeutlichen. Möglicherweise können atheistische SchülerInnen durch den Religionsunterricht bessere AtheistInnen werden! Im Folgenden zeige ich eine schematische Skizzierung der Ziele des Religionsunterrichts in Deutschland aufgrund des Synodenbeschlusses „Der Religionsunterricht in der Schule" (1974, Kap. 2.5.1. – hier zitiert von Hilger, Leimgruber & Ziebertz 2001, 138):

<table>
<tr><th colspan="4">Globalziel
„Religionsunterricht soll zu verantwortlichem Denken und Verhalten im Hinblick auf Religion und Glauben befähigen."</th></tr>
<tr><th colspan="4">Teilziele</th></tr>
<tr><td>„Er weckt und reflektiert die Frage nach Gott, nach der Deutung der Welt, nach dem Sinn und Wert des Lebens und nach den Normen für das Handeln des Menschen und ermöglicht eine Antwort aus der Offenbarung und aus dem Glauben der Kirche."</td><td>„Er macht vertraut mit der Wirklichkeit des Glaubens und der Botschaft, die ihm zugrunde liegt, und hilft den Glauben denkend zu verantworten."</td><td>„Er befähigt zu persönlicher Entscheidung in Auseinandersetzung mit Konfessionen und Religionen, mit Weltanschauung und Ideologien und fördert Verständnis und Toleranz gegenüber der Entscheidung anderer."</td><td>„Er motiviert zu religiösem Leben und zu verantwortlichem Handeln in Kirche und Gesellschaft."</td></tr>
</table>

Dieses Modell basiert auf einer Reihe wichtiger Voraussetzungen hinsichtlich der religiösen Sozialisation. Kinder und Jugendliche lernen auf der Basis ihres zu Hause überlieferten Glaubens zu reflektieren. Sie lernen eine spezifische Sprache, um Verbindungen und Beziehungen zwischen diesem Glauben und dem Alltagsleben herzustellen. Korrelationstheologie ist der entscheidende Punkt in dieser Ausbildungsmethode: Es gibt eine natürliche Verbindung zwischen Glaube und Vernunft, zwischen Offenbarung und Erfahrung. Diesbezüglich ist die Korrelationsdidaktik die bewährte theologische Herangehensweise in der Schule. Menschen stellen Fragen und die christliche Offenbarung sowie das Leben der Kirche bieten Antworten. Jugendliche lernen sich selbst im Glauben zu positionieren und können diese Haltung im Dialog mit anderen diskutieren. Diese Selbstdarstellung ist wichtig für ein verantwortliches Handeln und Sittlichkeit. Außerdem regt Religionsunterricht zu Toleranz und Offenheit für die Haltung anderer an.

Es ist offensichtlich, dass dieses Modell von Religionsunterricht eine besondere Anforderung an die sogenannte erforderliche Eignung des Religionslehrers stellt (Englert 2007a). Nur LehrerInnen, die fähig sind, sich wechselseitig zwischen Frage und Antwort zu bewegen bzw. die Lebensfragen und traditionelle Antworten hervorbringen und sie miteinander in Kontakt bringen können, können als geeignete LehrerInnen angesehen werden. Außerdem müssen sie in der christlichen Überlieferung zu Hause sein, deren Ideal gerecht werden und zeigen, wie sie sich damit abmühen. Des Weiteren müssen sie fähig sein, die Ideen anderer Traditionen und Überzeugungen aufzuzeigen, ohne ihnen selbst anzugehören. Und schließlich müssen sie Kommunikation zwischen Menschen ermöglichen können und gleichzeitig den Mut haben, eigene Überzeugungen zu zeigen. Die erforderliche Eignung der LehrerInnen, die Voraussetzung, um den Lehrauftrag für die Schule zu bekommen, wird nun entfaltet in einer ganzen Reihe von Kompetenzen, die den Elementen „Rechtgläubigkeit, Zeugnis christlichen Lebens und pädagogisches Geschick“ aus can. 804 § 2 Sinn verleihen. Geeignete LehrerInnen sind bereit, durch Wort und Verhalten Zeugnis des christlichen Glaubens abzulegen; sie zeigen, wie man verantwortungsvoll mit diesem Glauben umgeht und wie Jugendliche in Auseinandersetzung mit dem christlichen Glauben zu ihrer eigenen Weise der religiösen Selbstklärung motiviert werden können. LehrerInnen stellen sozusagen ein lebendiges Instrument der Korrelationstheologie dar, sie sind ein greifbares Vergleichsmodell.

2.2 *Flandern*

Das deutsche Modell der siebziger Jahre hatte einen starken Einfluss auf die Religionspädagogik und die Entwicklung der Lehrpläne in Flandern. Jedoch hat sich 1996, zwanzig Jahre nach der Erklärung der Würzburger Synode, die Lage dramatisch verändert. Die Kinder an den Schulen bringen keinen religiösen Hintergrund von zu Hause mehr mit. Die Anknüpfung an ein religiöses Vorwissen ist nicht mehr möglich. Den Kindern fehlt nicht nur das Wissen, sondern ebenso die Erfahrung in religiösen Fragen. Es gibt keine lebendige Beziehung mehr zu Gemeinden. Für die Bischöfe bildet diese Situation den Ausgangspunkt für eine radikale Veränderung der Lehrpläne des Religionsunterrichts.

In ihrem Schreiben von 1996 erkennen und bewerten die flämischen Bischöfe die neue Situation: Die wachsende Individualisierung, Pluralisierung und Ent-Traditionalisierung der Gesellschaft haben eine starke Auswirkung auf die Kirchen und Gemeinden und demzufolge auf den Religionsunterricht. An der Schule sollte dieses Fach als ein Dienst an Jugendlichen verstanden werden, damit diese in einer pluralistischen Gesellschaft kritisch ihre Haltung zu Religion und Glaube bewerten können. Der christliche Glaube bildet dazu das Kriterium: Im katholischen Religionsunterricht wird diese Option vergegenwärtigt, als Standard für die persönliche Glaubensentwicklung. Darüber hinaus wird ein Unterrichtsmodell entwickelt für das typisch schulische Umfeld, ein ‚hermeneutisch-kommunikatives' Modell. Jugendliche werden in der Wahrnehmung und Deutung moralischer und religiöser Phänomene in der Gesellschaft ausgebildet, sie lernen ihren eigenen Standpunkt (hermeneutisch) zu bestimmen und ihre Haltung mit und in der Gegenwart anderer (kommunikativ) zu vertiefen, zu klären und zu artikulieren (Roebben 2001c, 257-261; siehe auch Kapitel 4).

ReligionslehrerInnen erbringen diesen diakonischen Dienst im Namen der Kirche. Dafür erhalten sie eine Beauftragung. Das Schreiben der Bischöfe ist klar: „ReligionslehrerInnen sind ChristInnen. Sie streben danach, aus dem Glauben heraus LehrerInnen zu sein (…). Dieser Glaube wird im Kontakt mit einer Gemeinde gelebt. Liebe zur Kirche und kritische Loyalität schließen einander ein. Manchmal wird dieser Glaube einer Suche gleichen, als Glaube unter Zweifel und Unglaube. Gerade dann ist Gebet, geistliche Begleitung und die Unterstützung durch die Gemeinde vonnöten" (*Visietekst* 1996; Übersetzung BR; vgl. für Deutschland *Die bildende Kraft des Religionsunterrichts* 1996, 50-51). ReligionslehrerInnen sind nicht als SuperkatholikInnen gedacht, sondern sollen als normale Menschen handeln, die selbst mit dem Glauben ringen und gerade so authentische Begleiter in der Glaubenskommunikation sind.

Die flämische Bischofskommission macht für den Lehrplan den Vorschlag, den LehrerInnen eine sogenannte GSM-Aufgabe (in Bezug zu dem gebräuchlichen flämischen Wort für Mobiltelefon) zuzuschreiben: 'getuige', 'specialist', 'moderator' sind die flämischen Bezeichnungen für ‚Zeuge', ‚Experte' und ‚Moderator'. ReligionslehrerInnen sind Fachleute in den Bereichen der Lebenswelt, Kultur und Religion junger Menschen, sie besitzen eine hervorragende Kommunikationskompetenz, um Jugendliche in eine bereichernde und tolerante Diskussion einzubeziehen. Schließlich sollten sie in der christlichen Tradition beheimatet sein und von innen her für diese Tradition Zeugnis ablegen.

Die erforderliche Eignung von ReligionslehrerInnen wird unter den gegebenen Umständen immer komplexer. Einige neue Kompetenzen sind vonnöten, um alle Anforderungen zu bewältigen. Die Bischöfe haben hohe Erwartungen an die LehrerInnen: Rechtgläubigkeit und rechtes Verhalten, mehr noch eine besondere Qualität von Flexibilität und Professionalisierung, um angemessen auf die neuen Umstände antworten zu können. Der Rückhalt der Bischöfe gegenüber den ReligionslehrerInnen hat dramatisch zugenommen seit der Aufnahme der neuen Lehrpläne: Persönliche Beratung und Fortbildung durch besondere ExpertInnen werden angeboten, Abteilungen für Lehrerbildung setzen die neuen Lehrpläne und das zugrunde liegende Konzept für zukünftige LehrerInnen in Gang, die Universität bietet zusätzliche Hilfen und Materialien, um der ethischen und religiösen Dimension sozialer und kultureller Fragen im Religionsunterricht zu entsprechen.

Die eigentliche Frage ist jedoch, welche Art von Spiritualität für diese Professionalisierung erforderlich ist. Wenn sich zukünftige ReligionslehrerInnen nicht mehr auf die religiöse Sozialisation in ihrer Zielgruppe und in ihren persönlichen Lebenserfahrungen verlassen können, wird die Frage sein, ob das religiöse Sprachspiel und die religiöse Erfahrung noch länger als Reflexionsinstrument im Religionsunterricht tauglich sind. Wie können Kinder und Jugendliche sensibilisiert werden für die Tiefenschichten der Wirklichkeit, wie es religiöse Traditionen tun, wenn ihnen jeglicher Anhaltspunkt und Schlüsselerfahrungen fehlen? Welche Theologie ist erforderlich für dieses vielschichtige religionspädagogische Handwerk im Kontext einer Enttraditionalisierung von SchülerInnen und

Lehrpersonal? Allein mit Rechtgläubigkeit und christlichem Lebenszeugnis, die sich von einer imaginären und nicht mehr präsenten Quelle religiöser Sozialisation herleiten, kann dieses Ziel nicht erreicht werden. Ebenso wenig kann man religiöse Schlüsselerfahrungen durch religionspädagogische Ausbildungstipps und -tricks erreichen, um Teile des Lehrplans im aktuellen Klassenzimmer umzusetzen.

Im nächsten Abschnitt werde ich einen kurzen geschichtlichen Überblick geben – von den siebziger Jahren des vorigen Jahrhunderts bis heute –, um die Frage, wie die theologische Professionalisierung von ReligionslehrerInnen in einem Kontext von religiösem *believing without belonging* erreicht werden kann, besser fassen zu können.

3. **Lehrerausbildung und Theologieunterricht**

In den achtziger Jahren gibt es offensichtlich ein schwarzes Loch in der Fortführung der Korrelationsdidaktik. Die wechselseitige Beziehung zwischen Erfahrung und Offenbarung durch eine gelebte Glaubenspraxis, zwischen Frage und Antwort im Leben der Kirche und die korrelative Methode, wie dies im Klassenzimmer ausgedrückt werden konnte, sind nicht mehr ersichtlich. Der Bildungsgrundsatz der achtziger Jahre, Fragen zu stellen (als radikaler philosophischer Hintergrund der Korrelationsdidaktik), hält sich immer noch im Klassenzimmer. Die unumstrittene und vorzugsweise exklusive Beziehung zur christlichen Überlieferung als Rahmen zur Beantwortung dieser Fragen ist jedoch nicht mehr präsent. In den achtziger Jahren sind Kinder und Jugendliche gefordert, ihre Fragen aus einer Vielfalt möglicher Antworten zu formen. Kulturwissenschaften betreten das Feld des Religionsunterrichts. Es wird nicht mehr die Welt menschlicher Erfahrungen ‚benutzt', um die menschliche Dimension der christlichen Erfahrung zu veranschaulichen („Du siehst, die Welt der Bibel ist nicht weit weg!"), sondern Kinder und Jugendliche müssen anders mit den Fragen umgehen: Welche Antworten religiöser Menschen kann man in der Gesellschaft und Kultur wahrnehmen und welcher Art sind die Fragen, die diese Menschen mit ihrer Lehre (Glaube), ihrem Verhalten (Moral), ihren Ritualen (Liturgie) und ihrer Praxis (Diakonie) beantworten? Was macht Religion mit den Menschen und was machen Menschen mit Religion? Lernen *über* Religionen und Lernen *von* Religionen, Wahrnehmung und Deutung religiöser Phänomene in einem kommunikativen Rahmen, bilden die Hauptziele des Religionsunterrichts. Zentral für den Lernprozess ist die hermeneutische Leistung, die Bedeutung für das eigene Leben zu entdecken: Kann Religion oder Glaube hilfreich für den Aufbau meiner Identität sein, kann Religion oder Glaube mein kritisches Fragen, Wahrnehmen und Denken anregen? Und wie kann ich Religion für mich selbst nutzen, um ein blühenderer Mensch zu werden? Das Funktionalisieren von Religion ist da nicht mehr weit entfernt.

Ein solcher funktionaler Ansatz von Religion und Religionsunterricht vernachlässigt eine wichtige Dimension dessen, was sein kann und manchmal aktuell im Klassenzimmer ausgesprochen wird. Kinder und Jugendliche stellen Fragen wie: „Warum überhaupt religiös sein? Wozu eine religiöse Lebensgestaltung annehmen? Was passiert mit mir, wenn ich bewusst einer religiösen oder spirituellen Tradition beitrete? Was ist diese berühmte religiöse Erfahrung und wie kann ich an ihr teilnehmen? Und bei Ihnen, als LehrerIn“, könnte ein Kind fragen, „was macht der Glaube an Gott mit Ihnen? Wie sieht Ihre Beziehung zu Gott überhaupt aus? Glauben Sie selbst an Gott, oder ist das nur eine Reihe von oberflächlichen, unpersönlichen Beobachtungen, die Sie uns anbieten?“ Dies geschieht, wenn Jugendliche mit der Andersartigkeit ihres Nachbarn, neben dem sie sitzen, konfrontiert werden und Mitglied einer gänzlich anderen religiösen Gemeinschaft sind, wenn Kinder philosophieren und relevante Fragen stellen, oder wenn StudentInnen tiefer in religiöse Studien eindringen und nach der existenziellen Bedeutung der ihnen präsentierten Fakten fragen. Meiner Meinung nach entstehen aus einem guten hermeneutisch-kommunikativen Prozess im Religionsunterricht Fragen über die tieferen existenziellen Überzeugungen der Personen, die in den Lernprozess verwickelt sind. Oder: Jeder Mensch muss seine Geschichte erzählen und muss dies leben, diese Geschichte, dieses Geheimnis zu erzählen, um Klarheit zu schaffen für sich selbst.

Das folgende Schema verdeutlicht die verschiedenen Lernprozesse des modernen Religionsunterrichts. Auf der Waagerechten kann man die verschiedenen religionspädagogischen Kompetenzen des modernen Lehrers bzw. der modernen Lehrerin erkennen. Von der Senkrechten kann man die von oben nach unten schrittweise steigende Intensität der Herausforderungen für die Theologie ablesen. Wer unterrichten möchte, muss sich der Notwendigkeit einer theologischen Ausstattung bewusst sein. Man benötigt nicht nur pädagogische und kommunikative Fähigkeiten, sondern muss ebenso den eigenen Part im täglichen Leben spielen, in einer persönlichen Weise den Fragen nach Glauben, Offenbarung und Gott zu entsprechen. Und man benötigt Geschichten und Bilder aus der christlichen Tradition, um diese Beziehung einfallsreich und vernünftig der künftigen Generation präsentieren zu können.

Lernen zwischen Generationen *Lernen in der Tiefe der Zeit*	Theologisch-*heuristische* Kompetenz – LehrerIn als Experte/Expertin (S)	Herausforderung der Wissensgesellschaft (Schulung der Wahrnehmung und lernen, wie das Wissen zu erschließen ist)	Information *Lernen über Religion*
Lernen zwischen Kulturen *Lernen in der Breite des Raums*	Theologisch-*kommunikative* Kompetenz – LehrerIn als ModeratorIn (M)	Herausforderung der Pluralität und Differenz (lernen, das Wissen im Hinblick auf persönliche Identitätsbildung mit anderen auszutauschen)	Kommunikation *Lernen von Religion*
Lernen im Modus von Globalisierung *Lernen in der Distanz der Zukunft*	Theologisch-*existenzielle* Kompetenz – LehrerIn als Zeuge/Zeugin (G)	Herausforderung der Globalisierung (lernen, Wissen zu modifizieren im Dienst von und in Solidarität mit dem Nächsten in der Weltgemeinschaft)	Konfrontation *Lernen in oder durch Religion*

‚Heilige Lehre', wie sie oben erwähnt wurde, sollte das Studium praktisch-theologischer Reflexion von (zukünftigen) ExpertInnen in der Schule beinhalten. Aus der kreativen Verbindung von pädagogischer Fähigkeit mit den Fachinhalten der Theologie, wie sie im Studium gelehrt werden, kann eine neue Theologie hervorgehen. Ohne diese Laien-Theologie und Laien-Spiritualität innerhalb des Rahmens der Professionalisierung werden die beiden getrennt bleiben: die Theorie der Theologie und die Praxis des Religionsunterrichts. Eine erfindungsreiche Theologie ist attraktiv für zukünftige LehrerInnen, weil sie hilft, das Heilige im täglichen öffentlichen Feld des Religionsunterrichts zu entdecken. Die Laien-Theologie ist noch im Aufbau und erinnert uns an ein tieferes Problem in der Theologie: Das Fehlen praktisch-theologischer Sensibilität, das Fehlen einer praktischen Kultur-Theologie innerhalb der Theologie im Allgemeinen (siehe Kapitel 11).

Pete Ward, ein internationaler Experte in der Jugendseelsorge, erzählt die Geschichte seines eigenen Theologiestudiums an der Durham Universität in Großbritannien. Es gab ein großes Problem des „Auseinanderdriftens von Praxis und akademischer Theologie, in die ich während meines Studiums eingeführt wurde" (Ward 2008, 25; Übersetzung BR). Er zitiert Edward Farley in seiner Aussage, dass „die theologische Ausbildung die Fachgebiete ‚zerstäubt' und die Einheit der Theologie zerstückelt. Auf diese Weise neigt das Theologiestudium dazu, PraktikerInnen zu der Ansicht zu erziehen, dass es ein Problem gibt, Erfahrung und Theologie in Beziehung zueinander zu bringen" (22). Und bemerkenswerterweise „neigt der Kreis der SeelsorgerInnen dazu, das Auseinanderdriften zwischen Reflexion und Alltag zu verstärken. Vielleicht ist dies Ironie, weil diese praktisch-theologische Methode das Gegenteil versucht. Das Problem ist, dass beide als Teilschritte in dieser Methode voneinander getrennt werden, die Analyse einer pastoralen Situation und die theologische Reflexion" (35), und dass dann die beiden so ausgeprägten „Welten irgendwie wieder miteinander versöhnt werden müssen" (36). Dieser Riss war für ihn damals unheilbar. Erst später wurde er sich einer möglichen Lösung bewusst: Wenn man in der Verkündigung des Evangeliums tätig ist (z. B. als JugendseelsorgerIn oder als ReligionslehrerIn), dann „nimmt man bereits an dem Ausdruck und der Ausbreitung der Theologie teil" (48). Theologie ist die Art des Lebens, der Wahrnehmung und des kritischen Urteilvermögens. Theologie kann betrachtet werden als kritisches Denken in der erkenntnistheoretischen Perspektive des Glaubens.

Daher würde ich vorschlagen, dass jeder Kurs im Theologiestudium eine Komponente einschließen sollte, die der Ausbildung der praktisch-theologischen Sensibilität dient. Jeder Mensch, der über wichtige Lebensfragen nachdenkt, ist ein Theologe bzw. eine Theologin. Die Menschen teilen miteinander die Fähigkeit, ihr persönliches und gemeinschaftliches Leben theologisch zu bedenken. Die Berufung aller Laien im Allgemein und aller ReligionslehrerInnen im Besonderen, sollte in dem Glauben liegen, der nach Einsicht sucht (*fides quaerens intellectum*). Der Unterschied zwischen professionellen TheologInnen und gewöhnlichen Menschen, die ihren Glauben reflektieren, ist nur graduell und nicht essenziell. Alle Kinder sind fähig theologisch zu denken, da sie Fragen stellen und über mögliche Antworten nachsinnen können. Theologische ExpertInnen sollten daher grundlegend in der Beschäftigung mit Nicht-ExpertInnen ausgebildet werden, nämlich im Lernen *in oder durch* Religion/Glaube (siehe Schema oben). Religiöse Traditionen, auch das Christentum, sind offen für diesen Reflexionsprozess und regen ihn an. Traditionen sind in ständiger Entwicklung, werden gelebt und durchlebt, werden ständig umgearbeitet. Religionsunterricht muss *semper transforman-*

da sein, die Kirche eine *ecclesia semper reformanda*. Daher muss auch das Theologiestudium *semper reformanda* sein. Die Jugendkultur, die in der Erfahrung echter und virtueller Städte wurzelt und offen ist für Erneuerung und neue Horizonte, ist eine radikale Herausforderung für die moderne Theologie, ihre Kenntnis, ihre Weisheit über das Heilige und ihren alltäglichen Umgang mit dem Heiligen zu prüfen. Im dritten Teil dieses Buches werden Elemente spätmoderner Jugendkultur und Jugendseelsorge beschrieben und evaluiert.

4. Fünf Thesen als Lösungsversuch

(1) Das Kirchenrecht bietet eine solide juristische Struktur und den Spielraum, um schöpferisch den Auftrag von ReligionslehrerInnen mit der erforderlichen Eignung oder mit notwendigen Kompetenzen in sich ständig verändernden Umständen auszufüllen. ReligionslehrerInnen „können zu Recht die Beauftragung durch den Bischof (Missio canonica) als Vertrauenserklärung der Kirche und als Ermutigung verstehen, den Brückenbau zwischen Schule und Kirche immer wieder neu zu wagen“ (*Der Religionsunterricht vor neuen Herausforderungen* 2005, 35).

(2) Folgerichtig sollte es keine Reibung zwischen der amtlichen Kirche und ihren ReligionslehrerInnen geben. Im Gegenteil, es werden neue religionspädagogische Kompetenzen benötigt und von den Bischöfen angefordert, um neue religiöse und pädagogische Kontexte anzugehen. Diese Kompetenzen gehören zum Lernort Schule und sollen nicht die Hoffnung erwecken, dass ReligionslehrerInnen „im Religionsunterricht das kompensieren [möchten], was in der posttraditionellen Patchwork-Familie und der neu etablierten Seelsorgeeinheit leider nicht mehr geleistet werde: religiöse Sozialisation“ (Sajak 2009, 62).

(3) Die Beauftragung oder Sendung von ReligionslehrerInnen durch den Bischof basiert auf gegenseitigem Vertrauen, in kritischer Solidarität zueinander. Auch ReligionslehrerInnen sollten fähig sein, dem Bischof Rückmeldung zu geben und ihm erzählen, wie Jugendliche mit ihrem Glauben ringen, wie sie mit ihm spielen, ihm entfliehen – wie sie mit, gegen, für und ohne Gott leben (Kohler-Spiegel 2007). Diese Rückmeldung ist von größter Bedeutung für die Entwicklung des *sensus fidelium* in der Kirche.

(4) Junge LehrerInnen erbitten mehr theologische Reflexion und Übungen in praktisch-theologischer Sensibilität und praktischer Kultur-Theologie – mit anderen Worten: wie sie die Zeichen der Zeit im Licht des Evangeliums erkennen können. Diese Übung, sensibel zu werden für das Heilige im Alltag, es vor der Klasse ins Wort zu bringen und zu deuten, ist für mich die heutige Bedeutung dessen, was im Kirchenrecht ausgedrückt wird mit „sich […] durch Rechtgläubigkeit, durch das Zeugnis christlichen Lebens […] auszeichnen“. Der Ortsbischof muss sicherstellen, dass diese professionelle Spiritualität ständig kultiviert und unterstützt wird, im konkreten Leben junger und nicht so junger ReligionslehrerInnen.

(5) Theologische Fakultäten und Institute sollten ihre StudentenInnen ermutigen und ermächtigen, intensiver die verwundbare, aber notwendige Frage zu stellen, „wo Gott in der heutigen Kultur gefunden werden kann“. Sie sollten den gelebten Glauben ihrer heranwachsenden Studierenden als den eigentlichen Ausgangspunkt ihres theologischen Denkens, ihres Lehrens und ihrer Forschung ansehen. Sie sollten diese Frage auf eine praktisch-theologisch sensible Weise zur Sprache bringen („Theologie als ein Lebensweg“) im Gesamtpaket der ‚heiligen Lehren‘ und nicht bloß in Pastoral- bzw. Praktischer Theologie oder Religionspädagogik. Nur dann können ReligionslehrerInnen als Gläubige ihrer Zeit angemessen in die Gemeinschaft gesendet werden und ihre theologische Sendung mit all den benötigten ‚erforderlichen Eignungen‘ erfüllen.

Teil 3
Religiöse Bildung außerhalb der Schule

Kapitel 9
Religiöse Kommunikation in der spätmodernen Kultur

In der religiösen Landschaft Westeuropas vollziehen sich tiefgreifende Veränderungen. Die Analysen sind bekannt: In der Stadt des modernen Menschen entwirft man selbstständig sein Lebensprojekt, indem man schamlos Elemente verschiedener Weltanschauungen wiederverwertet. In diesem Prozess will der moderne Mensch sich um jeden Preis von der Masse abheben, aber meistens sieht er nicht ein, dass dies unter sanftem Druck geschieht. Der „heretical imperative" (Peter Berger), die Verpflichtung selbstständig nach dem Sinn des Lebens zu suchen, hängt wie ein neuer himmlischer Baldachin über seinem Alltag. Glücklicherweise gibt es spirituelle Gurus, die einem zuflüstern, wie man sein Leben gut gestalten kann: einfacher und stressfrei, aber doch originell und spirituell. Lieber eine bequeme Spiritualität, handlich und praktisch im Alltagsleben, als die Aufforderung, selbst nach dem bodenlosen Grund des Lebens zu suchen oder sich dort von anderen/dem Anderen etwas vorschreiben zu lassen. Im explosiven Feld religiöser Sinngebung profilieren sich auch traditionelle religiöse Institutionen mit ihren sicheren Positionen. Die Kirchen zeigen sich als Fels in der Brandung: hyper-normativ und mild zugleich. Ihre Theologie und ihre Seelsorge ergänzen einander: *Ecclesia supplet*. Wo der moderne Mensch in Not ist, ist das kirchliche Rettungsboot nicht weit. Im Meer religiöser Bedeutungen sind also mehrere Ordnungsprinzipien möglich: von eher traditioneller Signatur oder aus neuem religiösen Verlangen hervorgehend.

Die Theologie weiß über diese Entwicklungen Bescheid, sie leugnet die Komplexität nicht. Aber sie stellt sich auch die Frage, was diese ‚Zeichen der Zeit' im Licht des Evangeliums bedeuten. Dieser kritische Rückblick hat meiner Meinung nach gerade erst begonnen. Während und nach dem Zweiten Vatikanischen Konzil herrschte große und begeisterte Einigkeit über die Lesebrille, die man brauchte, um die Zeichen der Zeit wahrzunehmen. Inzwischen ist diese Lesebrille sehr beschlagen. Wir leben in einem verschwommenen Universum. Manche sehen zu wenig Religion, andere zu viel. Einige geraten in seelsorgerische Panik und wollen schnelle, zielgerichtete Lösungen, andere verkriechen sich im Schneckenhaus ihrer eigenen Erlebnisse und Überzeugungen. Wir sind es jedoch uns selbst und zukünftigen Generationen schuldig, uns Zeit zu nehmen, dieses Lesen als Lernprozess aufs Neue zu vollziehen, im Dialog mit anderen in Raum und Zeit. Die Brille muss also geputzt werden.

Vieles von dem, was in den Tagen des Zweiten Vatikanischen Konzils als Bekenntnis einer neuen und erwachsenen Kirche galt, ist inzwischen festgefahren auf dem Widerstand konservativer Kräfte in der Kirche. Und dies ist für viele, die dort tätig sind und dort ihr Herz verloren haben, eine schmerzliche Angelegenheit. Aber mit Blick auf die Zukunft ist das Folgende sicherlich eine Überlegung wert: Das Ringen der Kirche um ihr Selbstverständnis seit dem Zweiten Vatikanischen Konzil, vor allem in der Erlebniswelt der Generation der Babyboomer (Lenaers 2001), geht an Jugendlichen und jungen Erwachsenen vorbei. Die Ernüchterung über nicht eingehaltene Versprechen, die Verdrossenheit, von der in den achtziger und zu Beginn der neunziger Jahre die Sprache war – es muss anders werden mit der Kirche, aber es geht offensichtlich nicht (Michiels & Roebben 1994) – ist nicht an sie gerichtet. Sie wollen vielmehr wissen, was überzeugte ChristInnen begeistert, um so ihre eigenen Antworten auf die Fragen dieser Zeit zu geben und zu leben. Man muss sich der Tatsache bewusst sein, dass man es zum ersten Mal mit einer jungen Generation zu tun hat, die von Hause aus nicht oder kaum religiös sozialisiert ist. Man muss den Sehnsüchten und dem Verlangen dieser jungen Erwachsenen Gehör schenken – viel stärker, als dies bis jetzt geschehen ist – will man der Zukunft der jüdisch-christlichen Tradition in dieser komplexen Zeit eine Chance geben.

In diesem Kapitel biete ich zunächst im Hinblick auf die Problemstellung zwei Erklärungsmodelle und drei Handlungsoptionen an, um die Glaubenskrise zu erörtern. Dann vertiefe ich die Problemlage mit dem Vorschlag, diese Krise wieder mit einer neuen Brille zu betrachten, welche ihren Ursprung in der sogenannten Modernisierungsthese von Religion hat. Die Kirchen leeren sich zwar, aber das neu-religiöse Verlangen setzt sich unvermindert fort. In dem dritten Teil entwickle ich ein theologisches Sprachspiel über Gnade, das der religiösen Obdachlosigkeit entgegenkommt und das eine kritische Antwort auf das zugrunde liegende Muster von Gnadenlosigkeit bietet, das viele heutzutage als in unserer spätmodernen Kultur vorherrschend ansehen. Zum Schluss meine ich, dass es sinnvoll wäre, die Bildung junger Erwachsener als pastorale Strategie heranzuführen an eine Kirche, die ernsthaft die Zeichen der Zeit im Licht des Evangeliums lesen will.

1. Problemstellung: Erklärungsmodelle und Handlungsoptionen

Zwei Erklärungsmodelle

In der Religionssoziologie der letzten fünfzig Jahre wurden mindestens zwei Erklärungsmodelle entwickelt (vgl. Ebertz 1999; Roebben 1996b; Ziebertz 1999). Man spricht einerseits von der Säkularisierungsthese: Religion im Allgemeinen und Kirchen im Besonderen sind nicht länger die als Überbau dienende Sinngebungsinstanz für die Kultur und die Gesellschaft. Sie haben in den verschiedenen Domänen des menschlichen Lebens ihre direkte Einflussnahme verloren. Menschen begeben sich nun selbst und selbstbewusst auf die Sinnsuche. In diesen Zusammenhang gehört der Begriff der funktionellen Differenzierung: In der Komplexität der Existenz werden die Lebensbereiche immer stärker voneinander abgetrennt. Sie wachsen stets weiter auseinander. Religion ist eine dieser Domänen unter vielen anderen, ordentlich getrennt und neben solchen Bereichen existierend, wie z.B. Beziehungen, Erziehung, Bildung, Arbeit, Erholung, Sport usw.

In der Religionssoziologie gilt andererseits die Modernisierungsthese der Religion:
Traditionelle religiöse Institutionen haben ihren Einfluss auf die Alltagsbewältigung, mit allem, was dazugehört, verloren. Aber inzwischen gehen ehemalige Kirchenmitglieder und ihre ZeitgenossInnen frei und ungebunden auf die Suche nach Sinn für ihr Leben. Individualisierung ist das Schlüsselwort einer modernen Kultur und dies setzt sich auch auf dem Gebiet der Sinngebung durch. Ent-Traditionalisierung führt dazu, dass Menschen sich in ihrem Lebenslauf nicht mehr durch Traditionen inspirieren lassen, so wie diese durch religiöse Institutionen weitergegeben werden. Authentisch zu leben impliziert, dass man sich nach dem eigenen Kompass richten kann und muss. Pluralisierung ist die Folge dieser Entwicklung: Es stehen in der Moderne zahlreiche Sinngebungsoptionen zur Verfügung, die nach Belieben kombiniert werden können (Synkretismus). Es ist die Sprache von einem Markt der Religionen, auf dem man selbst sein Lebensprojekt als Ware anbieten und sich auch als Kunde bedienen kann, selbst bestimmend, ob und wie viel Religion oder Spiritualität man mit nach Hause nimmt.

Durch den Wegfall der großen sinnstiftenden Erzählungen sind Menschen nun auf sich selbst gestellt. Sie sind einander anvertraut, aber manchmal auch einander ausgeliefert. Individualisierung kann Menschen immer auch unter Druck setzen: „Ich muss unbedingt frei und authentisch sein“. Freiheit scheint sich dann paradoxerweise als Unfreiheit zu entpuppen. „Ich bestimme“ ist dann identisch mit „ich werde bestimmt“. Die Bausteine der Freiheit sind dann nichts anderes als ein Monolith, organisch eingepasst in das, was der Markt und die Medien vorschreiben. Dazu kommt, dass das Modernisierungsversprechen der Kultur als Sinngebungsprojekt oft nicht erfüllt wird. Der ‚Sinnsucher ohne Kompass‘, der Mensch, der sich von den knechtenden Traditionen befreit hat, täuscht sich mehr als einmal über die Erfahrung der Kontingenz und der Ambiguität hinweg; eine Erfahrung, die das Menschenleben von je her gekennzeichnet hat und weiterhin kennzeichnen wird. Das Versprechen der Machbarkeit, der eigenen Existenz und des in Eigenregie geführten Lebensprojektes – das um was es in der Moderne geht – scheitert oft in sich selbst. Denn niemand kann die Kontingenz seines Daseins selber steuern, sicher nicht die letzte Kontingenz: den Tod. Der Kern des menschlichen Selbst ist „nicht verfügbar“ (van Harskamp 2000, 70), und das stört den modernen Menschen. Eine der am besten elementarisierten Darlegungen der Spätmodernität fand ich bei dem französischen Religionssoziologen Danièle Hervieu-Léger: “The structural tension in the experience of modernity stems from the fact that it simultaneously produces the expectations it is supposed to satisfy and the feeling of helplessness arising from the awareness that it provokes of the world’s opaqueness. The affirmation of the reign of Man [sic], his autonomism, his all-powerfulness, breaks down at the very moment and in the very mechanism through which it was made” (1990, 24).

Drei Handlungsoptionen

Es ist also die Sprache von einem Erwartungsüberschuss, so Albrecht Grözinger, oder von einem systematischen Überschuss an Kontingenz, laut Karl Gabriel, der nach Aufhellung verlangt. Auf dem Feld der Religion und der Spiritualität hat der Mensch dann Zugang zu seiner Kontingenzbewältigung. Er experimentiert mit alternativen Heilweisen und Meditation. Er schließt sich enthusiastischen Gruppierungen an, die Raum bieten für Kontakt mit dem, was die Wirklichkeit übersteigt. Er klopft nach dem Kirchenaustritt bei privaten Heilsanbietern an, die religiöse Rituale für wichtige Lebensereignisse kreieren. Die Volksfrömmigkeit blüht. Mehr noch: In einer überhitzten Entschuldigungskultur wird wieder nach der Beichte gefragt (Nauta 2001). Das „neu-religiöse Verlangen“ (van Harskamp 2000) entwickelt sich auf vielerlei Weise in der

Spannung zwischen der Individualisierung von Sinn und dem Bewusstsein der letztendlichen Unverfügbarkeit davon.

Für Kirchen ist die Versuchung groß, diese neue Empfänglichkeit mit offenen Armen zu begrüßen und in Hinblick auf neue Mitgliedschaft zu funktionalisieren. Es besteht die Versuchung, sich ausschließlich auf das Neue in dem neu-religiösen Verlangen zu richten, um die eigene Blutarmut rückgängig zu machen und sich an dem, was am Markt gut ankommt, auszurichten. Andererseits gibt es die Versuchung einer ‚Kuschelstrategie', des sich Einrichtens im eigenen Rechthaben, in der eigenen Überzeugung, dass man auf der richtigen Seite steht. Diese Option kennt auch noch eine abgemilderte Variante: die der Neuprofilierung des christlichen Propriums, mit Blick auf ein kraftvolleres Zeugnis in der Welt der Sinnsucher. Der deutsche Religionssoziologe Michael Ebertz unterscheidet drei Handlungsoptionen: die Option der Selbstgenügsamkeit (mit der dazugehörigen Strategie des Verschließens der eigenen Ränge gegen die sogenannte Außenwelt), die der Selbstregulierung (mit der Anpassungsstrategie an die Außenwelt) und die der Selbststeuerung (mit einer Entwicklungsstrategie, wobei die Frage ist, was die Außenwelt an Lern- und Veränderungschancen zu bieten hat) (Ebertz 1999, 140-141; Roebben 1997, 340-346). Ebertz plädiert für die dritte Option und Strategie. Erst dann können Kirchen wieder zum Heilssakrament für die Welt werden. Denn das ist ihre Bestimmung, so Ebertz.

In kirchlichen Kreisen gibt es viel Unsicherheit darüber, wie mit der Religiosität und der Spiritualität außerhalb der Kirche umzugehen ist. Eine Sache ist sicher: Die Dynamik von innen (Was bedeutet die Modernisierung der Religion für die Kirchen?) und die Dynamik von außen (Was können die Kirchen für moderne ZeitgenossInnen bedeuten?) verdienen es, aufeinander bezogen zu bleiben. Einseitige Handlungsoptionen kommen absolut nicht in Frage. Kirchliche Nabelschau einerseits und der Ausverkauf von Kirche an die Kultur andererseits sind sinnlos. In der Untersuchung „Gott in den Niederlanden" wird diese Ambivalenz erkannt. Gleichzeitig wird angegeben, dass es kirchenpolitisch gesehen nicht einfach ist, beide Bewegungen zusammenzuhalten. Es muss eine Wahl getroffen werden, laut diesem Rapport (Dekker, de Hart & Peters 1997, 117-123).

2. Analyse: Sehnsucht nach spiritueller Orientierung in der Spätmoderne

Für eine modernisierte Perspektive auf Religion ist kreative Wahrnehmung nötig. In der Analyse selbst muss Courage dafür zugegen sein, anders auf die Wirklichkeit zu blicken. Die heutige Glaubenskrise in der Kirche ist vielleicht eine optische Täuschung: Eventuell ist man so fixiert auf bestimmte Entwicklungen, dass man das Neue nicht mehr sehen kann und muss (Tieleman 1995). Ist das, was einer Glaubensgemeinschaft widerfährt, vergleichbar mit dem Sinken der Titanic, einer Machtbastion, die untergeht und verzweifelt Rettungsringe auswirft, von denen aus man wehmütig zurückblicken kann auf das, was vorbei ist? Oder geht es um etwas anderes: Ist die heutige Kultur eher ein Meer von Bedeutungen, auf dem viele orientierungslos herumtreiben auf der Suche nach einer sinnvollen Lebensperspektive; als ein Raum der Sinnentdeckung, wobei die christliche Erzählung neben anderen fragmentierten Referenzrahmen emergiert oder aus der Tiefe auftaucht; als eine Ansammlung von disparaten Stücken Treibgut, die zu denken geben, die auf eine reiche und dynamische Vergangenheit verweisen, an welcher sich die Sinnsuchenden festklammern können?

Kairologisches Bewusstsein

Das erste Szenario, das Katastrophenszenario, verweist auf die Säkularisierungsthese, das zweite, das Emergenzszenario, auf die Modernisierungsthese. Emergenz deutet auf das positive Geschehen des Über-Wasser-Kommens oder Wieder-zu-Atem-Kommens hin. Es verweist zugleich auf den dringlichen Charakter dieser Analyse: Wer sich all zu lange dabei aufhält, der vergangenen Glorie nachzutrauern, sieht durch seine Tränen hindurch nicht, dass Menschen mit all ihrer Vitalität vollauf mit der Suche nach einem neuen *modus vivendi* beschäftigt sind. Moderne Theologie muss wache Augen und Ohren für diese Entwicklung haben und besonders sensibel für die Berichte von Jugendlichen und jungen Erwachsenen sein, die selbst kein Erfahrungswissen über den Kräfteverbrauch haben, welchen die Kirche in ihrer Titanic-Phase erlitten hat. Schematisch gesehen weisen beide Szenarien die im Folgenden aufgeführten Handlungsdimensionen von Kirche auf.

Katastrophenszenario	**Emergenzszenario**
Ideologisch	Spirituell
Moralisierend	Enthusiastisch
Aufgedrängt	Selbstgesteuert
Top down	Kontextuell
Retrospektiv	Innovativ
Selbstlobend	Selbstkritisch

In der Theologie ist die Rede von einem sogenannten kairologischen Bewusstsein: Der Theologe oder die Theologin wählt prinzipiell einen hoffnungsvollen Ausgangspunkt für die Beurteilung der Situation, weil er oder sie davon überzeugt ist, dass es einen *kairos* gibt, einen begnadeten Moment, um die Ärmel aufzukrempeln und nicht den Kopf hängen zu lassen (Englert 1992). Dieser Kairos gründet auf der Überzeugung, dass sich die Wirklichkeit niemals endgültig schließt, sondern offen bleibt, als ein sinnvolles und humanisierendes Geschehen, das durch den Menschen bejaht und interpretiert werden kann. Die heutige Situation als eine Krise zu sehen und die Praktische Theologie als eine Art Kriseninterventionswissenschaft zu betrachten, scheint mir dem Wahrheitstreben der Menschen heutzutage und der Freiheit des Kommen Gottes zu wenig gerecht zu werden. Der Begriff ‚Krise' geht von einem Mangel aus, von etwas, was verloren gegangen ist. Er klingt melancholisch und droht einen zu geringen Blick zu haben für das Neue, das in der Zeit anbricht. Der Begriff ‚Kairos' dahingegen hat eine positive Konnotation. Er verweist auf das Vertrauen in die Fülle der Wirklichkeit, wie sie für ZeitgenossInnen intrinsisch intelligibel ist und Lern- und Veränderungschancen enthält.

Kritische Würdigung

Dass man in bestimmter Hinsicht zu wenig sieht vom Religiösen, davon ist man bereits überzeugt. Aber sieht man nicht auch zu viel? Zugegeben, ZeitgenossInnen suchen nach festem Grund unter den Füßen, einer weltanschaulichen Verankerung für ihr Streben nach Authentizität. Sie können diesen Grund in Weltanschauung und Religion finden. Zugegeben, das vielschichtige Dasein trachtet nach Erfüllung und Ganzheit, etwas, das nun bereits in religiösen Zusammenkünften und allerlei Gemeinschaften gefunden werden kann. Zugegeben, junge Menschen ziehen eine herausfordernde Spur in diesem Prozess nach sich: Ihre Identitätsentwicklung findet innerhalb einer Kultur statt, die selbst auf der Suche nach Identität ist (Mette 2001). Aber müssen da nicht kritische Anmerkungen an diese Entwicklungen zugefügt werden?

Eine erste Bemerkung hat mit dem Aspekt der ästhetischen Vereinnahmung oder Glamourisierung von Religion zu tun. Alles wird mit allem verbunden. Aus verschiedenen Religionen entnommene Elemente werden zu einer Patchwork-Decke zusammengefügt. Nichts ist heilig. Das Anziehende der Religion sitzt in der puren Attraktion des Ingebrauchnahme-Prozesses. Man kann also nicht behaupten, dass junge Menschen vollständig vom religiösen Wortspiel abgekoppelt sind. Im Gegenteil, aus ihrer Sucherschaft heraus ordnen sie alte Begriffsfelder neu. Sie greifen auf Bruchstücke religiöser Sozialisation von früher zurück. Entsteht da vielleicht eine neue Form von Religion, nun ganz ausgeübt in Eigenregie: eine neue Form religiösen Selbstbewusstseins, wohl gebrauchmachend von der affirmativen religiösen Sprache, aber nun in einer ganz und gar individuellen Rekomposition umformuliert?

Es schließt sich die Frage an, ob es hierbei um wahrhaftige Religion geht. Echte Religion befasst sich mit dem Verhältnis zwischen dem sichtbaren Leben des Menschen und dem, was ihn übersteigt. Sie nimmt eine Position ein inmitten der Spannung zwischen Selbststeuerung und Unendlichkeit, oder zwischen der Individualisierung von Sinn und dem Bewusstsein der letztendlichen Unverfügbarkeit dessen. Aber die neureligiöse Sehnsucht droht den Mythos der Selbstverwirklichung, der so bezeichnend für diese Zeit ist, fortzusetzen. Sie gaukelt dem Menschen vor, dass er der Gnadenlosigkeit dieser Zeit entkommen kann, indem er aus eigener Kraft eine gnadenvolle Alternative sucht und ihr nachfolgt. Die doch allzu beschwerliche Existenz wird dadurch noch weiter belastet: Man muss selbst seine Erlösung verwirklichen (Borgman 2000).

Auch hier könnte man einwenden: Verändert Religion wesentlich ihr Gesicht? Wird das substantielle Element vernachlässigt zugunsten eines rein funktionellen Religionsbegriffs? Ist der Kulturbruch in dem Sinne vollzogen, dass Menschen nur noch ansprechbar sind für die innerweltliche Seite von Religion? Wird in Kürze die Sprache von einer Religion ohne Gott sein? Der niederländische Theologe Anton von Harskamp behauptet, dass man inzwischen auf Gott warten muss – nun, da Er *out of the picture* ist. Sein Kollege Erik Borgman fragt sich, ob Gott sich wohlmöglich noch in einer neuen Gestalt offenbaren wird, oder ob es nun „niemals mehr gut wird mit Gott“. Theologen geben also zu, dass sie nicht länger um diese Fragen umhinkommen. Religion wird in Gebrauch genommen durch Menschen (für ihr eigenes Seelenheil) – und das steht radikal diametral zu einem bedeutenden Kennzeichen von Religion im Allgemeinen und vom Christentum im Besonderen: Religion lässt sich nicht in Gebrauch nehmen, dazu dient sie nicht. Religion ist ein geschenktes Geschehen, etwas, das menschliche Erwägungen zwar bekräftigt, aber auch übersteigt, befragt und herausfordert.

3. Perspektive: Theologisieren über Gnade

Diese Sehnsucht nach spiritueller Orientierung ist also ambivalent und verlangt nach Klärung. Für ReligionspädagogInnen, die es gewohnt sind, die Kultur in einer intensivierten theologischen Perspektive wahrzunehmen, ergibt sich hieraus eine interessante Forschungsfrage: Wie sollen Gläubige diese Situation theologisch bewerten? Wie sieht ihr Selbstverständnis in dieser Situation aus? Aus der Erfahrung mit Jugendlichen und jungen Erwachsenen weiß ich, dass es eine spannende Herausforderung ist, den Erfahrungsgehalt traditioneller theologischer Begriffe im heutigen Lebensgefühl zu ergründen, mit dem Blick auf ein neues Verstehen. In drei Schritten entwickle ich hier einen Ansatz für ein neues theologisches Sprechen über und ein Handeln gemäß der Gnade. Letzteres ist meiner Einschätzung nach ein zentrales theologisches Konzept und zugleich ein ureigenes theologisches Phänomen des Christentums, das heutzutage erkennbar ist und sich als fruchtbar erweisen kann. Die Gedanken, die ich hier entwickle, formen ein Suchmodell, das lediglich den Anspruch hat, zum weiteren Nachdenken einzuladen.

Die Entscheidung, zu hoffen

Mit dem kairologischen Ausgangspunkt in diesem Kapitel habe ich mich für eine hoffnungsvolle Analyse entschieden, frei von pastoraler Panikmache und Hektik. Dies impliziert die Wahl, zu hoffen: eine täglich zu erneuernde Bereitschaft, um sich als Glaubensgemeinschaft mit der Kultur auseinanderzusetzen und darauf zu vertrauen, dass sie ein Ort der religiösen Begegnung und Vertiefung sein kann. Schon zu viel pastorale Arbeit untergräbt diese Möglichkeit und leidet an innerkirchlicher Selbstgenügsamkeit, an der Illusion, dass nichts los ist und dass alles auf altbewährte Weise, eventuell mit den neuesten Finessen einer ‚Pastoraltechnologie' verziert, weitergehen muss. Aber wenn der tiefere, tragende Grund der Seelsorge in der Arbeit selbst kaum zur Sprache kommt, wenden sich die jungen Menschen, die auf der Suche nach weltanschaulicher Orientierung sind, ab. Pastoral kann jedenfalls einen gnadenlosen Eindruck erwecken: erfüllt von sich selbst, losgelöst vom tieferen Sehnen in der Kultur, und schlimmer noch, losgelöst vom Lebensquell, aus dem sie ihre Inspiration schöpft.

Versteht die Seelsorge jedoch die Kunst, nach den neu-religiösen Sehnsüchten zu lauschen und diese auf eine ursprüngliche Weise anhand des Sprachspiels, in dem sie selbst verankert ist, zum Ausdruck zu bringen, dann werden neue Wege möglich. Diese Spannung zwischen Innen und Außen, Sich-Laben an dem eigenen Lebensquell mit Blick auf ein besseres Verständnis der spirituellen *resources* oder Quellen der Kultur, diese wechselseitige Transformation von christlicher Tradition und kulturellem Kontext, dies ist die Aufgabe schlechthin für das aktuelle Christentum.

Diese Korrelation von Text und Kontext, von theologischer Tradition und gegenwärtiger Kultur, vor dem Hintergrund der Gnadenerzählung des Christentums – ein Gott, der sich um das Wohlergehen von Menschen sorgt, sich in der Person des lebendigen Jesus mit ihnen solidarisiert, auf dass Menschen vollauf Menschen werden, solidarisch und gnadenvoll, in Bezug auf ihre Mitmenschen und ihrer Welt –, das ist die Aufgabe von Christinnen und Christen heutzutage, sowohl in ihrer Forschung als auch in ihrem Engagement. Die Metapher des Gasthauses wird oft in diesem Zusammenhang gebraucht (Hendriks 2000). Die Kirche ist ein Gasthaus, in welchem Menschen zur Ruhe kommen, in das sie hinein- und aus dem sie hinausgehen können und in dem die Tischgemeinschaft ein zentrales Element ist. Die Tafel ist der spirituelle Brunnen des Hauses, aber nicht einigen Wenigen vorbehalten. Es ist ein Brunnen mit einer großen Anziehungskraft für alle, die die Schwelle der Herberge überschreiten. Sie schließt an dem innerhäuslichen Gnadenstrom an, aufgrund dessen die Gastväter und -mütter jeden Tag neu beschließen, ihre Türen zu öffnen und sich offen und verletzlich aufzustellen für die Fragen der spätmodernen Gesellschaft und Kultur.

Eine religiöse Sprache, die auch innerhalb der Kirche verständlich ist

Funktional-ästhetische Ingebrauchnahme von Religion mit dem Ziel, die moderne Existenz erträglich und spannend zu machen, legt eine große Betonung auf bewusst gewählte Selbsterlösung aus den Zwängen der spätmodernen Kultur. So postieren ZeitgenossInnen in der gesellschaftlichen Einbettung des Verlangens nach spiritueller Orientierung. Die Kirche könnte nun den christlichen Glauben als eine radikale Gegenerzählung anbieten, repräsentiert als ein Sprung in die Tiefe, als eine Option, als ein „schwimm nun mal selbst" in der unermesslichen Tiefe der Glaubenserzählung. Die Kirche könnte religiös interessierte Menschen bezaubern, damit sie den Schritt hin zur vollständigen Identifikation mit dem christlichen Glauben setzen. Man könnte den Prozess des Zutritts beschleunigen, indem das Stadium der Kultivierung von Sehnsucht überschlagen wird. Man würde dann auf eine einspurige, beschleunigte Bewegung in Richtung Glaubensbekenntnis zielen. Aber solch eine Vorgehensweise würde die zarte gesellschaftliche Einbettung nicht vertragen. Das Wasser wäre in diesem Fall nicht tief genug, um die kreativen, springenden Menschen aufzufangen. Moderne Menschen lassen sich übrigens nicht dazu überreden, ihre Lebensgeschichte vollkommen dadurch bestimmen zu lassen, was andere darüber sagen. Sie wollen selbst ArchitektInnen ihrer Lebenserzählung sein.

Der flämische Theologe Peter Schmidt hat vor einigen Jahren den Bedeutungsverlust der religiösen Sprache, der eintritt, wenn diese nicht mehr hinreichend durch aktuelles menschliches Erfahrungspotential unterstützt wird, eindringlich analysiert. Dem Problem der Verstehbarkeit von Glauben in der Kirche kann man perfekt entgehen, so Schmidt, „indem man sich auf sich selbst zurückzieht". So passiert es auch oft. Religiöse Leiterinnen und Leiter sind dann freundlich kooperativ gegenüber anderen, aber man vermeidet es, die „Wahrheit der Glaubenssprache" zum Ausdruck zu bringen (Schmidt 1993, 87, Übersetzung BR). „Man richtet die Aufmerksamkeit auf die Innenarchitektur der Glaubensfestung. Aber dass die Zugbrücken eingeholt sind, sodass niemand von außen hineingelangen kann, ist ein Problem, dem man lieber keine Beachtung schenkt" (Schmidt 1993, 90). Und Schmidt fährt fort: „Wenn ein mitgeteilter Glaubensinhalt auf eine ganz andere Weise wahr ist, als die Art in der er ausgedrückt wird, warum muss man ihn dann noch so ausdrücken? Das angewendete Sprachspiel ist nicht mehr in ein anderes verwandelbar" (Schmidt 1993, 97). Das Einzige, was man noch tun kann, ist ziellos wiederholen und imitieren. Mit anderen Worten: Ein religiöses Sprachspiel, das die spirituelle Sehnsucht vernachlässigt, in die es eingebettet sein könnte, wird esoterisch und sinnlos. LeiterInnen der Glaubensgemeinschaft verstehen dann selbst nicht mehr, was sie glauben und womit sie meinen, andere führen zu müssen. Das ist das Schlimmste, was einer Glaubengemeinschaft passieren kann: dass sie sich nichts mehr zu sagen hat, weder *ad extra* noch *ad intra.* Oder mit anderen Worten: Wenn der Gnadenstrom von der Gasthausgemeinschaft nicht mehr an die Gäste, die vor der Tafel anstehen, weitergeleitet werden kann, trocknet der Quell selbst auf Dauer ganz und gar aus.

Spuren von Gnade in einer oft gnadenlosen Gesellschaft

Was den ZeitgenossInnen diesbezüglich Aussicht bietet, ist, mit ihnen eine dauerhafte Lernbeziehung auf der Basis geteilter Glaubenserfahrung einzugehen. Es kommt dann darauf an, mit ihnen die gesellschaftliche Einbettung von Spiritualität und Religion zu benennen und zu verbreitern, durch gemeinsames Ergründen der Sinnrichtung der geteilten Sehnsucht. Es ist meine Überzeugung, dass Menschen in Bewegung kommen, wenn sie auf ihre Lerndynamik angesprochen werden, auf die Spannung, die zwischen Mangel und Verlangen, zwischen Leere und Hoffnung auf Erfüllung besteht. Hierin erkenne ich die Option der ‚Selbststeuerung' nach Michael Ebertz wieder. In einem solchen Lernprozess kann die ursprüngliche religiöse Erfahrung aufblühen, die die betreffende Person sich wahrhaft angeeignet hat und die ihr zugleich auch Aussicht bietet auf eine neue Perspektive, die vorhergehende Kenntnisse und Erfahrungen radikal überschreitet. Ob der zweite Aspekt auch tatsächlich stattfindet, hängt von der kritischen Korrelation zwischen Mangel und Verlangen ab. Nur wenn die zwei sich gegenseitig hervorrufen, kann wirklich von einer neuen religiösen Erfahrung gesprochen werden.

Mit Hilfe eines Beispiels formuliere ich eine zeitgenössische Darstellung des Verlangens nach gnadenerfülltem Leben im Spannungsverhältnis zu einer Sicht auf Gnade aus christlicher Tradition. Bewusst verbinde ich sie miteinander, um deutlich zu machen, wie die zeitgenössische Erfahrung (von Paul Simon in seinem Lied *Quiet* auf der CD *You're the One*, 2000) auch zu Zeiten des Augustinus aktuell war (in *Sero te amavi*, in seinen *Confessiones* X, 27, hier in der Übersetzung von Huub Oosterhuis, 2004). Aber im Umgang mit derselben Grunderfahrung geht Augustinus weiter, oder besser, *wird* er auf eine neue Spur gesetzt. Er findet sich in einem explizit religiösen Sprachspiel wieder, das ihm Worte anreicht, um die Grunderfahrung neu zu bewerten und zu transformieren. An der Erfahrungswelt des Suchenden wird nicht vorbeigegangen. Im Gegenteil, dieses Wortspiel fasst so das säkulare Sprachspiel in Worte und transformiert es. Verlangen entsteht aus Mangel, neues Leben entsteht aus Leere.

Viel zu spät hab ich Dich liebgewonnen,
Schönheit, was bist Du alt, was bist Du neu,
viel zu spät hab ich Dich liebgewonnen.
In mir drinnen warst Du, ich war draußen,
und ich suchte Dich, ein sehend Blinder,
fern von mir, wie Wasser ausgeschüttet
lief ich von Dir weg und ging verloren
unter so viel Schönheit, die nicht Du bist.
[Augustinus]

> And when they say that you're not good enough, well the answer is: you're not.
> But who are they or what is it that eats at what you've got, with the hunger of ambition for the change inside the purse?
> They are handcuffs on the soul, my friends, handcuffs on the soul, and worse.
> [Paul Simon]

Dann hast Du gerufen und geschrien,
meine Taubheit hast Du aufgebrochen.
Augenblendend bist Du aufgetaucht,
meine Blindheit in die Flucht zu schlagen.
Duftend kamst Du und ich holte Atem,
noch ringe ich nach Atem und nach Dir.
Kostete von Dir und seither dürste,
hung're ich nach Dir. Mich leicht Berührten
hat Dein Licht entzündet. Und jetzt brenn ich
lichterloh auf Dich hin, hin auf Frieden.
[Augustinus]

Augustinus beschreibt seine Suche nach Seelenfrieden. Paul Simon beschreibt seine Suche nach innerem Frieden. Er thematisiert sie gegenwartsbezogen auf dem Hintergrund einer hektischen und gnadenlosen Gesellschaft. Menschen müssen stets weiter, sie sollen perfekt sein, sie lassen ihre Seele fesseln und verlieren so sich selbst. Simon hofft, Trost zu finden in sich selbst, er tut alles dafür, um sich selbst Mut zuzusprechen und zur Ruhe zu kommen. In der Musik von Simon wird auf glänzende Weise die Freiheit der Seele versinnbildlicht: Der Sänger lässt seine Stimme stufenweise in die Höhe klimmen, wenn er das Wort ‚Seele' singt. Auch Augustinus stellt seine eigene Unruhe fest, aber stößt (im

Gegensatz zu Simon) auf die Grenzen seines Vermögens, um Frieden rein in sich selbst und aus sich selbst heraus zu finden. Im zweiten Teil seines Bekenntnisses wird er überrumpelt durch eine ganz neue Perspektive: eine Stimme von anderswoher. Frühere Versuche der Selbsterlösung werden in einer Friedenserfahrung aufgehoben, die ihn auf eine neue Weise berühren, nicht länger als Ergebnis seines eigenen Könnens und Strebens, sondern einfach ‚geschenkt'.

Durch die Konfrontation mit dem religiösen Sprachspiel bekommt die menschliche Grunderfahrung eine neue Farbe und Dynamik: Leere wird Verlangen, Vermuten wird Sicherheit, Selbsterlösung („ich muss zur Ruhe kommen") wird Gnade („meine Seele wird zur Ruhe gebracht"). Augustinus ist ein anderer Mensch geworden und sollte stets ein neuer Mensch werden, auf der Basis dieser Gnadenerfahrung. Sollte Paul Simon es auch werden? Er hat bereits Wissen über den Mangel, er besingt als Künstler das Verlangen. Stößt er auch vor bis zur Erfahrung von Gnade? Erik Borgmann ist hoffnungsvoll gestimmt hinsichtlich der Empfänglichkeit von ZeitgenossInnen für dieses Spannungsverhältnis und gibt in seiner Kritik des neu-religiösen Verlangens präzise an, worum es eigentlich geht: „In einem gegeben Moment kann die Einsicht durchbrechen, dass das suchende ‚Selbst' das gesuchte ‚Selbst' ist, anders ausgedrückt: dass die inbrünstig verlangte Gnade allzeit in dem Verlangen danach gegeben ist" (Borgman 2000).

Durch den Vorgang, beide Sprachspiele (das gegenwärtig-säkulare und das traditionell-religiöse) in Kollision zu bringen, entsteht eine Reibung: Konflikt aber auch Wärme und Verbundenheit. Alte Antworten erweisen sich imstande, Fragen, die sich heutzutage neu ergeben aber auch von alters her bereits bestehen, zu erhellen und mit neuen Antworten zu versehen. Den Lernenden wird der Auftrag anvertraut, diese Reibung in ihren Suchprozess zu integrieren. Ich denke, dass sich im Rahmen einer gut durchdachten Bildung von Jugendlichen und jungen Erwachsenen dieser Prozess vollziehen kann.

4. Strategie: Anfangen mit religiöser Bildung junger Erwachsener

Nach dem Zweiten Vatikanischen Konzil wurde der Volksbildung zu wenig Beachtung entgegengebracht, so vertraute sich Mgr. Alfred Daelemans vom flämischen Sekretariat für katholische Bildung mir zu Beginn der neunziger Jahre einmal an. Ich denke in der Tat, dass ein großer Teil der Misere innerhalb der Kirche damit zu tun hat. Laien fühlten sich durch das *aggiornamento* des Konzils angesprochen. Es wurde ihrer aktiven Teilnahme in Kirche, Liturgie, Katechese und Seelsorge Beachtung geschenkt, aber es wurde zu wenig in ihre Ausbildung und Ermutigung im Schnittpunkt von Glauben und Kultur investiert. Es gab wohl gute Initiativen, aber es mangelte an einer Einsichtnahme in den eigenen ‚Theologiebetrieb' der Laien. Für konkrete Fragen des täglichen Lebens (intime Beziehungen, Kindererziehung, Arbeitsverhältnisse, Spannungsfeld Familie – Arbeit usw.) waren zwar kirchlich-normative Verlautbarungen vorhanden, aber das war vom tatsächlichen Erleben und von der Versprachlichung der ordentlichen Gläubigen meilenweit entfernt.

Eine neue Generation junger Erwachsener tritt an, die keine oder fast keine religiöse Sozialisation mitbringt. Das ist eine neue historische Gegebenheit. Diese Generation ist ganz und gar Opfer des Modernisierungsdrucks unserer Zeit. Die Idee der Steuerbarkeit von Leben, Arbeit und Liebe wird ihnen in vielerlei Hinsicht eingeimpft. Sie sind die an erster Stelle stehende Zielgruppe für Werbung und Marketing. Obendrein wird von ihnen als jungen ArbeitnehmerInnen oder Führungskräften, als jungen Geliebten, als jungen Eltern, als jungen BesitzerInnen einer Wohnung usw. erwartet, dass sie ihre gesellschaftlichen ‚Pflichten' erfüllen und verantwortungsbewusste Entscheidungen treffen. Um dieses alles auszuhalten und unter einen Hut zu bringen, ‚gebrauchen' sie Religion, ästhetisiert und selbstgesteuert. Ihre Sinngebung ist interaktiv: Herauspicken, was in das eigene Lebensprojekt hineinpasst. Ihr kultureller Kontext ist ein Kairos: Nicht, um sie in die Kirche zu lotsen, im Hinblick auf die Zukunft und Vitalität der Glaubensgemeinschaft, sondern um sie in Kontakt mit dem Gnadenstrom zu bringen, der aus der religiösen Tradition des Christentums wie eine mögliche Antwort auf ihr Sehnen nach Zielorientierung oder zumindest wie eine Verdeutlichung ihrer diesbezüglichen Fragen klingt.

Diese Offenheit ist keine Form kirchlichen Expansionsdrangs, sondern ein aktuelles Verständnis dessen, wie ChristInnen heutzutage in der Welt gegenwärtig sein können.

Ihre gesellschaftliche Präsenz ist nicht länger monolithisch, ihre Botschaft nicht länger anzunehmen oder zurückzulassen. Sie können inspirierend sein auf dem Weg zur Wahrheit, einer Wahrheit, die darin übereinkommt, dass das Leben aus vielen Facetten besteht. Die Zeit des massiven ‚Gegen-über' der Christenheit ist vorbei. Die Versuchung besteht nun darin, sich in einer ‚Kuschelstrategie' mit Gleichgesinnten zurückzuziehen.

Ich plädiere für religiöse Bildung für Jugendliche und junge Erwachsene. Anstatt dabei stehen zu bleiben, die vorhandene Energie in die Katechese von Kindern (Erstkommunion und Firmung in jungen Lebensjahren) zu investieren, sollte sich die Kirche die Frage stellen, wie sie dem Verlangen nach spiritueller Orientierung junger Erwachsener dienlich sein kann. Zum Teil passiert das bereits anlässlich der Sakramente der Eheschließung und der Taufe und Erstkommunion der eigenen Kinder. Bei Informationsveranstaltungen für junge Eltern fällt auf, dass sie gerne etwas Wertvolles in der moralischen und religiösen Erziehung weitergeben möchten, aber dass ihnen dazu meistenteils die Worte fehlen. Ihre anthropologische Erfahrung der Geburt und der Elternschaft findet zu wenig Resonanz und religiöse Deutung aus der hochsakramentalen Botschaft der kirchlichen Taufe und Erstkommunion heraus. Und wenn Kinder aufwachsen und anfangen, religiöse Fragen zu stellen, bleiben junge Eltern oft um eine Antwort oder eine Antworthaltung verlegen (Schweitzer 2000). In der Zwischenzeit – damit ist gemeint, nun, da es noch nicht deutlich ist, wie es mit der Sakramentenkatechese weitergehen soll – scheint es mir von großer Wichtigkeit zu sein, auch die Eltern in das religiöse Entwicklungsgeschehen, das zu den Sakramenten gehört, mit einzubeziehen.

Es gibt auch andere Wege, junge Erwachsene anzusprechen. Ich denke hierbei an Begegnungsgruppen (z.B. in Hochschulen und Universitäten), an Supervisionsgruppen innerhalb einer Berufsgruppe (z.B. junge Fachkräfte im Gesundheitswesen, junge Lehrkräfte usw.), an andere intensive Zusammentreffen (wie z.B. jährliche Zeltlager) und Formen kultureller Diakonie der Kirche für jugendliche SinnsucherInnen (z.B. durch Internetseiten, Publikationen, Informationsabende) usw. Dies erfordert eine andere Art des Engagements von der Kirche: Man bietet das eigene Haus und die eigene Expertise als Forum an, als Raum, in dem der Suchprozess dieser jungen Erwachsenen wachsen und sich erweitern kann.

Schlussfolgerung

Sowohl in den Niederlanden (im Dokument *De glans van Gods woord*, 2004) als auch in Flandern (zum Jahr der Verkündigung 2006/2007) haben die Bischöfe beschlossen, ihre Aufmerksamkeit in der Katechese auf initiierende Glaubensentwicklung mit jungen Erwachsenen zu fokussieren. Man sieht ein, dass nicht länger alles Heil von der Kinderkatechese zu erwarten ist. Glaubensinitiation und Glaubenserziehung bekommen in einer Gesellschaft von Wahlbeziehungen überdies einen anderen Beiklang, den eines persönlich angegangenen Engagements. Ich will in diesem Zusammenhang festhalten, dass diese Initiativen viele Formen annehmen (können), anschließend an konkrete lokale Nöte und Fragen. Mir ging es in diesem Kapitel vor allem darum, deutlich zu machen, dass die neue Generation junger Erwachsener genauso wie die heutigen Erwachsenen das Recht auf eine persönlich angeeignete Glaubenserfahrung hat. Nur ist die Komplexität dieser Erfahrung unter den gegebenen Umständen für angehende Erwachsene viel größer. Dadurch wird diese Art von Arbeit noch spannender, als sie es schon mit bisherigen Erwachsenen ist, aber paradoxer Weise auch entspannter, weil nichts bewiesen werden muss. Geschmack, den man an einem leckeren Gastmahl im Gasthaus findet, lässt sich jedenfalls nicht beweisen. Dieser wird einfach geteilt und weitergegeben.

Kapitel 10
Jugendliche und Seelsorge

Was Jan Bluyssen, ehemaliger Bischof von Den Bosch in den Niederlanden, bereits am Ende der achtziger Jahren nach dem großen Kirchenaustritt schrieb, trifft mehr denn je auf die religiöse Kommunikation in der spätmodernen Kultur zu: „Wir haben kein Bedürfnis nach Gläubigen, die den ganzen Tag über grübelnd dasitzen und sich fragen, wie sie um Gottes willen mit dieser Kirche weiterleben können. Wir haben genauso wenig Bedürfnis nach Gläubigen, die ängstlich um die Verluste, unter denen die Kirche leidet, trauern. Junge Menschen, die sehen, wie ängstlich und krampfhaft ihre Eltern und ErzieherInnen mit ihrer christlichen Berufung umgehen, oder wie mühsam sie mit den Fragen der Zeit ringen, werden wohl schwerlich dazu verlockt, sich dem Herrn und seiner Kirche anzuschließen. Wonach wir vor allem Bedürfnis haben, das sind Menschen, die Zeugnis geben von einem geprüften und tief verwurzelten Gottesglauben“ (Bluyssen 1989, 195; Übersetzung BR).

Jugendliche und junge Erwachsene schleppen nicht den Ballast dahinschwindender traditioneller religiöser Instituten mit sich herum. Die Frage der Erwachsenen, wie es ‚um Gottes Willen‘ mit Glaube und Kirche weitergehen soll, belastet sie nicht. Von Jugendlichen habe ich gelernt, Sätze wie „Wie können wir weiterhin…“ endgültig zu meiden und mit frischem Mut in die Zukunft zu schauen. Junge Menschen nehmen die Dinge selbst in die Hand. In der Schule betrachten sie kritisch die Problemfelder Moral und Religion in ihrer Diversität und konfrontieren sie mit den Kerngedanken der großen weltanschaulichen Traditionen. In dem vierten Kapitel dieses Buches habe ich ein Plädoyer dafür geführt, dass Jugendliche in der Schule auch eigene Erfahrungen machen und reflektieren können. Dennoch bleibt die Frage, ob es genügend ‚korrelative Räume‘ außerhalb der Schule gibt, in welchen Jugendliche auch noch nachdrücklicher mit alten und neuen religiösen Erfahrungen experimentieren dürfen. Haben sie auch, außerhalb von Schulen und innerhalb von Kirchen und Glaubensgemeinschaften, die Freiheit, ihre eigenen Antworten auf Lebensfragen mit den tradierten Erzählungen und Figuren zu vergleichen und radikal ‚neue‘ Tradition zu gestalten?

Der Ausgangspunkt dieses Kapitels ist die generative Kraft der Jugendseelsorge. In der kirchlichen Arbeit mit Jugendlichen und jungen Erwachsenen wird Theologie neu entwickelt. Wer die *human resources*, die in den Jugendlichen schlummern, aufmerksam betrachtet, wird seine Lesebrille automatisch schärfer einstellen. Das Spannungsfeld zwischen Dunkel und Licht ist der Ort, an dem junge Erwachsene „leben, um zu erzählen" (Gabriel Garcia Marquez). Sie thematisieren die kontrastierenden Erfahrungen unserer Zeit: Heftiges Verlangen, die Frage nach Orientierung und Sehnsucht sowie das Bedürfnis, heimzukommen. Junge Erwachsene zwischen 19 und 25, die heute an der Schwelle zum vollen Leben stehen, wissen genau, was es bedeutet, zwischen Hoffnung und Angst zu leben. Ihre Identitätssuche findet in einer Gesellschaft statt, die auch zweifelt, welche Richtung sie an diesem Scheideweg einschlagen soll. Darum ist das junge Erwachsenenalter heutzutage für die ältere Generation auch so attraktiv und deswegen findet so viel ‚Retrosozialisation' statt (Roebben 1997, 333-335). Erwachsenen wird ein Spiegel vorgehalten, damit sie sehen können, was im spätmodernen Leben auf dem Spiel steht, und wie man phantasievoll damit umgehen kann. Und sie gehen allzu gerne auf diese Herausforderung ein.

Solche Entwicklungen möchte ich hier kritisch betrachten. In fünf Etappen skizziere ich eine Theologie *der* Jugendseelsorge (nicht eine Theologie *für* die Jugendseelsorge). Zunächst betrachte ich die Lebenswelt junger Erwachsener und formuliere dazu ein angemessenes Seelsorgekonzept – wobei die Sorge um die Seele und die Frage nach *soul food* im Mittelpunkt stehen. Anhand der Triade Sehen – Urteilen – Handeln skizziere ich in Paragraph 3 eine pädagogische Grundhaltung für kirchliche Jugendarbeit und in Paragraph 4 ein dementsprechendes theologisches Konzept der Jugendseelsorge. Theologie mit Jugendlichen und jungen Erwachsenen im Bereich der kirchlichen Jugendarbeit ist immer gelebte Theologie. Zum Schluss sammle ich Bausteine einer solchen Theologie, so wie ich diese bei mehreren Begegnungen in dem korrelativen Raum der kirchlichen Jugendarbeit als akademischer Theologe kennengelernt habe (vgl. Roebben 2003b, 2004c und 2005c). Auch in dem letzten Kapitel dieses Buches werden am Ende solche theologischen Bausteine erwähnt. Ich halte dies für lebensnotwendig in der Entwicklung einer vitalen Theologie – für die Kirche *ad intra* und für die Kirche *ad extra*, dass sie Jugendlichen ihr Reflexionsmaterial zum Beispiel in der Schule als narthikalem Raum anbietet.

1. Jugend, Zukunftserwartung und menschliche Würde

Jung sein bedeutet, erwartungsvoll nach vorne zu schauen, denn das Leben liegt vor dir. Der Horizont winkt, du bist reise- und unternehmungslustig. Du möchtest es gerne anders und besser machen als deine VorgängerInnen, du fühlst den Puls der Zeit. Die ältere Generation hat dir etwas zu sagen, aber nur, wenn in ihrer Stimme Hoffnung mitschwingt. Junge Menschen mögen es nicht, wenn Erwachsene ‚gegen den Geist sündigen', wenn sie krampfhaft am Altbewährten festhalten und nicht zu träumen und zu hoffen wagen. Es sind diese Erwachsenen, die Jugendliche im Stich lassen und ihnen sagen „Finde es selbst heraus" oder „Warte, bis du erwachsen bist".

Der flämische Soziologe Mark Elchardus zeigt in seiner Studie „Zonder maskers" (Ohne Masken) (1999), dass viele Jugendliche mit großem Unbehagen in die Zukunft schauen. Etwa 10 bis 20 Prozent der 18-jährigen betrachten die Zukunft düster. Und 20 Prozent fragen sich besorgt, ob sie wohl je einen Arbeitsplatz finden werden. Diese Angst tritt regelmäßig während des Studiums auf, vor allem wenn es nicht reibungslos verläuft. Bei Jugendlichen in der berufsbildenden Schule ist diese Erfahrung noch größer. Mehr noch als ihre AltersgenossInnen haben BerufsschülerInnen die Vorahnung, ihnen blühe keine rosige Zukunft. Das Grundrecht eines jeden Jugendlichen auf ein vielversprechendes Leben wagen sie kaum zu erhoffen.

Unsere Gesellschaft hat eine Lösung für dieses Problem: härter arbeiten, mehr leisten. Du kannst unsterblich werden, auch wenn etwas schiefläuft. Du kannst Schwierigkeiten haben, aber du kannst sie auch voller Stolz überwinden, wenn du dir nur Mühe gibst. Der Mythos des Selbstopfers ist hartnäckig und spielt vielen einen Streich. Wer es nicht schafft, eine schwierige Periode zu überwinden, ist ein 'Loser'. Viele unserer Erziehungsansätze stimmen nicht mit dem Grundrecht der Jugendlichen auf wirkliches Interesse für ihre konkrete Lebenssituation überein. Mit Tricks probieren wir, Jugendliche wieder auf den richtigen Weg zu bringen, aber dabei vergessen wir ihre Sehnsucht nach *inter-esse*, also ‚zwischen ihnen zu stehen' und ihnen Aufmerksamkeit zu widmen, mit ihrer ganzen Unvollkommenheit und Verletzlichkeit, aber auch mit ihrem Verlangen, über sich selbst hinauszuwachsen.

Viele Jugendliche spüren, dass sie die unausgesprochenen Erwartungen der Gesellschaft nicht erfüllen können, und die hieraus hervorgehende

Scham ist eine schmerzliche Erfahrung. Das Gefühl des Versagens, weil man die selbstgesetzten Ziele, die man sich eigentlich von der Gesellschaft hat auferlegen lassen (das Paradox des spätmodernen Lebens), nicht erreichen kann, ist tiefgreifend, sogar noch tiefgreifender als Schuldgefühle, die aus Regelübertretungen entstehen. Die nordamerikanische Praktische Theologin Evelyn Parker ist der Meinung, dass ein überwältigendes Schamgefühl Jugendliche dazu treibt, in gewalttätigen „Urban Gangs" unterzutauchen (Parker 2003). In ihrer ethnographischen Untersuchung fragte sie die Jugendlichen, was sie mit dieser Gewalt erreichen wollten. Die Antwort war in vielen Fällen: „In dieser Gruppe spüre ich zumindest Ehre, Würde und Respekt." Die Jugendlichen wenden sich selbst und anderen gegenüber Gewalt an, weil sie fürchten, sonst übersehen zu werden, nicht mehr mitzuzählen, also eigentlich aufzuhören zu existieren. Sinnlose Gewalt ist oft ein verzweifeltes Aufbegehren gegen die drohende Vernichtung.

2. Seelsorge als Sorge um die Seele

In den vorausgehenden Kapiteln dieses Buches habe ich viel Nachdruck auf die persönliche Identitätsentwicklung in religiöser Perspektive gelegt. Junge Menschen erwerben durch Erziehung und Bildung die Fähigkeit, sich in Zeit und Raum zu situieren, sie lernen sich hermeneutisch in der eigenen Lebensgeschichte zu ‚befinden' und darüber mit anderen zu kommunizieren. Anhand der mystagogisch-kommunikativen oder narthikalen Perspektive auf religiöse Bildung habe ich dafür plädiert, dass religiöse Bildung auch tiefer gehen kann und muss, weiter als eine funktionelle Vorgehensweise, die religiöses Gedankengut für die eigene narrative Identität instrumentalisiert. Vollwertige Religion entwaffnet und schafft Raum für das unerwartete Kommen Gottes, für das Durchbrechen von Transzendenz, als radikale Alterität inmitten von Verschiedenheit, Immanenz und Selbstverantwortung. Der niederländische Praktische Theologe Tjeu van Knippenberg bezeichnet diese dritte Kompetenz, neben der hermeneutischen und der kommunikativen, als die spirituelle Kompetenz (Van Knippenberg 1998, 199-245). Wie erwähnt ist diese Kompetenz auch in religiöser Bildung in der Schule an der Tagesordnung (siehe Kapitel 4). Vollwertige religiöse Bildung macht den Weg frei für diese Kompetenz: Sie gibt im richtigen Moment Raum für etwas, das nicht didaktisch planbar ist. In solchen Momenten, in denen man mit edukativ ‚leeren Händen' dasteht, kann die Seele in Bewegung kommen. Es ist meine feste Überzeugung, dass dieser Prozess auch im schulischen

Religionsunterricht stattfinden kann. In der Seelsorge und der geistlichen Begleitung wird die „leere Mitte“ (Witvliet 2003) jedoch vollständig eröffnet. Ich betrachte es als ein interessantes Untersuchungsobjekt für weltanschaulichen Unterricht der Zukunft, der Frage nachzugehen, wie beide Sphären sich aufeinander einstellen/aufeinander eingehen können: die der religiösen Bildung in der Schule und die der geistlichen Begleitung und Seelsorge.

Die neuere Pastoraltheologie definiert Seelsorge als „Sorge um die Seele“ (vgl. Van Knippenberg 1998 und 2005; Nauer 2001). „Die Seele der Person, oder die Person als Seele, vergegenwärtigt die Möglichkeit des Menschen in Verbindung mit seinem Ursprung zu sein (…). Durch den Lebensatem (*nefes* oder *anima*) sind Menschen verbunden von Innen und Außen“ (Van Knippenberg 2005, 75 passim; Übersetzung BR). Die Seele ist ein ‚Grenzinstrument‘ zwischen mir selbst als ‚brennender Innenseite‘ und meiner Lebensumgebung, zwischen dem, wer ich bin und wer ich werden kann, zwischen Immanenz und Transzendenz. Die Seele ist auch ein ‚Endziel am Ende einer langen Reihe von Beschreibungen davon, wer ich bin, „der Punkt, von dem aus es möglich ist, sich des Bestehens eines essentiellen und wirklichen Ichs bewusst zu werden sowie der Lebendigkeit, der Sterilität oder der Stagnation des wirklichen Selbst“ (ibid., 76). Menschen erzählen Geschichten, in denen sie ihre Seele bloßlegen, in denen sie andeuten, wie sie sich selbst in Zeit und Raum wahrnehmen, wie sie auf den Grund ihres Bestehens vertrauen und wie sie sich selbst wachsen sehen in Richtung ihrer Lebensbestimmung. Die Seele als „Grenzinstrument hilft ihnen unterwegs die richtigen Unterscheidungen zu treffen, mit sich selbst als Lebensprojekt oder Geheimnis in Kontakt zu bleiben“, so der Philosoph Gabriel Marcel. Menschen haben das Gefühl, dass sozusagen auf ihrer Seele herumgetrampelt wird, wenn ihnen die Möglichkeit genommen wird, für sich selbst aufzukommen und ihre narrative Identität vertiefend zu entwickeln. Dann wird von einer gewalttätigen ‚Besetzung der Seele‘ gesprochen. Jugendliche haben oft das Gefühl, dass ihre Seelen durch die Mechanismen dieser Zeit besetzt werden, insbesondere durch den Markt und die Medien. Sie erleben die Seelenbesetzung oft nicht bewusst, da sie nun einmal Kind ihrer Zeit sind. Darum muss man ihnen aus seelsorglicher Perspektive bewusst machen, was mit ihnen passiert und wie sie Teil einer globalisierten Welt sind. Man muss Jugendliche wehrhaft machen, sodass sie in ihrer eigenen Kraft stehen können und aufs Neue bei ihrer Seele ankommen. Viele Menschen stehen heutzutage orientierungslos im Leben, auf der Suche nach Nahrung für ihre Seele.

Leben mit der eigenen ‚Lebens-Zeit', mit der Beseelung, die jeder Lebenszeit eigen ist, darum geht es im Leben. „Die Aufgabe, das Verlangen/die Sehnsucht und die Pflicht der Jugend ist das Werden, die Aufgabe des reiferen Menschen ist das Sich-Hergeben, oder wie deutsche Mystiker es einst nannten das ‚Ent-Werden'" (Herman Hesse, zitiert in Van Knippenberg 2006, 53). Diese Gegensätze sind allerdings in jedem Moment und in jedem Menschen anwesend. „Ein Jüngerer wird nicht fleckenlos er selbst, ein Älterer übergibt sich nicht mühelos an das, was über ihm steht. Für Jung und Alt ist es die Aufgabe, eine Balance zu finden zwischen Selbst-Sein und Mit-anderen-Sein; ein Gleichgewicht zu suchen zwischen dem Gefühl, ein Teil der Zeit zu sein, und dem Gefühl, durch die Zeit verschlungen zu werden" (ibid., 55). Es kommt darauf an, mit Gegensätzen und Ambivalenzen leben zu lernen. „Die Grenze zwischen Selbst-Werden und ‚Ent-Selben' ist im gesamten Lebenslauf anwesend und verweist auf die zwei Seiten, die das Terrain des Geistlichen umgeben. Niemand, der lebt, ist ganz er selbst oder ganz ent-selbst. Wir stehen immer auf der Grenze. Der Umgang damit scheint zu den Prinzipien der *Lebenskunst* zu gehören" (ibid., 55). Sorge um die Seele hilft dem jungen Menschen, Einsicht in seinen spirituellen Wachstumsprozess zu erhalten und in Empfänglichkeit leben zu lernen, im Sinne von: „Meine Identität ist eine geschenkte Identität. Ich weiß nicht, was sich in meinem Leben ergeben wird, aber ich bin bereit, die Kontingenz davon in Dankbarkeit zu empfangen". Tjeu van Knippenberg nennt dies eine Übung in „Abhängigkeitskompetenz" (ibid., 61-64). Traditionell behauptet die Seelsorge, dass man diese Empfänglichkeit lernen und kultivieren kann. Aber vielleicht besteht ihr ultimativer Auftrag darin, auch diesen Lernprozess zu dekonstruieren. Empfänglichkeit und Abhängigkeit, Begegnung mit Alterität, spirituelle Verbundenheit, transzendente Offenheit usw. kann man nicht lernen, sie werden empfangen. Kann man sich darauf vorbereiten? Kann man (jungen) Menschen helfen, sich darauf vorzubereiten?

3. Raum für neues Lebenslicht

Interesse ist also das Schlüsselwort. Wer als Begleiter Jugendlichen die Chance gibt, ihr verletzliches ‚soziales Kapital' zu zeigen, kann sich ihrer Aufmerksamkeit sicher sein. Wer die Kunst beherrscht, mit Jugendlichen maieutisch umzugehen, das heißt als Geburtshelfer aus ihrer eigenen Initiative neue Einsichten ans Licht kommen zu lassen, dem wird Respekt entgegengebracht. Man sieht neues Lebenslicht. Die alten Griechen wussten bereits, dass unbewusstes Leben kein Leben ist. Neu geboren zu werden ist die Bestimmung eines religiösen Menschen, betont Jesus gegenüber Nikodemus im Johannesevangelium (Joh 3,1-21). Eine gute Begleitung hilft bei dieser neuen Geburt. Nach guter hermeneutischer Tradition kann man diesen Prozess der geistlichen Begleitung in drei Stufen unterteilen: sehen, urteilen und handeln. Diese drei Stufen werden im folgenden Abschnitt auch theologisch weiter erörtert.

3.1. Wer die Jugendlichen und die jungen Erwachsenen begleiten will, muss über eine gute Beobachtungsgabe verfügen und bereit und in der Lage sein, ihre Kontrasterfahrungen wahrzunehmen. Vor allem lernen solche BegleiterInnen, die Ausdrucksformen, die Jugendliche selbst entwickeln, um ihre verletzliche Position zwischen Licht und Dunkel, Angst und Hoffnung, darzustellen, genau zu beobachten. Jugendliche wirklich selbst zu Wort kommen zu lassen mit ihrer eigenen Musik, ihrer Sprache und ihren Bildern, erfordert eine fast asketische Haltung der BegleiterInnen. Oft interpretieren Erwachsene zu schnell, was sie zu sehen glauben und nehmen so Jugendlichen die Chance, selbst die Situation zu beschreiben. Für viele Erwachsene ist Jugendarbeit eine geistige Aufarbeitung der Mängel ihrer eigenen Jugend. In der Erziehung wollen sie ihre eigenen Wunden heilen, und auf diese Weise geben sie Jugendlichen keine Chance, selbst kreativ Hoffnungszeichen für die Zukunft zu setzen (Roebben 2001b, 182).

3.2. Welche Urteilshaltung nimmt der Begleiter bzw. die Begleiterin dann am besten an? Ich schlage eine Haltung der Anwesenheit vor, Aufmerksamkeit anstatt Problematisierung. Die Präsenztheorie des niederländischen Praktischen Theologen Andries Baart (2001) ist hier eine willkommene Inspirationsquelle. Diese besagt, dass es besser ist, „etwas erscheinen zu lassen, nämlich menschliche Würde, anstatt etwas verschwinden zu lassen, nämlich ein Problem." Der kritische Umgang mit dem Leben der Jugendlichen geht dann nicht von der Idee der *Krise* aus (etwas, das früher da war, aber jetzt fehlt), sondern von der Idee des *Kairos*, einer gnadenvollen Chance, sich selbst und andere mit neuem Blick betrachten und wieder in Bewegung kommen zu können (siehe auch Kapitel 9).

3.3. Bleibt noch die Handlungsperspektive: Dynamischer BegleiterInnen schaffen inmitten der Komplexität des Lebens Raum für neues Licht. Sie geben Jugendlichen die Chance, ins Licht zu treten und ihr Leben selbst in die Hand zu nehmen. So leisten sie einen Beitrag zum „Leben in Fülle" (Joh 10,10). Zu viel junges Leben erscheint zugemauert und, wie bereits beschrieben, ohne Zukunftserwartung. Gute Jugendseelsorge schafft Raum für neues Lebenslicht. Sie ist wie eine „Lichtung" (Martin Heidegger), eine offene Stelle im Wald. In der Dichte des Alltäglichen fällt neues Licht ins Leben. Dieses Licht verhindert, dass man vor lauter Bäumen den Wald nicht mehr sieht, es hilft, bei so vielen Lebensperspektiven eine genaue Entscheidung zu treffen. Es hilft auch, seine eigenen Schattenseiten besser zu sehen. Ohne Licht gibt es keinen Schatten, nur Verschwommenheit und Gleichgültigkeit – das ist die Nacht, in der alle Katzen grau sind. Eine gute Begleitung hilft Jugendlichen, sich zu unterscheiden und sich nicht dafür zu schämen.

4. Grundskizze einer Theologie der Jugendseelsorge

Im wirbelnden Spiel von Licht und Dunkelheit, auf der schmalen Sichel zwischen Hoffnung und Angst, balancieren junge Menschen auf Messers Schneide. Die Wellen des Verlangens in unserer Kultur werden in ihnen verstärkt. In diesem Augenblick glitzert der Lebenstrieb in ihren Augen, im nächsten überfällt sie Niedergeschlagenheit. Nicht vor diesem verwirrenden Dasein flüchten, sondern es in seiner Komplexität akzeptieren und nach und nach differenzieren zu lernen, das ist die große Entwicklungsaufgabe eines spätmodernen Jugendlichen. Auch die Erwachsenen können diesbezüglich etwas lernen. Ein schattenreiches Leben zu führen, bedeutet die Komplexität aus-stehen (*Ex-istenz*), im Sinne von aushalten, ertragen. Es bedeutet, sich dem Chaos zu entziehen, sein Dasein zu rekonstruieren. Es bedeutet auch, in Zurückgezogenheit und Besinnung Sinn zu suchen, in der Stille auf neues Lebenslicht zu warten. Wer Jugendliche in diesem Prozess begleitet, muss für die Schwingungen seiner eigenen Seele auf der Suche nach Sinn in der Wirklichkeit empfänglich sein. Er muss be-seelt sein. Dann wird Begleitung geistliche Begleitung und die Sorge für Jugendliche wird Seelsorge. Auch hier kann man drei Etappen unterscheiden.

4.1. SeelsorgerInnen sind aufmerksame BeobachterInnen der Lebensgeschichte der Jugendlichen. Sie wissen, dass sie sich an ihre Geschichte heranwagen können, da diese nicht sinnlos, sondern bedeutungsvoll ist. Aus gläubiger Perspektive wissen BegleiterInnen, dass der Lebendige sich auch in der verletzlichen Geschichte der Jugendlichen zeigt und offenbart. Der große Erfolg des beinahe achtzigjährigen Guy Gilbert in seiner Arbeit mit jungen Delinquenten in Paris resultiert genau aus dieser Spiritualität des riskanten Gottvertrauens, eines Gottes, dem man in den Jugendlichen auf der Straße begegnen kann (2003). Père Gilbert kann sie in ihrer Einzigartigkeit wahrnehmen und annehmen, da er felsenfest davon überzeugt ist, dass „Gott den Menschen erschaffen hat, weil er Geschichten liebt" (Elie Wiesel), dass er sie in dieser konkreten narrativen Daseinsweise geschaffen hat.

4.2. Dieser Glaubensblick führt auch zu einem bestimmten Urteil, dem der „edlen Kasuistik" (Emmanuel Levinas, in Burggraeve 1990, 160-165). Man misst einen Jugendlichen nicht am Maßstab einer bestimmten Problemgruppe oder Subkultur, sondern betrachtet ihn als einen achtenswerten Menschen. Er ist nicht interessant, weil er ein interessantes Fallbeispiel abgibt, also die Konkretisierung eines allgemeinen Prinzips darstellt, sondern weil er diese einzigartige Person ist. Wirkliche Anwesenheit bei der Geschichte eines Jugendlichen ist darum viel kostbarer als eine Problemlösung für eine ganze Gruppe Jugendlicher, denen man jedoch nicht wirklich mit Interesse begegnet ist. Dies führt mich zu einer ‚Theologie der Umarmung': In der qualitätsvollen Begegnung von Menschen, die sich nach Leben in Fülle sehnen und dies auch miteinander teilen wollen, lässt sich der Lebendige erahnen. Theologie kann distanziert und verkopft sein. Sie kann Glaubenskategorien entwickeln und diese mit gut gewählten Fallbeispielen illustrieren. Aber so bleibt sie distanziert. Sie kann aber auch andere, greifbarere Aspekte unseres Menschseins berühren (Engagement, Streit, Ritual, Freundschaft, Kunst usw.) und neues Wissen wecken. Sie kann großherzig und zupackend sein. Mit einer solchen *down to earth*-Einstellung kann sie Platz schaffen für das Kommen des Lebendigen.

4.3. Diese ‚inkarnatorische Wende' ist anstrengend für Jugendseelsorgerinnen und Jugendseelsorger. Es wird nach spiritueller Offenheit, theologischer Scharfsinnigkeit und Handlungskompetenz gefragt. Letztere kulminiert, wie gesagt, in maieutischer Kompetenz. SeelsorgerInnen offenbaren neue Perspektiven, sie helfen, in ein neues Leben hineingeboren zu werden. Wer sich solidarisiert mit der Perspektive der Jugendlichen, riskiert sich an ihnen. Man ist riskant solidarisch und praktiziert eine riskante Offenbarung. SeelsorgerInnen können nicht anders als so zu sein.

Der nord-amerikanische Praktische Theologe David White spricht sich für eine Ergänzung des traditionellen Schemas der Triade Sehen – Urteilen – Handeln aus. Er meint, dass dieser Unterscheidungsprozess immer in einer gläubigen Diskursgemeinschaft eingebettet ist und sein sollte. Solche Gemeinschaften können einen *spiritual-imaginative modus* aktivieren und kultivieren. Sie können der Seele Nahrung verschaffen, damit sie sich vital, wehrhaft und kritisch zwischen dem, was faktisch gegeben ist und dem, was gegeben sein könnte, bewegen kann. Jugendliche und junge Erwachsene brauchen Lebens- und Lerngemeinschaften, in denen sie ihre Wahrnehmung verschärfen können, ihr Unterscheidungsvermögen einüben können und dementsprechend handeln können. Dabei sind Gebet und theologische Reflexion zentrale Aktivitäten (White 2005, 74-77). Ohne konkrete gelebte Bilder, Metaphern, Erzählungen und Erfahrungen gibt es kein spirituelles Wachstum. Schematisch sieht dies wie folgt aus (White 2005, 89-200):

The Heart	The Mind	The Soul	The Body
Affective-Intuitive Modus	Reflective Modus	Spiritual-Imaginative Modus	Practical Modus
Seeing	Judging	Remembering and dreaming	Acting

5. Gelebte Theologie im Alltag

Ich habe mehrmals erfahren dürfen, dass eine gelebte Theologie, Gott in den Händen von konkreten Menschen überliefert, auch Jugendliche wirklich ansprechen kann. Sie sind großen theologischen Projekten gegenüber abgeneigt, in denen Gott *out there* zu finden ist. Für sie ist der Quell des Lebens eher immanent, verborgen in täglicher Geschwisterlichkeit, in dem Verlangen nach einer humaneren Welt und in der erstaunlichen Genialität des menschlichen Geistes, dies zu realisieren. Gott ist für sie viel mehr *in here*, im wirbelnden Puls des Lebens, das begeisterte Erzähler und Erzählerinnen braucht. Diese Gotteserfahrung benötigt neue Glaubenswahrnehmer, TheologInnen, die es wagen, „in die Wirklichkeit einzutauchen, um sich selbst aus der Wirklichkeit heraus zu empfangen" (Borgman 2002, 195; Übersetzung BR). Dass hieraus nicht nur eine neue theologische Sprache und neue pastorale Handlungsschemata entstehen, sondern auf lange Sicht auch neue Glaubensinhalte, liegt auf der Hand.

Die Metapher von *God in here* (für ChristInnen in ihrer vollen Tragweite gegenwärtig und realisiert im inkarnierten Wort Gottes: Jesus von Nazareth), der mit Menschen einen Bund eingeht und mit ihnen Geschichte schreibt, aktiviert die Einbildungskraft. Gott öffnet sich den Menschen, er bleibt nicht in sich selbst gekehrt, sondern kehrt sich den Menschen zu – um *in here* ihr Leben zu teilen. Er geht sozusagen *off road*. Sein Horizont ist ausgerichtet auf das Alltägliche, in welchem das Leben widerborstig und holprig ist, nie völlig glattgestrichen oder ohne falsche Falten. Gott liefert sich in Menschenhände aus und in diesem Geben selbst wird ihnen Gnade zuteil. Er erwartet, dass sie mit leeren Händen dastehen und empfänglich sind für sein In-die-Welt-Kommen. Er hofft, dass sie genügend Licht ausstrahlen, sodass Er seinen Weg in ihre Hände findet.

Die Theologie der leeren Hände, in die Gott sich übergibt – die theologische Möglichkeit, Gottes Ankunft zu leugnen oder zu verdüstern (siehe Joh 1,10-12) inbegriffen – ist eine wichtige theologische Linie, die in der gesamten Bibel zu lesen ist. Im Alten Testament ist von Gastfreundschaft als zentraler Glaubenskategorie die Rede. Im Neuen Testament ist das Geschehen der Menschwerdung Christi eine intensive Bewegung des Eintauchens in die Welt der Menschen. Diese Zuwendung, oder buchstäblich das ‚Eintauchen' bzw. das ‚Untergehen' (in einem technischen Terminus *kenosis*), ist eine doppelte: Gott wird Mensch in Jesus und Jesus nimmt überdies die Gestalt eines sterblichen Menschen an. Nichts Menschliches ist Gott fremd, so Edward Schillebeeckx. Er hat sich den Menschen anvertraut, in der vollen Breite, Tiefe und Weite des Menschseins. Die Evangelien zeigen uns, wie das möglich ist. Da finden sich keine prophetischen Gottesreden oder raffinierten Gottesbeweise, sondern dies ist die Geschichte eines Menschen, Jesus von Nazareth, ein treuer Freund, ein Reisegefährte, ein Gast am Tisch. Er erzählt Geschichten, aber meistens hört er zu. Bei diesem Zuhören strahlt er Autorität aus, weil er seine Mitmenschen radikal in den Mittelpunkt stellt. Dieser Mensch berührt auch die Jugendlichen. Von ihnen habe ich gelernt, dass aus dieser Grunderfahrung der verletzlichen Selbstgabe (mit und wie Jesus) das Evangelium erneuert werden kann – nicht um das Evangelium wieder besser an unsere Kultur anzugleichen, sondern um es wieder näher zu sich selbst zu bringen: in die Freundschaft, in der Gott geschieht.

Anschließend an die gelebte Theologie der Jugendseelsorge kann man somit von einer ‚Theologie der leeren Hände' sprechen. Keine großen Worte oder dogmatischen Konzepte sind an Jugendliche und junge Erwachsene gerichtet, aber wohl das Geschehen der Unverborgenheit oder der Entdeckung des vollen Menschseins, nämlich von Menschen, die sich miteinander verbinden und anvertrauen. Diese Unverborgenheit ist buchstäblich *a-letheia,* der griechische Ausdruck für Wahrheit. An das volle

Licht soll kommen, dass Menschen sich einander anvertrauen. Da kann nichts Finsteres gegen ankommen. Das soll gesehen werden. Das Sonnenlicht, das da strahlt, ist eine Wohltat, es gibt Wärme wie die Lichtung im Wald. So zu leben ist wahrhaftig leben: „Leben in Fülle“ (Joh 10,10).

Der Befreiungstheologe Juan Luis Segundo spricht in diesem Kontext über hermeneutische Deutungsschlüssel, die mit der biblischen Tradition selbst mitgegeben sind. Die Bibel erzählt nicht nur eine Geschichte, sondern gibt auch an, in welcher Tonart der Leser diese Geschichte lesen soll. Dies nennt Segundo das „Deutero-Lernen“ oder das „Lernen des Lernens“ der Bibel: „Aus der Tradition und mit Namen aus den biblischen Geschichten, lernt man, wo Gott in Wirklichkeit zu finden ist, lernt man, *wie* man von der Wirklichkeit lernen muss, um Gott kennen zu lernen“ (Segundo, zitiert von Erik Borgman, in Roebben 1995a, 278). Die Bibel gibt an, dass Kennenlernen Gottes radikal passiert beim Lesen der Geschichte Gottes mit Menschen (siehe auch Kapitel 6). Keinen anderen Weg hat er gewählt als das Eintauchen oder Untergehen in das Leben von Menschen. Dort ist er zu finden – zumindest für den, der sich dem Mysterium der Inkarnation aussetzten möchte.

6. **Glauben an Gott kommt vom Hören**

An Gott zu glauben, lernt man also nicht aus eigener Kraft und auch nicht durch die eventuelle Kraft religionspädagogischer Akrobatik. Mehr noch: An Gott zu glauben, ist als solches nicht zu lernen. Religiöse Erziehung und geistliche Begleitung sind aus sich heraus nicht imstande, eine religiöse Erfahrung zu generieren. Das ist das Paradoxon der Erziehung, das noch stärker in der religiösen Erziehung spürbar wird. Die Entscheidung, zu hoffen (in der Erziehung), die Entscheidung, zu glauben (in der religiösen Erziehung) ist so wie die Entscheidung, zu lieben: nicht zu erzwingen oder zwischenmenschlich zu forcieren. Glauben ist Gnade, im Glauben selbst empfängt man die Bereitschaft und die Offenheit, um zu glauben (Roebben 2005b, 375-378).

Es ist diese Erfahrung, die in der Theologiegeschichte als *fides ex auditu* umschrieben wird. Glauben hast du nicht dir selbst zu verdanken, er kommt vom Hören. Und Gottvertrauen kommt auch nicht von selbst. Du erfährst es allmählich, durch dein Anvertrauen an die Sinnhaftigkeit der Wirklichkeit und durch das Heranwagen an die Heilgeschichte mit Gott. Es gibt kein abschließendes Argument für diesen Lebensweg, es gibt nur die Wahl, sein Herz daran zu hängen und Zeugnis davon abzulegen. Oder so wie ein alter Midrasj in der Befreiungsgeschichte am Roten Meer erzählt: Das Meer öffnete sich für die Israeliten erst, als sie es wagten, ihren Fuß in das Wasser zu setzen.

Als Abschluss möchte ich den LeserInnen einen Durchblick verschaffen durch vier wichtige Fenster auf Gott. Es sind narrative Zugänge, die den Menschen befähigen, das Verhältnis Immanenz – Transzendenz, das so wesenhaft für den narthikalen Blick auf die Glaubenskommunikation mit jungen Menschen ist, so konkret wie möglich zu denken. Diese Zugänge habe ich durch gutes Horchen auf der Suche junger ZeitgenossInnen nach Gott kennengelernt und diesen Suchprozess mit den neueren Linien in der Theologiegeschichte konfrontiert. Es ist meine vorläufige Lesebrille, um die Zeichen der Zeit im Lichte des Evangeliums wahrzunehmen und zu benennen. Es gibt ohne Zweifel viele andere Wege, an Gott zu denken und ihn zu benennen. Mein Ausgangpunkt ist die humanisierende Auswirkung der Gottesbeziehung. Menschen werden mehr Mensch, indem sie Gott in ihrem Leben zulassen und den Schwerpunkt außerhalb ihrer selbst legen.

6.1 *Gott – ein Wort, das Beziehung schafft*

In der biblischen Tradition ist Glauben an Gott Ja-Sagen zu einer Stimme, die anderswoher kommt. Glauben ereignet sich im Vokativ: Du bist angesprochene Partei, du wirst gerufen und von dir wird verlangt, zu antworten, mit deinen Lebensentscheidungen und deinem Lebenswandel. Der biblische Gott wagt sich an Menschen heran, er entäußert sich, wie gesagt, an ihnen, weil er alles von ihnen zu erwarten hat. Seine Herrlichkeit liegt im lebendigen Menschen. *Gloria Dei vivens homo*, so drückte der Kirchenvater Iraenäus von Lyon es im vierten Jahrhunder nach Christus aus. Gott ruft den Menschen als Stimmhabenden wach, er will, dass er maximal in der eigenen Kraft steht, Antwort gibt, verantwortlich wird und so ganz und gar Mensch wird. Die Worte, die er bei der Taufe zu seinem Sohn sprach, gelten für jeden Menschen: „Du bist mein Geliebter.“, oder auch: „Werde wach, Schlafmütze. Es ist Auferstehung aus dem Tode angesagt. Ein neuer Mensch muss wie ein Licht in dir aufgehen“, so Huub Oosterhuis (Übersetzung BR).

6.2 *Gott – assoziiert und inkarniert*

In der Bibel gibt Gott sich zu erkennen als „Ich bin für dich da“. Sein Name ist Engagement, Verbundenheit, Bündnis. Er bindet sich an das Leben konkreter Menschen. Er ist der Gott Abrahams, Isaaks und Jakobs, der großen und kleinen Propheten, des Jesus von Nazareth. Er verwundet sich an ihren Leben, er lässt sich berühren durch ihren Verdruss und ihre Freude, er ist gerührt durch ihren guten Willen und ihre Bereitschaft, das Beste daraus zu machen. In Jesus Christus äußert sich diese ultimative göttliche Verbundenheit mit Menschen in einer außerordentlichen Weise. Assoziation wird Inkarnation. Wer Gott bei der Arbeit sehen will, muss vom historischen Menschen Jesus lernen: Wie er mit SünderInnen umging, wie er Mahlgemeinschaft stiftete, wie er Vergebung schenkte. Jesus ist der Exeget Gottes, so steht es zu lesen im Prolog des Johannesevangeliums. Er ist Gott wohlgefällig. Der Weg zu Gott ist nahebei, Gott ist *in here*, er lässt sich aufspüren, er offenbart sich, wann immer Menschen, mit und wie Jesus, sich einander anvertrauen und sich zusammenschließen.

6.3 *Gott – unauslöschbarer Lebenstrieb in Menschen*

Im Angesicht des Todes und des Übels rufen Menschen nach Gott – dass sie nicht endgültig verloren gehen. Die tiefste Tragik des Menschenbestehens ist, im Nichts zu verschwinden. Der zweite Tod schneidet tiefer ein als der erste. Es ist der Tod der Vergessenheit, des definitiven Losgelöstseins von Mitmenschen und von Gott. Wer auf keinerlei Weise erinnert wird, hat umsonst gelebt. In der jüdisch-christlichen Tradition wird Gott als der ultimative Sammler kleiner Menschengeschichten/Menschheitsgeschichten gesehen. Er bewahrt sie in Erinnerung. Nichts von alledem geht verloren. Das Buch des Menschenlebens kann geschlossen werden, aber es wird niemals vernichtet. Es ist gesehen. Es bleibt bewahrt. Es gibt Menschen, die diesem göttlichen Lebenstrieb und dieser ‚Sammelwut‘ in ihrem eigenen Bestehen Gestalt zu geben wissen. So jemand war Etty Hillesum, eine junge jüdische Frau, die im Holocaust zugrunde ging. In ihrem Tagebuch mündet ihr Ringen mit der herben Realität von Leiden und Tod ein in ein tiefes und felsenfestes Vertrauen in den Gott des Lebens. Das gibt zu denken (Hillesum 1986).

6.4 *Gott – der vollkommen Andere*

Dass Gott sich in der menschlichen Suche nach Heil offenbart, bedeutet nicht, dass er darin restlos aufgeht. Theo-logie ist keine Ego-logie. In mir selbst kann ich Gott nicht antreffen. Er verbindet sich vielleicht mit meiner Lebensgeschichte, fällt aber nicht damit zusammen, genauso wenig wie meine Seele zusammenfällt mit meiner narrativen Identität. Gott bleibt radikal ein Gegenüber, ein unergründliches Geheimnis, so wie ein enger Freund, der in seiner Einzigartigkeit mir doch vollkommen fremd bleibt. Viele Sinnsuchende bleiben heutzutage in der Anhimmelung des eigenen Egos stecken. Menschen hoffen, sich selbst zu erlösen, aber sägen damit den Ast ab, auf dem sie sitzen. In ihrer Gottverlassenheit sind sie einander ausgeliefert. Die Erwartungen sind besonders hoch gesteckt, der Druck jemand zu sein, ist extrem hoch. Sie stehen in ‚Leere und Mangel'. Auch der Psalmist kennt diese Erfahrung von Leere, aber das Vorzeichen dieser Erfahrung ist Gott. „Ich stehe *vor Dir* in Leere und Entbehrung", singt er. Damit meint er: „Ich brauche mich selbst nicht zu gründen, ich bin bereits begründet. Ich bin gesehen noch bevor ich Einsicht bekam in mich selbst. Und auf der Suche nach Wahrheit über mein Bestehen war ich schon durch Dich gefunden." Also, in der Dialektik von Suchen und Gefunden-Werden, von freiem Willen und Gnade (übrigens ein theologisches Traktat, das so alt ist wie die Menschheit selbst) kommt Gott auf die Menschen zu: als Zukunft, unvermutet und unvorhersehbar und Hoffnung generierend.

Schlussfolgerung

Hoffentlich bekommen junge Menschen oft die Chance, solche neuen religiösen Erfahrungen und Sprachen zu schaffen. Es ist auch zu hoffen, dass auf dieser Suche genug widerstandsfähige Begleiter in der Nähe sind, die den Reichtum der Tradition erschließen und sichtbar machen können. Schließlich ist zu hoffen, dass die Kirche weiterhin in dieses wertvolle Projekt investiert: für die Jugendseelsorge ein *backing vocal* zu sein, eine Hilfe, um den Akkord zum Klingen zu bringen, harmonisch oder dissonant, aber auf jeden Fall mit vollem Einsatz.

Kapitel 11
Praktische Kulturtheologie in der Lebenswelt junger Erwachsener

Die radikale Aufmerksamkeit auf die kulturhermeneutische Wende der Theologie in Richtung gelebten Glaubens hat sich als das zentrale Anliegen der modernen Praktischen Theologie herauskristallisiert. Als selbstständige Disziplin will die Praktische Theologie faktisch gelebte religiöse Praxis in Kirche und Gesellschaft wahrnehmen, analysieren und interpretieren auf dem Hintergrund einer spätmodernen Kultur. Diese Gestalt der Praktischen Theologie, betrachtet als ‚praktische Kulturtheologie', hat sich seit 2004 in dem Projekt "Seeking Sense in the City" an der Universität von Tilburg (Niederlande) konkretisiert in einer engen Kooperation mit Hauptberuflichen der kirchlichen Jugendarbeit und Jugendseelsorge sowie mit ReligionslehrerInnen. In der sogenannten Tilburger Sommerakademie und dem daraus folgenden Forum "Youth, Culture and Theology" haben akademische TheologInnen als *reflective practitioners* versucht, das religiöse Selbstverständnis von Jugendlichen und jungen Erwachsenen (16 bis 25 Jahre) besser zu verstehen und die theologischen Grundannahmen ihrer Lebenswelt zu thematisieren. In diesem Aufsatz werden drei Aspekte behandelt: ein Einblick in die fundamentaltheologischen Voraussetzungen der Tilburger Sommerakademie, eine Beschreibung der praktisch-kulturtheologischen Arbeitsweise auf der Basis der sogenannten narthikalen Grundhaltung und schlussendlich ein kurzer Überblick über die theologischen Früchte, die aus diesem Rekontextualisierungsprojekt hervorgegangen sind.

1. Fundamental-theologische Voraussetzungen

Die OrganisatorInnen der Sommerakademie und des Forums betrachten Theologie als eine organische Wissenschaft, die sich mit der ständigen Begegnung zwischen Gott und Mensch beschäftigt, einer Begegnung, die in jeder Zeitphase neu erlebt und definiert werden muss. Deshalb haben sie sich als Ziel gesetzt, das Sprachspiel der neuen Sehnsucht nach Religiosität und die christliche Tradition miteinander interagieren zu lassen. Ihr Ausgangspunkt ist die komplexe Erfahrung des jungen Erwachsenenalters, so wie sich diese in der Wahrnehmung der theologischen Fachleute, die junge Erwachsene in Jugendarbeit, Jugendseelsorge und an der Schule begleiten, reflektiert. Während der Sommerakademie werden die praktisch-theologischen ‚Einsichten' der TeilnehmerInnen und die systematisch-theologischen ‚Aussichten' der GasttheologInnen in einem permanenten Austausch einander gegenübergestellt und wechselseitig kritisiert und befruchtet. So entstehen neue Horizonte, die der Arbeit mit Jugendlichen neue Impulse geben können.

Gott ist uns gegeben. In der Sommerakademie gehen die TeilnehmerInnen in ihrem Handeln und Denken von der Perspektive *coram Deo* oder *etsi Deus daretur* aus. Schöpfungstheologie ist hierbei die theologische Grundvoraussetzung. Die TeilnehmerInnen betrachten menschliche Erfahrungen, aktuelle Ereignisse und zeitgenössische Kultur als Handlungsräume Gottes und darum als Quellen der Theologie. Menschliche Erfahrung, in ihrem kulturellen Kontext, ist ein wichtiger *locus theologicus*, neben den beiden traditionellen *loci* Schrift und Tradition. Beide Pole, Schrift und Tradition einerseits und Erfahrung andererseits, stehen miteinander in einer dialektischen Spannung (Bevans 1992, 11-22). Diese Sichtweise setzt eine theologische Kulturhermeneutik voraus, die sich an Ereignissen und Umgebungen, in denen der Glaubensakt als Möglichkeit oder Chance besteht, orientiert (van den Bosch 2006, 44). In der Sommerakademie führt diese hermeneutisch-theologische Orientierung zu den beiden folgenden, miteinander verbundenen Zielen:

a) Die Lebenswelten der Jugendlichen sollen in Bezug auf ihren größeren sozial-kulturellen Kontext theologisch interpretiert werden. Die TeilnehmerInnen bringen diese Lebenswelten anhand ihrer praktischen Erfahrungen sehr konkret ein. Manchmal werden ihre Erfahrungen auch als Resultaten empirischer Untersuchungen dokumentiert.

b) Auf der Basis der Beiträge der GasttheologInnen und des Gedankenaustausches mit ihnen sollen aus den vorliegenden theologischen Interpretationen Schlussfolgerungen für die Jugendarbeit gezogen werden, bis hin zu handlungstheoretischen Perspektiven.

In der Sommerakademie geht es vor allem um Jugendliche, die kaum oder nicht mehr religiös sozialisiert sind und die keine religiöse Sprache und Praxis mehr haben. Ob sie Kirchenmitglied sind, ist hier nicht mehr ausschlaggebend. Vor allem auch bei der jungen Generation der Kirchenmitglieder hat eine enorme Säkularisierung stattgefunden. Diese hat Konsequenzen für die zu entwickelnden handlungstheoretischen Perspektiven. Die Kirchen mit ihren Traditionen und die meisten jungen Leute verstehen einander nicht mehr. Theologisch hat man dieses Problem lange als *Tradierungskrise* betrachtet. Weil das Tradieren nicht mehr gelingt, seien die Kirchen nicht mehr in der Lage, ihre Botschaft deutlich zu überbringen. Anschließend geht es um eine Reproduktions- oder Anschlusskrise. In diesem Fall argumentiert man folgendermaßen: Kindern fehlt die religiöse Sozialisierung im Elternhaus. Die Korrelation zwischen Glauben und Leben ist brüchig, weil lebendige Gemeinschaften fehlen (Roebben 2003d). Die Kirchen finden für ihre Standpunkte keine Argumente mehr, es herrscht ein „education gap" (Osmer & Schweitzer 2003, xvi). Daraus entsteht eine Plausibilitätskrise: Die Gründe, zu glauben, scheinen wegzufallen. „Warum soll ich noch an Gott glauben?" sagen die Leute dann, „Ich habe doch schon alles?". Die Aussagen der Kirche sind allerdings: „Früher war alles besser." und „ Heute wollen die Leute nicht mehr glauben." Und dann wird die Schuld für die „Korrelationsschwäche zwischen Glauben und Leben" (Boschki 1998) auf die Menschen geschoben, die Kirche zieht sich in sich selbst zurück und beruft sich auf den kleinen Kreis der überzeugten Gläubigen: „Siehst du…!"

Mein Ausgangspunkt ist, dass es in der heutigen Situation keine Reproduktionskrise gibt, sondern eine *Innovationskrise.* In der Gesellschaft entsteht eine Sehnsucht nach neuer Religiosität, eine neue spirituelle Wahrnehmung, vor allem aus der Kontrasterfahrung eines Unbehagens mit der hektischen spätmodernen Gegenwartssituation. Die Kirchen zögern. Ihnen ist unklar, wie sie sich verhalten und ihre Botschaft verkünden sollen. Das Problem der Tradierungskrise liegt also nicht beim suchenden Menschen, sondern bei der zögernden Kirche. Die Modernität, die bei kritisch denkenden Menschen komplexe Fragen weckt, ist ihr nicht geheuer. Das Plädoyer in der Sommerakademie ist deswegen: Lasst den religiösen Modernisierungsprozess im Rahmen spiritueller Bewusstwerdung bei Jugendlichen laufen, ohne ihn von der Kirche aus sofort zu steuern oder ‚taufen' zu wollen. Vertraut darauf, dass Erneuerung ihren Weg sucht und neue Interpretationshorizonte öffnet, auch für Kirchen mit ihrem Schatz an religiöser Sprache und Praxis. Und vielleicht weht dann der Geist auch heute noch...

Modernisierung muss als eine kulturelle Veränderung betrachtet werden, an der auch die christliche Religion und Tradition ihren Anteil hat. Die Modernität hat schließlich ihre eigenen religionsproduzierenden Tendenzen, da sie in ihrem Streben nach individueller Autonomie, Rationalität und Fortschritt an ihre Grenzen gestoßen ist (Höhn 1994; van Harskamp 2000, 84-118). Außerdem muss sich auch der moderne Mensch mit existentiellen Themen wie Endlichkeit und menschlichem Leiden auseinandersetzen. So ist in der Spätmoderne Kontingenz und Alterität wieder ein wichtiges Thema geworden, wodurch Religion, als Umgangsform mit Kontingenz und Alterität, wieder an Bedeutung gewinnt. „Im Herzen des autonomen, aus dem Würgegriff der institutionalisierten Religion befreiten Daseins, verbirgt sich eine religiöse Frage: ‚Können wir die Wirklichkeit und unser Dasein als gnädige Gabe, als bewohnbaren Ort, als realisierbaren Auftrag annehmen?'", fragt sich der Nimweger Theologe Erik Borgman (2001, 63). In der Sommerakademie wird untersucht, wie die Sehnsucht der Jugendlichen nach Religiosität unter Einfluss des spätmodernen Kontextes Gestalt annimmt.

Die Vorgehensweise orientiert sich an der ‚kulturhermeneutischen Wendung' in der Praktischen Theologie, die Wilhelm Gräb (2002) in seinem Werk „Sinn fürs Unendliche" so treffend beschrieben hat. Dass Religion als übergreifender Sinnhorizont verschwindet, ist der Kerngedanke dieses Buches. Ein weiterer zentraler Aspekt besagt, dass sie aber in neuen Formen, in separaten strukturell differenzierten Lebensgebieten als allgemeines Transzendenz-Bewusstsein wieder auftaucht. Die Kirche und die Theologie haben die Aufgabe, die christliche Tradition neu zu erschließen, damit der christliche Umgang mit Transzendenz sich an das zeitgenössische Transzendenz-Bewusstsein anschließt und es vertiefen kann. Dieser Prozess *ist* grundlegend Tradition. Da uns dies noch nicht gelungen ist, müssen wir eher von einer Innovationskrise als von einer Tradierungskrise sprechen (Höhn 2000).

Was die Religion betrifft, so gehe ich von der Transformation der Religion aus. Auch hier lasse ich mich von Gräb inspirieren. Ihm zufolge nimmt das Religiöse heutzutage die Gestalt von frei fließenden Bedeutungspotentialen an, die durch die Massenmedien übermittelt werden und eine große Bindungskraft besitzen (Gräb 2002, 271-272). Religiöse Erfahrung ist hauptsächlich eine ästhetische Erfahrung geworden, wie Gräb anhand der Analysen von moderner Kunst, Medien und Filmen zeigt. Diese berühren auf verschiedenste Art unsere tieferen, existentiellen Fragen und unsere Sehnsucht nach Glück, Geborgenheit, Sicherheit usw. Im Film *Titanic* sieht Gräb z.B. den Glauben an die Liebe, die stärker ist als der Tod, als Hauptthema. Explizit spielt Gott keine Rolle mehr, wohl aber implizit in Gestalt der Liebe, die den Tod besiegt. Reklameslogans bestehen aus typisch religiösen Symbolisierungen: Kontingenz und Leiden werden anerkannt und gleichzeitig durch eine allumfassende transzendente Wirklichkeit widerlegt. "Nothing on earth could come between them."

Gräb zufolge kommt das Religiöse immer noch in vielen verschiedenen Formen in der spätmodernen Kultur vor, aber dann als religiöses Suchen und Verlangen. Obwohl die Modernität also religionsproduzierend ist, ist sie andererseits auch religionshemmend, weil ihre kulturelle Dynamik sich sehr einseitig an ökonomischen Motiven ausrichtet. Das führt zu einer enormen Beschleunigung, Dynamisierung und Oberflächlichkeit des Lebens. Die neue Rolle der Religion ist ‚Verlangsamung' oder Vertiefung. Es ist ihre Aufgabe, alte Geschichten und Bilder von gelungenem Leben in Erinnerung zu rufen (Gräb 2002, 167). Die Kirche sollte die durch die Medien übermittelte Wirklichkeit aufnehmen, transformieren, verfremden, kritisch reflektieren, interpretieren und aus einer anderen Perspektive betrachten (Gräb 2002, 174). So kombinieren Kirche und Theologie Kulturbejahung mit Kulturkritik. Es besteht jedoch ein doppelter Prozess, denn Kirche und Theologie gehen auch mit dem christlichen Glaubensgut kreativ um. Auch das christliche Glaubensgut wird kritisch betrachtet, gedeutet usw. und auf dieselbe Art transformiert. Gräbs Theorie ist ein Denkanstoß zum ‚Umdenken' der christlichen Tradition: Er zeigt, wie man die für die christliche Tradition grundlegende Differenz von Sünde und Gnade so betrachten kann, dass sie beim modernen Denken über Subjektivität und individuelle Autonomie Anschluss findet und gleichzeitig auch kritisch betrachtet wird. So wird Gnade im Deutungsprozess des Daseinsdrucks, den die Betonung der individuellen Autonomie in unserer spätmodernen Kultur mit sich bringt, zum relevanten Begriff. Kulturhermeneutisch schließe ich mich Gräbs Vorgehensweise weitgehend an. Wie er suche auch ich Auswege aus der Innovationskrise, in der sich die christliche Religion, Tradition und Theologie befinden.

Wenn wir jedoch die handlungstheoretischen Perspektiven betrachten, müssen wir noch etwas hinzufügen. Gräbs Analyse der heutigen Krise der institutionalisierten Religion ist sehr prägnant. Wie Schleiermacher hat er einen scharfen Blick für die grundlegenden Veränderungen des Verhältnisses der einzelnen Menschen zur Symbolwelt des Christentums und zur religiösen Praxis. Daher betont Gräb, dass die Kirchenstrukturen flexibler, viel mehr auf Kommunikation ausgerichtet, sein müssen. Das funktioniert nicht durch „autoritäre Betonung vorgeschriebener Heilsgüter (Wort und Sakrament)", sondern nur durch „ein kommunikatives Engagement für alle, die sich für geistliche Kommunikation interessieren"

(Gräb 2002, 258). Das ist eine beherzigenswerte Idee. Aber gleichzeitig scheint Gräb seine Analyse nicht radikal genug durchzuführen, da er weiterhin von den traditionellen Strukturen der kirchlichen Gemeinden und Schulen als Orte religiöser Bildung ausgeht. Möglicherweise entstehen wesentliche neue Formen organisierter Religiosität, die jedoch unsichtbar bleiben, wenn wir uns zu einseitig auf die Revitalisierung der bestehenden kirchlichen Traditionen konzentrieren. Wir müssen einen Blick für neue Plausibilitätsstrukturen zeitgenössischer Religiosität entwickeln (Zondervan 2006).

Für die Sommerakademie ist dies ein wichtiger Aspekt, da sie sich vor allem an junge Erwachsene richten will. Die gegenwärtige Vorgehensweise praktisch-theologischer Bildung erreicht diese Gruppe größtenteils nicht. Sie beschäftigt sich vor allem immer noch mit religiöser Erziehung (in Elternhaus und Grundschule), mit Katechese (in Gemeinden und Pfarreien) und mit Religionsunterricht (an der Schule) und somit mit Jugendlichen unter 18 und mit traditionellen Strukturen religiöser Erziehung und Bildung. Aber was geschieht mit der Gruppe der 16- bis 25-Jährigen, für die es kaum ein organisiertes religiöses Angebot gibt?

Friedrich Schweitzer und Ulrike Greiner haben die eigenen, spezifischen Lebensfragen dieser Gruppe aufgezeigt, zusammenhängend mit der immer längeren Zeit, die junge Menschen benötigen, um ihren Platz in unserer komplexen Gesellschaft zu finden (Schweitzer 2004b; Greiner 2005). Sie sind „unfreiwillige Pioniere einer multi-optionalen Gesellschaft", so Greiner. Es ist eine neue Lebensphase entstanden: die Post-Adoleszenz, in groben Zügen vom 20. bis zum 30. Lebensjahr. Wichtige Entscheidungen werden herausgeschoben. Junge Erwachsene brauchen mehr Zeit zum Experimentieren. Viele suchen Orte zur Klärung und Vertiefung ihrer Lebensfragen. Es gibt jedoch, wie Sharon Daloz Parks betont, zu wenig Netzwerke, in denen junge Erwachsene wirklich dazugehören und sich zu Hause fühlen, in denen sie ermutigt werden, kritisch über die Urbilder, Symbole, Geschichten, Ideologien und Mythen, die unsere Seelen und unsere Gesellschaften formen, nachzudenken (Daloz Parks 2000, 124). An einigen Stellen gibt es einen Beitrag für die religiöse Bildung junger Erwachsener, z.B. in Campusseelsorge und in Lehrerausbildungen in kirchlicher Trägerschaft (wie z.B. in Belgien und den Niederlanden). Aber es entstehen auch neue Strukturen, wie z.B. das Angebot „Vertiefungstage im Kloster" (Zondervan 2004), jedoch erreichen diese Initiativen eiegntlich nur wenige Jugendliche.

In der Sommerakademie stehen also zwei Aspekte im Mittelpunkt: Einerseits geht es um die Weiterentwicklung der theologisch-hermeneutischen Vorgehensweise und deren Umsetzung in gute Methoden zur Weiterbildung von TheologInnen in der Jugendarbeit. Anderseits sollen die Perspektiven, die aus diesen theologisch-kulturhermeneutischen Erkenntnissen entstehen, erweitert werden. Manche kirchlichen Initiativen, wie große Events, erreichen noch junge Erwachsene, allerdings in bescheidenem Umfang. Aber die außerkirchlichen Initiativen und Entwicklungen, die anders mit der neuen Sehnsucht der jungen Erwachsenen nach Religiosität umgehen, sollten unbedingt genauer untersucht werden.

2. Praktisch-theologische Methodik

In der Sommerakademie steht die Expertise der theologischen Professionals in der Jugendarbeit, Jugendseelsorge und Schule im Mittelpunkt. JugendarbeiterInnen, LehrerInnen oder SeelsorgerInnen verstehen die Kunst zu thematisieren, zu inventarisieren und mitzuteilen, was in Jugendkulturen lebt und sich bewegt. Auf diese Art verstärken sie die Sehnsucht, die in den Jugendlichen lebt. Gleichzeitig sind sie wenigstens dazu bereit (aber noch nicht immer in der Lage), diese Lebenswelt theologisch zu durchdenken und wieder an den Jugendlichen zurückzugeben. In den Sommerakademien fiel auf, wie schwierig es ist, von einer kulturhermeneutischen Analyse zu einer explizit theologischen Perspektive durchzustoßen. Viele der TeilnehmerInnen zeigten ein lebhaftes Interesse an den theologischen Grundfragen ihrer Arbeit, jedoch fand sich bisher kein Rahmen, um diese mehr systematisch zu bedenken. Aus diesem Grund entstand, wie schon erwähnt, im Anschluss an die Sommerakademie das Forum "Youth, Culture and Theology" als ein fortwährender Weg von gelebter Theologie – *doing theology* – inmitten der Jugendkulturen.

Zunächst werde ich die Bedeutung einer narthikalen Grundhaltung darlegen, verstanden als korrelative Verbindung zwischen der jugendlichen Lebenswelt und Religion einerseits und christlicher Tradition andererseits – wobei der Fachmann oder die Fachfrau sich immer in der Mitte dieser korrelativen Begegnung befindet und sie verstärkt (Sommerakademie). In einem zweiten Moment erläutere ich, wie diese Grundhaltung in einer Meta-Perspektive auch theologisch nachvollzogen werden kann und wie auf der Basis dieser Reflexion eine permanente Lerngruppe gestiftet werden kann (Forum).

2.1 *Narthikales Lernen*

Der Begriff „narthikal" verweist auf den Narthex: das Vorportal der Kirche, das zwischen dem Profanen und dem Heiligen liegt. Das Bild des Narthex wurde bereits in dem Zusammenhang von religionspädagogischer Theorie für die Schule bearbeitet (siehe Kapitel 4), aber es wurde bisher noch nicht in die Praxis der Jugendseelsorge umgesetzt und konkret ausprobiert. Dies geschah in der Sommerakademie. Nach und nach regte diese Grundhaltung die Phantasie der TeilnehmerInnen an: Theologische Fachleute befinden sich als wichtige Leitende im Zwischenraum zwischen zeitgenössischer neu-religiöser Sehnsucht der Jugendlichen oder jungen Erwachsenen und den reichen Suchtraditionen der Religionen, religiösen Gemeinschaften und religiösen Menschen. So verstärken (im Sinn von vergrößern, Sprachrohr sein) sie den wechselseitigen innovativen Austausch zwischen menschlicher Sehnsucht auf der Suche nach Lebensperspektive und den Sprachspielen religiöser Gemeinschaften, die sich öffnen und sich durch diese Suche befruchten lassen.

Die Metapher des Narthex soll erneut näher erklärt werden. Im Begegnungsraum von Sehnsucht und Perspektive, im Zwischenraum, in dem suchende Jugendliche auf die Herausforderung der Leitenden, sich auf geistige Umwege einzulassen, treffen, kann eine die aktuelle Begegnung übersteigende Dynamik entstehen. Junge Suchende können erkennen, dass ihre Fragen die greifbaren Antworten übersteigt und sie weiter suchen müssen. Ihre Fragen können sich auch in Luft auflösen, in Anbetracht der Größe der dargebotenen Antworten. Die Jugendlichen können auch die Unzulänglichkeit ihrer bisherigen Kenntnisse einsehen und einen neuen Weg einschlagen. Vielleicht merken sie auch, dass die Suche nach dem Sinn niemals aufhört, weil alles anders sein kann, als es scheint. Im narthikalen Raum kann Großes geschehen. Der Narthex, im übertragenen Sinn, ist nicht nur seelsorgerisch-pädagogisch, sondern auch theologisch ein Ort der Konfrontation. Im Lernen kann Offenheit für das nicht zu Lernende, sondern grundsätzlich zu Empfangende entstehen. Im Nartex kann man erkennen, dass man sein eigenes Dasein nicht begründen kann, dass man nicht der Ursprung der eigenen Gedanken ist, dass man auf der Wahrheitssuche selbst bereits gefunden wurde, dass man niemals in vollkommene Sinnlosigkeit verfallen kann, auch wenn man sich verirrt und vom Weg abkommt. Der deutsche Fundamentaltheologe und Pädagoge Helmut Peukert nennt dies „transformatives Lernen" (im Gegensatz zu den meisten Formen des Lernens, die er als „additives Lernen" bezeichnet) und betrachtet es als den Lernweg der

Zukunft: sich in der Begegnung mit anderem und anderen verlieren, um sich auf eine ganz neue Art „als Gefundener“ wiederzufinden (Peukert 2002). Peukert zufolge müssen Kirchen in diesen neuen Lernorten eine einzigartige Rolle spielen, da sie im Idealfall die Traditionen der Offenheit repräsentieren, die Menschen lehren, hoffnungsvoll mit radikalen Transformationssituationen (Heilung nach Brüchen, Vergebung nach Sünde, Leben nach dem Tod usw.) umzugehen. Die Voraussetzung ist allerdings, die Angst vor der Traditionskrise loszulassen und sich an das Innovationsprojekt heranzuwagen!

Solche Jugendarbeit wird dann eine Form des Pilgerns. Die Anstrengung des Lernens kann man, wie bereits auch im vierten Kapitel dieses Buches geschehen, mit der Situation eines oder einer PilgerIn vergleichen, der oder die sich unterwegs nach Kühle und Wasser sehnt und im Narthex des Kirchengebäudes etwas ganz anderes antrifft als zuvor erwartet und erhofft. Ein schönes Beispiel für diese Lernanstrengung ist der Narthex der Madeleine-Kirche in Vézelay (Frankreich). Auf dem Weg durch die burgundischen Hügel, auf einer der zentralen Achsen des französischen Jakobswegs, besteht der bzw. die PilgerIn nur noch aus Sehnsucht. Wer kann den Durst löschen, wer kann Kühlung zuhauchen? Im Narthex geschieht dann etwas Eigenartiges: Prächtige Skulpturen der christlichen Heilsgeschichte erfüllen die Sehnsucht nach Labung. Der triumphierende Christus will dem oder der PilgerIn „lebendiges Wasser“ reichen, auf eine ganz andere Art, als erwartet und erhofft. Aber gleichzeitig erklingen in den Seelen der Pilgernden Seufzer der Erkenntnis. Sie können von ihrer erhitzten Suche nach Seelenheil Abstand nehmen und sich finden lassen (in diesem Fall durch Christus). Die Suche bekommt eine neue Bedeutung, die Sehnsucht wird umstrukturiert, die Fragen des Weges werden nicht beantwortet, aber neu formuliert. Das Leben bekommt eine neue Orientierung: eine neue Bedeutung (pädagogisch) und einen neuen Sinn (theologisch).

Die Metapher des Narthex ist verletzlich. Sie kann falsch interpretiert werden und fordert das in gewisser Weise auch heraus. Der Narthex ist nämlich im wahrsten Sinne des Wortes mit einem konkreten Kirchengebäude verbunden, das eine bestimmte Glaubenstradition repräsentiert. Wir dürfen den Narhex nicht als „antropologisches Trittbrett“ (Harry Kuitert) vor dem heiligen Raum einer bestimmten Glaubenstradition betrachten. So ist das Bild wirklich nicht gedacht. Hier benutze ich es, um eine bestimmte religionspädagogische Methode (vom griech. *meta hodos*, wörtlich: der Weg auf welchem) zu deuten: Man kann die religiöse

Frage nur erkennen, wenn man die Spannung zwischen Verlangen und Perspektive beibehält. Die religiöse Erfahrung als Antwort auf die existentielle Frage kann die Phantasie nur beflügeln, wenn sie in dieser Spannung thematisiert wird, mit anderen Worten wenn die menschliche Sehnsucht auf bedeutungsvolle Worte und Bilder trifft, die sie von innen heraus erleuchten und erneuern. Diese Begegnung zwischen Sehnsucht und Perspektive ist, wie gesagt, zweischichtig. Im pädagogischen Angebot neuer Erkenntnisse für die sich entwickelnde narrative Identität des jungen Erwachsenen („Wer kann ich werden?") kann ein stärkeres Verlangen entstehen, im Geheimnis, wer man eigentlich ist, anzukommen („Wo bin ich zu Hause?"). Herkunft und Zukunft treffen in diesem Lernprozess aufeinander. LehrerInnen, JugendarbeiterInnen oder in der Seelsorge Tätige nehmen die Jugendlichen einerseits mit ihrer Sehnsucht auf, hören sie an und verleihen ihnen eine Stimme, andererseits laden sie die Jugendlichen ein, vorauszuschauen und sich in der Tiefe berühren zu lassen. Sie ermutigen die Jugendlichen, ihre eigene Mitte zu finden, das Fundament ihres Daseins auszudrücken und erzählen bestenfalls über ihre eigenen Sehnsüchte. Diese persönliche Offenheit ist für den Erfolg des hermeneutischen Prozesses ausschlaggebend.

2.2 *Lernen in der Gegenwart des religiös Anderen*

Der Gedankenaustausch der JugendarbeiterInnen, JugendseelsorgerInnen und LehrerInnen während der Sommerakademien machte die Notwendigkeit einer permanenten Diskussionsgemeinschaft deutlich. Die PartizipantInnen wollten ihre Gedanken über persönliche Elemente in ihrem spirituellen ‚Rucksack' austauschen. Außerdem wollten sie sich mehr mit dem theologischen und pädagogischen Beitrag, den sie im narthikalen Raum für die jungen Leute leisten können, auseinandersetzen. Da der Narthex ein offener und undefinierter, innovativer und überraschender Raum ist, sehen viele Fachleute die Notwendigkeit für ein starkes Rückgrat, um in diesem Raum überstehen zu können, um weiter zu einem ausdrucksstarken Gegenüber für diese jungen Menschen zu werden.

Auf diesem Weg wurde das Konzept einer *intentional learning community* im Bereich der praktischen Kulturtheologie relevant. Erläutert werden im Folgenden fünf Charakteristika für eine solche Lerngemeinschaft. Diese sind aus den Sommerakademien erwachsen, wurden intensiv im Forum praktiziert und können ebenfalls in Lerngemeinschaften für andere Arbeitsfelder, z.B. der Seelsorge im Krankenhaus (Baart & Vosman

2006) oder der diakonischen City-Pastoral (Baart & Vosman 2003), verwendet werden.

1. Auf der Grundlage einer radikalen Analyse der gegenwärtigen Lebenswelt der jungen Menschen, die als Schöpfung angesehen wird, übten sich die TeilnehmerInnen darin, die „Zeichen der Zeit im Licht des Evangeliums" (*Gaudium et Spes* #4) zu lesen. Sie untersuchten, wie sie eine Hilfe geben können, um religiöse Tradition in einer offenen Gestalt authentisch in die gegenwärtigen Jugendkulturen *zu tragen*, statt eine feststehende Tradition einfach an die nächste Generation *weiterzugeben* (van Erp 2007). Indem die TeilnehmerInnen aufmerksam die Hoffnungen und Befürchtungen der jungen Menschen angehört haben, haben sie ‚theologisch' zugehört und konnten die verschiedenen Hoffnungs- und Angstgeschichten der jungen Menschen ‚sammeln'.

2. Ein zweiter Aspekt ist die gemeinsame Suche nach Wahrheit. Niemand hat die ultimative Sichtweise auf die Realität. Wahrheit kann nur im Zwischenmenschlichen gefunden werden. Die TeilnehmerInnen begegneten sich untereinander mit religiösem Respekt, z.B. mit Respekt für das Anderssein des Anderen. Sie entwickelten eine gemeinsame Wahrheit, von der sie sich auf ihrer gemeinsamen Suche nach *der* Wahrheit abhängig machten – im Dialog über ihre Ähnlichkeiten und Unähnlichkeiten (Borgman 2006, 15).

3. Diese neuentdeckte Theologie ist immer lokal oder kontextuell im weitesten Sinne des Wortes (Sedmak 2003, 117-126). Die Welt der Jugendseelsorge und des Religionsunterrichts kann nicht durch eine rein deduktive Theologie zusammengeschlossen werden, sondern ist ein Set von einzelnen Lebensgeschichten des gelebten Glaubens der Jugendlichen, die mit religiösen Erfahrungen der großen Traditionen neu gelesen und interpretiert werden.

4. Die Arbeit der Lerngemeinschaft ist absolut demokratisch aufgebaut. Jeder Mensch hat das Recht und die Fähigkeit, eigenständig zu theologisieren. Niemand kann hiervon ausgeschlossen werden. Jeder Mensch ist berechtigt, sein Glaubensleben sowie religiöse Fragen und Antworten zu reflektieren. Gerade deshalb sind alle, die ihren Glauben ernst nehmen, dazu verpflichtet, diesen zu reflektieren. Dies ist nicht allein eine Frage des Könnens oder Dürfens, sondern auch des Müssens. In den meisten der größeren religiösen Traditionen nimmt die Auslegung der Schrift, die Mei-

nungsbildung, die Reflexion und Übersetzung jedes und jeder einzelnen Gläubigen einen hohen Stellenwert ein.

5. Jeder und jede hat das Recht, zu einem bzw. einer Fremden in seiner eigenen Tradition zu werden. Die Muttersprache ist die beste Garantie für einen tiefen religiösen Lernprozess. Daher ist es den TeilnehmerInnen erlaubt, sich auf ihr liebstes *sensitizing concept* der Religion und Theologie zu konzentrieren (konkretisiert in einem religiösen Symbol, Psalm, Gebet oder philosophischen Gedanken, in der Schlüsselerfahrung eines Liedes, eines Filmes oder einer Erzählung). Sie lernen so ihre religiösen Traditionen zu elementarisieren, die Kerngeschichten und -erfahrungen herauszufiltern, um so die gegenwärtigen Jugendkulturen besser verstehen zu können.

Ich glaube, dass diese Annäherung – die Zeichen der Zeit kritisch in einer Lerngemeinschaft zu lesen, dem Leben der jungen Erwachsenen in der Begegnung mit ihnen im Narthex ‚gehorsam' zu sein und zu hoffen, dass der Geist in diesem innovativen Prozess weht – ein vitaler Weg sein kann in der Zukunft. Sich mit der Gegenwartsvision *coram Deo* vertraut zu machen, kann erfolgen durch das Einüben der Vision *coram homine* in einer Lerngemeinschaft, weil man in der Gegenwart des Anderen lernt (siehe auch Kapitel 7). Religiosität ist hier radikal mit Menschlichkeit verknüpft. Eine starke intentionale Lerngemeinschaft wird so zu einer Offenbarungsgemeinschaft – einem Ort, an dem universale menschliche Wahrheit als ein Weg zu Gott geborgen werden kann.

3. Früchte der theologischen Rekontextualisierungsarbeit

Im abschließenden Teil dieses Aufsatzes möchte ich einige theologische Früchte dieser Arbeit präsentieren. Sie beziehen sich auf die Schlüsseldiskussionen der vier Sommerakademien. Natürlich ist die theologische Handschrift der GasttheologInnen der Sommerakademien hierin zu erkennen, da sie dem Ganzen seine Form gegeben haben. Aber aus dem spannenden Zusammenspiel der Vorbereitung und der Arbeit der TeilnehmerInnen ging neues Material hervor, ein neuer theologischer Diskurs, und dies ist ein wesentlicher Bestandteil der Tradition. Im Folgenden ermögliche ich den LeserInnen einen Einblick in dieses Material, das im fruchtbaren Rahmen der Sommerakademien in einer Abtei oder einem Kloster entstanden ist. Die Arbeit des Forums ist, wie gesagt, die Verlängerung dieser Reflexionen und ist separat in einem Buch in den Niederlanden mit den Themen *bricolage* (Französisch für *Basteln*, *Ausprobieren*) und *bezielung* (Niederländisch für *Begeisterung*) der Jugendlichen veröffentlicht worden (Zondervan 2008).

Zwiespältigkeit

Das Christentum ist nicht mehr der selbstverständliche Horizont der religiösen Landschaft. Es ist ein Überangebot an Perspektiven entstanden, für das sich der und die Einzelne beliebig nach eigenem Gutdünken entscheiden kann. Jugendliche sehen hier oft vor lauter Bäumen den Wald nicht mehr. So haben sie einerseits die Freiheit, eine echte Religiosität zu entwickeln, aber andererseits bekommen sie sehr wenig Unterstützung in einem so schwierigen Projekt. Das Schlüsselwort ist hier Zwiespältigkeit. Ihre theologische Interpretation steckt noch in den Kinderschuhen. Wir benötigen eine theologische Beschreibung dieser Zwiespältigkeit, die die Menschen, die sie erleben, ernst nimmt. Anstatt dem Zeitgeist auszuweichen, müssen wir ihn im Gegenteil theologisch zu durchdringen versuchen. Wir müssen den experimentellen Charakter des religiösen Erlebens als Ausdruck von Religiosität betrachten, nicht als Mangel daran. Es ist eine neue und persönliche Ausrichtung auf das göttliche Geheimnis.

Verführung und Hingabe

Jugendliche experimentieren gern und in unserem heutigen spätmodernen kulturellen Kontext haben sie alle Chancen dafür. Einerseits laufen die Jugendlichen Gefahr, sich selbst zu verlieren, wenn sie sich zu sehr auf diese Verführungen (z.B. in Beziehungen, Drogen, Alkohol, Karriere, Subkulturen usw.) einlassen. Andererseits ruft diese Zwiespältigkeit unserer Kultur bei vielen Jugendlichen ein großes Verlangen nach Sicherheit hervor. Sie wohnen z.B. lange im ‚Hotel Mama'. Diese Jugendlichen müssen stimuliert werden, auszubrechen, sich auf den Weg zu machen. Während der Sommerakademien betrachteten wir die Jugendkultur aus der Perspektive des Sündenfalls und so fiel uns die innere Zwiespältigkeit der Verführung auf. Um die eigene Lebensbestimmung zu finden, muss man sich auf den Weg machen, den Mutterschoß zu verlassen. Transgression ist nötig. Gott gibt uns auch diese Freiheit, er bekleidete die Menschen sogar, als sie das Paradies verließen. Wir müssen Jugendliche stimulieren, auszubrechen, dann entdecken sie, wie verführerisch, überwältigend und schmerzhaft das Leben sein kann. Das ist keine Schicksalsergebenheit, sondern ein festes Vertrauen auf ein gegebenes

Versprechen. Schöpfungstheologisch betrachtet, vertrauen wir einerseits darauf, dass Gott uns vollständig annimmt, andererseits ist das Vertrauen nach dem Sündenfall auch angeknackst. Die gleiche Zwiespältigkeit besteht in der Hingabe der Jugendlichen. Aus dem Bedürfnis heraus, bedingungslos geliebt zu werden, wollen Jugendliche sich ganz hingeben. Bei allem Egoismus, der in unserer Gesellschaft so allgegenwärtig ist, suchen sie echte Verbundenheit. Jugendliche wollen sich hingeben, aber ihre Hingabe ist innerlich zwiespältig und muss geklärt werden. So kann z.B. der Glaube *(faith)* bei evangelikalen Jugendlichen leicht zur Unterwerfung *(submission)* werden.

Tradition

Wie wollen wir in unserer Arbeit mit jungen Leuten mit dem christlichen Erbe umgehen? Auffällig ist das merkwürdige Gleichgewicht zwischen Bewahrung und Erneuerung in der christlichen Tradition. Tradition steht immer in einem Spannungsfeld. Wahrscheinlich ist dies ihre Überlebensstrategie: dynamisieren. Die Dynamik der Tradition und der Glaube, von dem sie Zeugnis ablegt, sind fest miteinander verbunden. Aufgrund der Überlieferung kann man der Erneuerung trauen und umgekehrt. Das Leben ist stärker als der Tod. Wenn man die Gegenwart auf eine bestimmte Art entschlüsselt, bekommt die Überlieferung Bedeutung. Dagegen macht die Verbindung mit der Überlieferung den Wert der Gegenwart deutlich. Ohne diese (hermeneutische) Dynamik bleiben theologische Begriffe, Rituale und liturgische Handlungen leer und bedeutungslos. Es geht also nicht darum, das christliche Erbe entweder zu bewahren oder es zu erneuern, sondern das Spannungsfeld zu erhalten. Das Verhältnis zwischen Bewahrung und Erneuerung reguliert sich selbst. Während die Tradition weitergegeben wird, ist sie verletzlich, der Einfluss der Außenwelt berührt sie, infiziert sie. Dies ist lebensnotwendig. Nur so kann das konkrete Leben sich immer wieder mit dem Glauben verbinden und umgekehrt.

Schöpfung

Dieser Umgang mit Tradition setzt Offenheit gegenüber der Welt voraus, aus der Überzeugung heraus, dass Gott in der Welt anwesend ist. Der Schöpfungsglaube unterstützt diese Überzeugung. Schöpfungsglaube bedeutet nicht nur, dass Gott der Ursprung von allem ist, sondern auch die Bejahung dieser Wirklichkeit als Wirklichkeit Gottes. Der Glaube, dass der Mensch und die Welt nach dem Ebenbild Gottes geschaffen sind, drückt nicht nur Vertrauen aus, es ruft auch Verpflichtungen hervor: Wir müssen uns mit anderen und mit der Welt verbinden, nur so können wir uns mit Gott verbinden. In dieser Welt treffen wir Menschen, die uns fremd sind und die uns manchmal auch fremd bleiben. Aber da ist immer eine grundsätzliche Verbundenheit im Geschaffensein. Orthopraxis geht hierbei über Orthodoxie, die Praxis kommt vor der Lehre. Schöpfungsglaube ist im wahrsten Sinne des Wortes *response-ability*: die Möglichkeit, auf das, was uns vorher gegeben wurde, zu antworten. Das setzt eine Empfänglichkeit für das Andere voraus, für das, was nicht von uns kommt, sondern uns gegeben wurde. In unserer Antwort, in unserer Bewegung auf den Anderen zu, kommen wir Gott näher. Schöpfungsglaube ist in diesem Sinne kein beruhigender Gedanke, der es uns möglich macht, uns auf unseren Lorbeeren auszuruhen. Er fordert uns hingegen geradezu auf, die Zwiespältigkeit aufzusuchen – nicht, um sie zu besiegen, sondern um sie als Gottes Wirklichkeit zu bejahen.

Kenose

Schöpfungsglaube ist in gewissem Sinne enteignend: Im Eigenen, in uns selbst, wird für das Andere Platz geschaffen. Durch den Glauben wird das Eigene für die Wirklichkeit Gottes transparent; die selbst gemachte Identität weicht einer geschenkten (geschaffenen) Identität. Kenose ist hier der passende theologische Begriff. In Phil 2,6-7 finden wir eine wichtige Passage: „Er war Gott gleich, hielt aber nicht daran fest, wie Gott zu sein, sondern entäußerte sich und wurde wie ein Sklave und den Menschen gleich. Sein Leben war das eines Menschen.“ Eine solche Kenose kann das Krampfen um das Fortbestehen der Tradition vielleicht ein bisschen lösen. Die Sorge, nichts zu geben zu haben, das Misstrauen und die Angst sind genau dieses Krampfen, das wir im Glauben loslassen sollten. Wer sich nämlich so krampfhaft an dem, was er bekommen hat festklammert, der hat keine Hand mehr frei, um noch etwas geben zu können. Auch hier treffen wir wieder auf diese Zwiespältigkeit: Wenn ich wirklich Mensch (Geschöpf) werde, mache ich für andere Platz.

Licht und Dunkel

Viele junge Menschen kämpfen mit den Erfahrungen von Versagen und Schmerz. Der Schatten ihrer Existenz macht ihnen Angst. Dafür setzen sie nun ihren Fokus auf die “Happy midi narrative” (Savage, Collins-Mayo & Mayo 2006), eine eher kleine strahlende Geschichte von täglicher Glückseligkeit, die ihnen hilft mit Komplexität, Mehrdeutigkeit und

Zufälligkeit ihres Lebens umzugehen. Viele Formen der religiösen Jugendarbeit knüpfen genau an diese Erlebnisse an. Sie bieten eine formative spirituality (statt transformative spirituality). Die Geschichte über die Kenosis Jesu (vor allem im Evangelium nach Johannes) bevorzugt jedoch einen anderen Weg, mit dieser Zufälligkeit umzugehen: Um sich selbst zu finden, muss man sich selbst verlieren. Die Bevollmächtigung im täglichen Leben steht im Gegensatz zu den Erfahrungen der Nicht-Bevollmächtigung in den Evangelien. Das Licht des Glaubens ist radikal anders als das kleine Licht des alltäglichen Lebens. Und immer noch muss ein Zugang zu beiden Arten von Licht gefunden werden. Wie kann religiöse Rationalität neu bedacht und gelebt werden?

Spielerische Religion

Spiele, wie z. B. das Computerspiel *World Of Warcraft*, können Räume sein, worin so eine kenotische Lebenseinstellung geübt wird. Die Technologie öffnet neue Lebensformen und damit neue Identitätsformen. Unsere narrativen Identitäten werden immer fragmentarischer und experimenteller, immer spielerischer. Dieses Spielerische brauchen wir, damit wir uns mit der wachsenden Komplexität unserer Gesellschaft und ihren verschiedenen Wirklichkeiten auseinandersetzen können. Dadurch entdecken wir wieder, dass gerade in der Religion mit verschiedenen Wirklichkeiten gespielt wird. So verbindet sie sinnstiftende Erzählungen mit dem Leben des Alltags, wodurch die beiden in ein neues Licht gerückt werden. Junge Menschen suchen solche sinnstiftenden Erzählungen in einer Welt, überfüllt mit Erzählungen, um herauszufinden, wie sie sich selbst und die Wirklichkeit sehen, erfahren und verstehen sollen. Auch entdecken wir unsere mystagogische Rolle als JugendbegleiterInnen wieder. Zusammen mit Jugendlichen suchen wir nach der Devotion, die sich in der Tradition als ‚kanonische Erfahrung' versteckt. Die Momente, in denen wir Fragmente dieser Devotion wiedererkennen, sind Fragmente der heutigen religiösen Identität.

Schlussfolgerung

Dies alles ist work in progress. Die praktische Kulturtheologie der Sommerakademie und des Forums ist essayistische Theologie, mit Betonung auf essayer (französisch für ausprobieren). Sie hat keinen definitiven Charakter, sondern ist selbst Teil des Transformationsprozesses der Religion der heutigen Zeit. Eine solche theologische Entwicklung miterleben zu dürfen, z.B. in einem innovativen Projekt wie der Sommerakademie, ist eine ganz besondere Erfahrung. Ich meine, dass ein solches Projekt ‚gelebte' Praktische Theologie und deswegen praktische Kulturtheologie ist. Praktische TheologInnen entwerfen eine Karte der sich permanent ändernden religiösen Landschaft und liefern Reiseberichte der Erfahrungen der Menschen *coram Deo* (van den Bosch 2007, 181). In diesem Sinne ist praktische Kulturtheologie radikalisierte *coram-homine*-Arbeit.

Schlusswort

In diesem Buch wollte ich die LeserInnen auf eine Entdeckungsreise durch aktuelle Entwicklungen in der Religionspädagogik mitnehmen. Sie erkennen nun vermutlich leichter die Fakten und Gestaltungsmöglichkeiten, Chancen und Grenzen aktueller religiöser Bildung. Die Handlungskompetenz ist damit jedoch noch nicht gewährleistet. Es gibt nicht nur den ewig andauernden Entwicklungsdrang der Jugendlichen, der immer wieder Flexibilität von ErzieherInnen und LehrerInnen einfordert – da ist auch der Aspekt, dass dieser Prozess sich heute in einer komplexen Umgebung vollzieht. Großwerden ist ein permanenter und interaktiver Lernprozess. Die Lebensgeschichte eines Jugendlichen, einschließlich seiner Zukunftsperspektive und dem Bewusstsein für seine Herkunft, ist andauernd in Entwicklung – *under construction* – und dies in einer unsicheren Lebens- und Lernumgebung. Aus diesem Buch ergibt sich, dass es keinen Grund zur Panik gibt: So leben junge Menschen – einerseits sich stoßend und verletzend, aber auch sich erneuernd an einer impulsreichen und anregenden Umgebung.

Die Frage nach Ganzheitlichkeit ist in der heutigen Zeit eminent anwesend. Viele leben in einem zerbröckelten Universum. ErzieherInnen und LehrerInnen fragen sich, was gut ist für ihre Kinder, was sie als ihre Werte weitergeben sollen. Im täglichen Leben, auf der Arbeit, in Beziehungen und sogar in Ruhephasen erfahren viele ZeitgenossInnen eine nicht zu beruhigende Hektik. Man kommt nicht mehr an sich selbst heran und die Sprache, über die man für die Umschreibung eigener tiefster Empfindungen verfügte, ist für viele Menschen verloren gegangen oder inhaltslos geworden. Religiöse Institutionen verlieren ihre Aussagekraft, Kirchen bleiben leer. Auch der christliche Bezugsrahmen erscheint vielen Menschen als überholt. Und doch bleibt die Frage nach der Ganzheitlichkeit aufdringlich. Durch die Kontrasterfahrung „So geht's nicht weiter" kommen viele Menschen in Bewegung. Man erkennt, dass man nicht selbst der Grund für die eigene Existenz sein kann, dass es Grenzen der eigenen Regieführung des Lebens gibt und dass Risse in einem Leben, das sich selbst ausgeliefert ist, entstehen können.

Ausgehend von einer narthikalen Perspektive religiöser Erziehung habe ich in diesem Buch dafür plädiert, den Lernraum maximal zu öffnen.

Führe Jugendliche zu ‚grünen Weiden' (Van den Berk 1999), sodass ihr Verlangen nach Einsicht und Wissen geweckt wird. Führe sie in Verzückung zwischen Sehnsüchten und Perspektiven, lass sie erfahren, was Hunger und Durst bedeuten, was der Ausblick auf das Nachhausekommen im Leben eines Pilgers oder einer Pilgerin bedeutet und fülle sie mit impulsreichen Lebens- und Wissensperspektiven, aber vor allem mit deinen eigenen Erfahrungen des Haderns und Zweifelns als selbst betroffener Vorgänger oder als betroffene Vorgängerin dieser Perspektiven. Glauben kann prinzipiell nicht angelernt werden. Er wird *ex auditu* erfahren. Jemand hat sich die Mühe gemacht und sein Leben darauf eingestellt. Und das regte die Phantasie an und bewirkte Ansteckung bei anderen.

Damit ist auch klar geworden, dass religiöse Bildung heutzutage eine solide Begründung braucht. Eine Position des schulischen Religionsunterrichts als ‚Laberfach' oder als 'Happy Reli' – als Schulfach mit tollen Gesprächsimpulsen, aber ohne objektives *Wissen* des komplizierten und heterogenen religiösen Gegenstandes und ohne bezeugende *Weisheit* der Lehrperson – ist nicht länger akzeptabel. Auch die *Wahrheit* hat in einem guten Religionsunterricht ihre Rechte: Religionsunterricht soll kein religiöses Reservat sein, das Kinder für religiöse Diversität und Indifferenz blind macht (Jäggle 2002, 181) oder das an Kinder „meist freundlich und nicht bedrohlich normative Erwartungen, die nicht nur von der Gesellschaft, sondern auch von einem Großteil der Eltern nicht [mehr] praktiziert werden, [heranträgt]" (Jäggle 1986, 120).

Was bedeutet diese professionelle Spiritualität nun für Schule und Kirche? Ich bin davon überzeugt, dass viele Forschungsthemen in der neueren Religionspädagogik und -didaktik auch ihre Auswirkung auf den gesamten Lernort Schule haben. Auch gelungene allgemeine Erziehung ist immer religiös geprägt (Alexander 2001; Koerrenz 1997). Sie legt ihren Schwerpunkt nach außen und ist geformt von der Dynamik der Hoffnung. Denn der Lernende hat alles von anderen zu erwarten. Und der Lehrer oder die Lehrerin widmet sich dem Lernpotenzial der einzelnen SchülerInnen oder der Gruppe; er oder sie hofft, dass es ‚klick' macht. Lernen ist andauerndes Umlernen, Umordnen, Erneuern, denn alles kann permanent anders sein. Der Lernende und die Lehrperson trauen sich, der Komplexität ins Auge zu schauen, und können Kontingenzen aushalten. Dabei entstehen kleine Geschichten und darin werden ihre Geschichten groß. Sie lassen sich nicht schlucken von großen, aufsehenerregenden Erzählungen, die bestimmt werden von Markt und Medien. Sie laben sich an Weisheitstraditionen, die groß in ihrer Empfänglichkeit und Bescheidenheit sind und die sie inspirieren, die tägliche Suche nach Sinn auszuhalten. Schulen bieten viele Rationalitätsformen an. Sie sollen sich aber auch mindestens mit diesem ultimativen Bereich des menschlichen Lebens auseinandersetzen. Kinder und Jugendliche haben ein Recht auf Orte, wo diese Begegnung permanent und institutionalisiert stattfinden kann (Jäggle 2006; Kropač 2009; Mette 2010).

Von Kirchen darf man zu Recht erwarten, dass sie den spannungsvollen Raum zwischen Sehnsüchten und Perspektiven einnehmen, zwischen dem, was Menschen in ihrer verletzlichen Existenz heute zu finden hoffen und den Traditionen des In-Verletzlichkeit-Getragen-Seins. Die Kirche muss ihren Narthex, ihr Vorportal, gut versorgen: den Durchgangsraum zwischen draußen und drinnen, zwischen der Suche der heutigen Menschen und den fragmentarischen Antworten, die die Kirche aus ihrer Tradition anzubieten weiß. Diese narthikale Begegnung ist pädagogisch, wie bereits erwähnt, aber auch theologisch: Ich lerne mich selbst besser kennen, in meiner Beziehung zu religiöser Kultur und religiösen Bewegungen, aber auch in meiner Beziehung zu Gott, zu dem tragenden Ursprung meiner Existenz, der immer größer ist als ich selbst.

In diesem gemeinschaftlichen Suchprozess können viele Stimmen zu Wort kommen. Hier sind bestimmt Querverbände und Verbünde mit anderen anzustreben, die sich auch für einen neuen Menschen engagieren – für einen Menschen, der nicht reduziert wird auf sein Kaufverhalten oder auf seine Arbeitsleistung. So kann von einem neuen Kostbarkeitscharakter des Menschseins gesprochen werden. Hieraus können vielleicht auch eine neue christliche Anthropologie und eine Bewegung von christlichen DenkerInnen und PraktikerInnen entstehen. Sie könnten Zeugen und Zeuginnen von den überraschenden Metamorphosen Gottes (Schillebeeckx 2005; Borgman 2006; Van den Bosch 2006) in der heutigen Zeit sein. Ihre dankbare Rede legt Zeugnis von dieser Suche ab: Sie erfahren ihre Situation als eine Herausforderung, gut nachzudenken und zu überlegen, damit sie sich in der langen Tradition geschenkter Humanität wiederfinden können. Sie stehen dort nicht allein. Aber sie müssen dort festen Bestand haben!

Literaturverzeichnis

ADAM, G. (2001), *Art. Sonderschulen,* in N. Mette & F. Rickers (Hg.), *Lexikon der Religionspädagogik (*Band 2*),* Neukirchen-Vluyn, 1813-1819.

ADAM, G. (2002), *Menschenrechte und Menschenwürde,* in A. Pithan, G. Adam, R. Kollmann (Hg.), *Handbuch Integrative Religionspädagogik,* Gütersloh, 138-143.

ALBRECHT, W. (1988), *Eine „besondere" Religionspädagogik für die Sonderschulen?,* in *Katechetische Blätter 113,* 409-416.

ALEXANDER, H.A. (1995), *Religion and Multiculturalism in Education,* in *Religious Education 90* (3-4), 377-387.

ALEXANDER, H.A. (2001), *Reclaiming Goodness. Education and the Spiritual Quest,* Notre Dame.

ALII, E.T. (2009), *Godsdienstpedagogiek. Dimensies en spanningsvelden,* Zoetermeer.

ALMA, H.A. (1993), *Geloven in de leefwereld van jongeren,* Kampen.

ALMA, H.A. & HEITINK, G. (1998), *Religious Belief and the Experiential World of Young People,* in A. Ploeger & C. Sterkens (red.), *Search for Meaning. Education into Realms of Meaning in a Plural Society,* Kampen, 11-31.

BAART, A. (2001), *Een theorie van de presentie,* Utrecht.

BAART, A. & VOSMAN, F. (red.) (2003), *Present. Theologische reflecties op verhalen van Utrechtse buurtpastores*, Utrecht.

BAART, A. & VOSMAN, F. (2006), *Een lerende gemeenschap 'ethiek' van geestelijk verzorgers*, in *Tijdschrift voor Geestelijke Verzorging 9*, # 41.

BACH, U. (2002), *Theologie nach Hadamar als Aufgabe der heutigen Theologie,* in A. Pithan, G. Adam & R. Kollmann (Hg.), *Handbuch Integrative Religionspädagogik,* Gütersloh, 112-118.

BACH, U. (2006), *Ohne die Schwächsten ist die Kirche nicht ganz. Bausteine einer Theologie nach Hadamar,* Neukirchen-Vluyn.

BALDERMANN, I. (1996), *Einführung in die biblische Didaktik,* Darmstadt.

BAKKER, C. (2007), *Interreligious Learning. Teachers in Tension? Teachers between 'The Formal Christian Identity of the School' and 'Religious Diversity'*, in D. Pollefeyt (ed.), *Interreligious Learning*, 291-308.

BATES, D. (2006), *John Hull. A Critical Appreciation*, in D. Bates, G. Durka & F. Schweitzer (Hg.), *Education, Religion and Society. Essays in Honour of John M. Hull*, London/New York, 6-31.

BAUMAN, Z. (1996), *From Pilgrim to Tourist – or a Short History of Identity,* in S. Hall & P. Du Gay (eds.), *Questions of Cultural Identity,* London, 18-35.

BECKER, U. & GOSSMANN, K. (1995), *Aneignung und Vermittlung. Beiträge zu Theorie und Praxis einer religionspädagogischen Hermeneutik,* Gütersloh.

BEAUDOIN, T. (1998), *Virtual Faith: the Irreverent Spiritual Quest of Generation X,* San Francisco.

BEIRER, G. (1995), *Wert, Tugend und Identitat: zur Gestaltung und Vermittlung sittlicher Kompetenz,* in V. Eid, A. Elsasser & G.W. Hunold (Hg.), *Moralische Kompetenz. Chancen der Moralpadagogik in einer pluralen Lebenswelt*, Mainz, 76-116.

BENNER, D. (2004a), *Opvoeding en traditie: behoud, verandering, vernieuwing,* in H. van Crombrugge & W.A.J. Meijer (Hg.), *Pedagogiek en traditie, opvoeding en religie,* Tielt, 173-189.

BENNER, D. (2004b), Bildungsstandards und Qualitätssicherung im Religionsunterricht, in Religionspädagogische Beiträge, #53, 5-19.

BERG, H.-K. (1991), *Lebenspraxis als Ausgangs- und Zielperspektive der Bibellektüre,* in *Jahrbuch für Religionspädagogik 8,* 139-154.

BEVANS, S.B. (1992), *Models of Contextual Theology*, Maryknoll.

BEUERS, C. (2000), *Menschen mit Behinderung*, in H. *Haslinger* (Hg.), *Handbuch Praktische Theologie* (Band 2), Mainz, 152-162.

BIEMANS, B. & VAN DER VEN, J.A. (1994), *Religie in fragmenten. Een onderzoek onder studenten* (Theologie & Empirie 20), Kampen.

BIERINGER, R. (1997), *The Normativity of the Future. The Authority of the Bible for Theology,* in *Bulletin ET 8*, 52-67.

BITTER, G. (1996), *Plädoyer für eine zeitgemäße Korrelationsdidaktik,* in *Lebendige Katechese 18* (1), 1-8.

BLUYSSEN, J. (1989), *De vele wegen en de ene weg,* Baarn.

BOEVE, L. (1999), *Onderbroken traditie. Heeft het christelijk verhaal nog toekomst?* Kapellen.

BOPP, K. (1995), *Wozu kirchliche Jugendarbeit? Überlegungen zu einer lebensweltbezogenen Jugendarbeit*, in *Stimmen der Zeit 120,* 401-411.

BORGMAN, E. (2000), *Zoeken naar het zelf of wachten op God?*, in *De Bazuin*, 10 november 2000.

BORGMAN, E. (2001), *Wat William James wist. Notities over de religieuze vraag in het hart van de (post)moderniteit,* in P. Sloterdijk, *Kansen in de gevarenzone. Kanttekeningen bij de variatie in spiritualiteit na de secularisatie* 60-93, Kampen.

BORGMAN, E. (2002), *Identiteit verwachten: van theologische antropologie naar cultuurtheologie,* in *Tijdschrift voor Theologie 42,* 174-196.

BORGMAN, E. (2004), *The 'New' Europe: a Spiritual Gesture*, in *Concilium* (2004) # 2, 33-41.

BORGMAN, E. (2006), *Metamorfosen. Over religie en moderne cultuur*, Kampen/Kapellen.

BOSCHKI, R. (1998), *Dialogisch-kreative Religionsdidaktik. Eine Weiterentwicklung der korrelativen Hermeneutik und Praxis,* in *Katechetische Blätter 123*, 13-23.

BOSCHKI, R. (2003), *„Beziehung" als Leitbegriff der Religionspädagogik. Grundlagen einer dialogisch kreativen Religionsdidaktik* (Zeitzeichen 13), Ostfildern.

BOWMAN, L. (2006), *Understanding the Study of Religion in Undergraduate Programs of Religious Studies as Religious Education*, in *Religious Education 101*, 143-146.

BOYD, D. (1996), *A Question of Adequate Aims,*in *Journal of Moral Education 25*, 21-29.

BOYS, M. (1997a), *Authenticity, not Demonization: An Education for Paradox*, in *Journal of Ecumenical Studies 34*, 350-355.

BOYS, M. (1997b), *Jewish-Christian Dialogue. One Woman's Experience,* New York.

BOYS, M. (2000), *Has God Only One Blessing? Judaism as a Source of Christian Self-Understanding*, New York/Mahwah (NJ).

BOYS, M. (2008), *Learning in the presence of the other*, in *Religious Education 103*, 502-506.

BROESTERHUIZEN, M. (2007), *Beperkte mensen als beeld van God, in Collationes 37*, 283-308.

BRUEGGEMANN, W. (1982), *The Creative Word. Canon as a Model for Biblical Education,* Philadelphia, 91-117.

BUCHER, A. (1995), *Die Moraltheorie von Lawrence Kohlberg als Paradigma für Moraltheologie und religiös-sittliche Erziehung*, in V. Eid, A. Elsasser & G.W. Hunold (Hg.), *Moralische Kompetenz*, Mainz, 37-75.

BUCHER, A. (1999), *Stimmt die Entkoppelungsthese? Zum Verhältnis allgemeiner und kirchlicher Religiosität in einer Stichprobe von 2700 Schuljugendlichen in Österreich*, in C. Friesl & R. Polak (Hg.), *Die Suche nach der religiösen Aura*, Graz, 224-230.

BUCHER, A. (2001a), *Happiness of the Children: A Task for the Pedagogy of Religion?* in B. Roebben & M. Warren (eds.), *Religious Education as Practical Theology. Essays in Honour of Professor Herman Lombaerts,* Leuven/Paris/Sterling (VA), 17-34.

BUCHER, A. (2001b), *The Syncretic Religion of Young People: Fact or Fiction?,* in H.-G. Ziebertz et al., *Religious Individualization and Christian Religious Semantics* (Empirische Theologie 8), Münster/Hamburg/London, 85-96.

BUCHER, A. (2002), *Kindertheologie: Provokation? Romantizismus? Neues Paradigma?*, in *Jahrbuch für Kindertheologie 1*, 9-27.

BURGGRAEVE, R. (1981), *Van zelftontplooing naar verantwoordelijkheid. Een ethische lezing van het verlangen: ontmoeting tussen psychoanalyse en Levinas*, Leuven

BURGGRAEVE, R. (1990), *Levinas over vrede en mensenrechten*, Leuven/Amersfoort.

BURGGRAEVE, R. (1991), *De bijbel geeft te denken. Schepping, milieu, lijden, roeping, Gods passie en de ander, vergeving, bevrijding van de ethiek. In gesprek met Levinas,* Leuven/Amersfoort.

BURGGRAEVE, R. (1994), *Christelijke waardenopvoeding drie-dimensioneel: emotionaliteit, rationaliteit en zingeving,* in *Collationes 24,* 227-257.

BURGGRAEVE, R. (2007), *Alterity makes the difference: ethical and metaphysical conditions for an authentic interreligious dialogue and learning*, in D. Pollefeyt (ed.), *Interreligious learning* (BETL 201), Leuven/Paris/Dudley (MA), 231-256.

BÜTTNER, G. (2007a), *Kinder – Theologie*, in *Evangelische Theologie 67*, 216-229.

BÜTTNER, G. (2007b), *How theologizing with children can work*, in *British Journal of Religious Education 29*, 127-139.

BÜTTNER, G. (2009), *Children's Concepts of Contingency as a Subject of Philosophizing*, in G. Yde Iversen, G. Mitchell & G. Pollard (eds.), *Hovering over the Face of the Deep,* Münster, 25-36.

CAMPICHE, R. (1997), *Cultures jeunes et religions en Europe*, Paris.

CARR, D. (1996), *The Moral Role of the Teacher. Perspectives on Values 3,* Edinburgh.

CHAMPAGNE, E. (2009), *Together on the journal of plurality*, in *International Journal of Children's Spirituality 14*, 1-3.

COHEN, E.H. (2006), *Research in Religious Education. Content en Methods for the Postmodern and Global Era*, in *Religious Education 101* (2), 147-152.

CRAWFORD, M. & G. ROSSITER (2006), *Reasons for Living. Education and young people's search for meaning, identity and spirituality. A handbook,* Camberwell.

DALOZ PARKS, S. (2000), *Big Questions, Worthy Dreams. Mentoring Young Adults in Their Search for Meaning, Purpose, and Faith*, San Francisco.

DAMON, W. & COLBY, A. (1996), *Education and Moral Commitment. Journal of Moral Education 25* (1), 31-37.

DAMON, W. & GREGORY A. (1997), *The Youth Charter. Towards the Formation of Adolescent Moral Identity, Journal of Moral Education 26* (2), 117-130.

DASBERG, L. (1996), *Menswording tussen mode, management en moraal,* Amersfoort.

De glans van Gods woord. Brief van de Nederlandse bisschoppen over catechese (2004), Utrecht.

DE HART, J. (1990), *Levensbeschouwelijke en politieke praktijken van Nederlandse middelbare scholieren*, Kampen.

DEKKER, G., DE HART, J. & PETERS, J. (1997), *God in Nederland. 1966-1996,* Amsterdam.

DELEU, P. (1988), *De kinderen zijn vrij. Over gezin, kerk en geloofsopvoeding,* Tielt.

De school staat niet alleen. Verslag van de commissie Samenleving-Onderwijs aan de Koning Boudewijnstichting (1994), Tielt.

Die deutschen Bischöfe (1992), *Zum Religionsunterricht an Sonderschulen*, Bonn.

Die deutschen Bischöfe (1996), *Die bildende Kraft des Religionsunterrichts* (Heft 56), Bonn.

Die deutschen Bischöfe (2005), *Der Religionsunterricht vor neuen Herausforderungen* (Heft 80), Bonn.

Die deutschen Bischöfe (2006), *Der Klimawandel: Brennpunkt globaler, intergenerationeller und ökologischer Gerechtigkeit* , Bonn.

DILLEN, A. (2006), *Geloof in het gezin. Ethiek, opvoeding en gezinnen vandaag*, Tielt.

DILLEN, A. (2007), *Religious participation of children as active subjects: toward a hermeneutical-communicative model of religious education in families with young children*, in *International Journal of Children's Spirituality 12*, 37-49.

DOMMEL, C. (2007), *Religions-Bildung im Kindergarten in Deutschland und England: Vergleichende Bildungsforschung für frühkindliche Pädagogik aus religionswissenschaftlicher Perspektive*, Frankfurt.

DOMMEL, C. & ROEBBEN, B. (2010), *REMC Report Germany* [nicht veröffentlichter Forschungsbericht], Dortmund.

DREHSEN, V. (1994), *Wie religionsfähig ist die Volkskirche? Sozialisationstheoretische Erkundungen neuzeitlicher Christentumspraxis,* Gütersloh.

DUFFY, S.J. (1995-96), *Christianity in Dialogue. Jesus at the Circumference or Center?*, in *The Living Light 32* (2), 61-72.

EBERTZ, M.N. (1999), *Kirche im Gegenwind. Zum Umbruch der religiösen Gesellschaft,* Freiburg/Basel/Wien.

EBNER, R. (2001), *Integration von Behinderten und Nichtbehinderten im Religionsunterricht. Wichtige Aspekte der Elementarisierung beim Von- und Miteinanderlernen,* in *Religionspädagogische Beiträge*, # 47, 27-34.

EID, V. (1995), *Moralerziehung in pluraler Lebenswelt - und 'christliche Moral'?,* in V. Eid, A. Elsasser & G.W. Hunold (Hg.), *Moralische Kompetenz*, Mainz, 143-174.

ELCHARDUS, M. (red.) (1999), *Zonder maskers. Een actueel portret van jongeren en hun leraren,* Gent.

ENGEDAL, L.G. (2006), *Homo Viator. The Search for Identity and Authentic Spirituality in a Post-modern Context,* in K. Tirri (ed.), *Religion, Spirituality and Identity*, Bern e.a.

ENGLERT, R. (1992), *Religiösen Erwachsenenbildung: Situation, Probleme, Handlungsorientierung,* (Praktische Theologie Heute 7), Stuttgart.

ENGLERT, R. (1993a), *Religionsunterricht in Deutschland. Situation und Prognose,* in J. Bulckens & H. Lombaerts (red.), *L'enseignement de la religion catholique à l'école secondaire. Enjeux pour la nouvelle Europe,* Leuven, 71-88.

ENGLERT, R. (1993b), *Die Korrelationsdidaktik am Ausgang ihrer Epoche: Plädoyer für einen 'ehrenhaften' Abgang,* in G. Hilger & G. Reilly (Hg.), *Religionsunterricht im Abseits? Das Spannungsfeld Jugend-Schule-Religion,* München, 97-110.

ENGLERT, R. (1998), *Der Religionsunterricht nach der Emigration des Glauben-Lernens*, in *Katechetische Blätter 123*, 4-12.

ENGLERT, R. (2003), *Neues aus Altem verstehen. Zum Vorschlag einer abduktiven Weiterentwicklung der Korrelationsdidaktik*, in H.-G. Ziebertz, S. Heil & A. Prokopf (Hrsg.), *Abduktive Korrelation. Religionspädogogische Konzeption, Methodologie und Professionalität im interdisziplinären Dialog*, Münster/Hamburg/London,

ENGLERT, R. (2005), Wie *lehren wir Religion – unter den Bedingungen des Zerfalls ihrer vertrauten Gestalt?* in *Katechetische Blätter 130,* 366-375.

ENGLERT, R. (2007a), *Die Krise pädagogischer Berufe und das Berufsethos des Religionslehrers,* in M. Langer & W. Verburg (Hg.), *Zum Leben führen. Handbuch religionspädagogischer Spiritualität.* München, 45-63.

ENGLERT, R. (2007b), *Religionspädagogische Grundfragen. Anstöße zur Urteilsbildung*, Stuttgart.

EXELER, A. (1977), *Gestaltetes Leben. Grundlinien einer Moralpädagogik*, in *Katechetische Blätter* 102, 6-23.

FEIFEL, E. (1995), *Didaktische Ansätze der Religionspädagogik,* in H.-G. Ziebertz & W. Simon (Hg.), *Bilanz der Religionspädagogik,* Düsseldorf, 56-110.

FEIFEL, E. & KASPER, W. (1987), *Tradierungskrise des Glaubens,* München, Kösel.

FEININGER, B. (2000-2001), *Mit der Bibel das Leben erzählen,* in *Bibel und Kirche 56*, 148-155.

FERRY, L. (2008), *Apprendre à vivre. Traité de philosophie à l'usage des jeunes générations*, Paris.

FISCHER, D. (1988), *Gleiche Inhalte für behinderte und nicht-behinderte Schüler*, in *Katechetische Blätter 113*, 402-408.

FRAAS, H.-J. (1989), *Gemeinschaft – Geschichte – Persönlichkeit. Dt 6,20 als Grundmodell religiöser Sozialisation*, in W. Homolka & O. Ziegelmeier (Hg.), *Von Wittenberg nach Memphis* (FS R. Schwarz), Göttingen, 21-37.

FREIRE, P. (2007), *Bildung und Hoffnung*, Münster.

FREUDENBERGER-LÖTZ, P. (2009), '*I didn't know that God can speak...' Theological conversations with children. Chances and challenges for teacher training,* in G. Yde Iversen, G. Mitchell & G. Pollard, *Hovering over the Face of the Deep*, 85-93.

GABRIEL, K. (1994), *Christentum zwischen Tradition und Postmoderne*, Freiburg/Bazel/Wenen.

GANZEVOORT, R. (2004), *Bijbel – biografie – breukmomenten. De Sagrada Familia als metafoor,* in J. De Tavernier (red.), *De bijbel en andere heilige boeken: verhalen om van te leven?,* Leuven/Voorburg, 153-168.

GANZEVOORT, R. (2006), *De hand van God en andere verhalen. Over veelkleurige vroomheid en botsende beelden,* Zoetermeer.

GEARON, L. (2006), *The Teaching of Human Rights in RE: the Case of the Genocide*, in D. Bates, G. Durka and F. Schweitzer (eds.), *Education, Religion and Society. Essays in Honour of John M. Hull*, London/New York, 71-82.

GEERINCK, I. (2004a), *God Embarrassed by the Pastor? A Search for New Practices in Religious Education*, in D. Nauer, R. Nauta, & H. Witte (eds.), *Religious Leadership and Christian Identity,* Münster, 143-153.

GEERINCK, I. (2004b), *Waait de Geest echt overal? De originaliteit van het godsdienstonderricht in het gedrang*, in *Tijdschrift voor Theologie 44*, 213-223.

GEERINCK, I. (2006), *Identiteit als toegevoegde waarde. Het kritische heden en verleden van het godsdienstonderwijs,* Leuven.

GEURTS, T. (2008), *Het team als pedagogische waardegemeenschap. Waardegericht leren en de toekomst van de school*, in *Narthex. Tijdschrift voor levensbeschouwing en educatie 8* (5), 42-47.

GEURTS, TH. & STREPPEL, T. (2001), *Profetisch contra fetisj. Het 'tegenwoord' in de didactiek van levensbeschouwelijk leren,* in *Narthex. Tijdschrift voor levensbeschouwing en educatie 1* (4), 5-20.

GILBERT, G. (2003), *Mijn kerk is de straat,* Tielt.

GIROUX, H.A. (1993), *Living Dangerously. Multiculturalism and the Politics of Difference,* New York.

GRÄB, W. (2002), *Sinn fürs Unendliche. Religion in der Mediengesellschaft,* Gütersloh.

GREINER, U. (2005), *Junge Erwachsenen: Schlüsselfiguren religiöser Bildung*, in R. Englert & S. Leimgruber (Hg.), *Erwachsenenbildung stellt sich Pluralität* (Religionspädagogik in pluraler Gesellschaft 6), Freiburg/Basel/Wien, 136-150.

GRIMMITT, M. (1987), *Religious Education and Human Development*, Great Wakering.

GRÖZINGER, A. & LOTT, J. (Hg.) (1997), *Gelebte Religion. Im Brennpunkt praktisch-theologischen Denkens und Handelns* (Hermeneutica 6), Rheinbach.

GRÜMME, TH. (2002), *Religionsförmigkeit als heimliche Pointe der Korrelationsdidaktik? Zum Begriff der Erfahrung in einer Zeit gottvergessener Religionsfreudigkeit,* in *Theologie der Gegenwart 45*, 13-29.

GRÜMME, B. (2006a), *Hinwendung zur Wahrnehmung? Herausforderung Integration am Beispiel der Sonderschulpädagogik,* in *Theologisch-praktische Quartalschrift* 154, 55-64.

GRÜMME, B. (2006b), *Religionsunterricht im Beschleunigungszwang. Beschleunigung der Lebenswelten als Herausforderung an eine erfahrungsbezogene Religionspädagogik,* in *Trierer theologische Zeitschrift* 115, 265-279.

GRÜMME, M. (2007), *Mystagogische Performanz. Der Religionsunterricht als Raum religiöser Praxis*, in *Theologie der Gegenwart 50*, 291-300.

GRÜMME, B. (2009), *Theologie der kleinen Leute*, in R. Miggelbrink, D. Sattler & E. Zenger (Hg.), *Gotteswege. Für Herbert Vorgrimler*, Paderborn/München/Wien/Zürich, 241-257.

HABERMAS, J. (1992), *Nachmetaphysisches Denken*, Frankfurt-am-Main.

HABERMAS, J. (2001), *Glauben und Wissen. Friedenspreis des Deutschen Buchhandels 2001*, Frankfurt am Main.

HALSALL, A. & ROEBBEN, B. (2006), *Intercultural and Interfaith Dialogue Through Education,* in *Religious Education 101* (4), 443-452.

HALSTEAD, J.M. (1996), *Values and Values Education in Schools,* in J.M. Halstead & M.J. Taylor (eds.), *Values in Education and Education in Values*, London, 3-14.

HARMIN, M. (1988), *Value Clarity, High Morality. Let's Go for Both,* in *Educational Leadership 45* (8), 24-30.

HAY, D. & NYE, R. (1998), *The Spirit of the Child*, London.

HEIMBROCK, H.-G. (2000), *Vom Kontext zur Lebenswelt. Theologische, bildungstheoretische und religionspädagogische Überlegungen im Horizont kultureller Pluralität*, in Th. Schreijäck (Hg.), *Religion im Dialog der Kulturen. Kontextuelle religiöse Bildung und interkulturelle Kompetenz* (Forum Religionspädagogik interkulturell 2), Münster/Hamburg/London, 203-230.

HEMMING, J. (1996), *Morality after Myth,* in *Journal of Moral Education 25,* 39-45.

HENDRIKS, J. (2000), *Gemeente als herberg. De kerk van 2000 – een concrete utopie,* Kampen.

HERMANS, C.A.M. (2003), *Participatory Learning. Religious Education in a Globalizing Society*, Leiden.

HERVIEU-LÉGER, D. (1990), *Religion and Modernity in the French Context. For a New Approach to Secularization,* in *Sociological Analysis 51,* 15-25.

HILGER, G. (1994), *Für eine Verlangsamung im Religionsunterricht,* in *Katechetische Blätter* 119, 21-30.

HILGER, G., LEIMGRUBER, S. & H.-G. ZIEBERTZ (2002). *Religionsdidaktik. Ein Leitfaden für Studium, Bildung und Beruf,* München.

HILLESUM, E. (1986), *De nagelaten geschriften van Etty Hillesum (1941-1943),* Amsterdam.

HÖHN, H.-J. (1994), *Gegen-Mythen. Religionsproduktive Tendenzen der Gegenwart*, Freiburg.

HUGGLER, J. (2009), *Religious Education as an Intellectual and Cultural Enterprise: Some Questions about 'Theologising with Children'*, in G. Yde Iversen, G. Mitchell & G. Pollard (eds.), *Hovering over the Face of the Deep*, 117-127.

HULL, J. (1996), *The Ambiguity of Spiritual Values,* in J.M. Halstead & M.J. Taylor (eds.). *Values in Education and Education in Values*, London, 33-44.

HUSSAIN, A. (2004), *Islamic Education: Why is there a Need for it?,* in *Journal of Beliefs and Values 25,* 319-323.

IPGRAVE, J. (2009a) *'My god and other people's gods'. Children's Theology in a Context of Plurality*, in G. Yde Iversen, G. Mitchell & G. Pollard (eds.), *Hovering over the Face of the Deep*, 54-69

IPGRAVE, J. (2009b), *The language of friendship and identity. Children's communication choices in an interfaith exchange*, in *British Journal of Religious Education 31,* 213-225.

JACKSON, R. (1997), *Religious Education: An Interpretive Approach*, London.

JACKSON, R., MIEDEMA, S., WEISSE, W., WILLIAIME, J.-P. (eds.) (2007), *Religion and Education in Europe. Developments, Contexts and Debates* (Religious Diversity and Education 3), Münster/New York/München/Berlin.

JÄGGLE, M. (1986), *Warum eine Überarbeitung des Volksschullehrplanes notwendig ist*, in *Christlich-Pädagogische Blätter 99,* 119-121.

JÄGGLE, M. (1999), *Langsam wird es Zeit. Bemerkungen zu noch keinem Thema,* in *Christlich-Pädagogische Blätter* 112, 164-165.

JÄGGLE, M. (2002), *Inter-kulturell, -religiös, -konfessionel*, in *Keryks 1* (1), 175-188.

JÄGGLE, M. (2006), *Schritten auf dem Weg zu einer Kultur gegenseitiger Anerkennung*, in H. Bastel u.a. (Hg.), *Das Gemeinsame entdecken – das Unterschiedende anerkennen*, Wien, 31-42.

JÄGGLE, M. (2009), *Religiöse Pluralität als Herausforderung für Schulentwicklung*, in M. Jäggle, T. Krobath und R. Schelander (Hrg.), *Lebens – Werte – Schule. Religiöse Dimensionen in Schulkultur und Schulentwicklung*, Berlin, 265-280.

JÄGGLE, M., KROBATH, T. & SCHELANDER, R. (Hg.) (2009), *Lebens – Werte – Schule. Religiöse Dimensionen in Schulkultur und Schulentwicklung*, Berlin.

JANSSEN, J. & PRINS, M. (2000), *'Let's reinvent the Gods'. De religie van Nederlandse jongeren in een Europese context*, in *J* Tijdschrift over jongeren 1* (4), 4-14.

JANSSENS, L. (1976), *Morele ontwikkeling volgens Lawrence Kohlberg,* in *Verbum 43* (3), 90-107.

JEANROND, W. (2002), *Geloof, vorming en vrijheid – categorieën van religieuze opvoeding in de kerk*, in *Concilium* (4), 65-74.

JOAS, H. (2004), *Braucht der Mensch Religion? Über Erfahrungen der Selbsttranszendenz*, Freiburg/Basel/Wien.

KEUPP, H. (1997), *Subjektsein heute: zwischen postmoderner Diffusion und der Suche nach neuen Fundamenten*, in A. Grözinger & J. Lott (Hg.), *Gelebte Religion. Im Brennpunkt praktisch-theologischen Denkens und Handelns* (Hermeneutica 6), Rheinbach, 99-129.

KIRSCHENBAUM, H. (1991-92), *A Comprehensive Model for Values Education and Moral Education,* in *Phi Delta Kappan 73*, 771-776.

KLIE, T. (2007), *Performativer Religionsunterricht. Von der Notwendigkeit des Gestaltens und Handelns im Religionsunterricht*, http://www.rpi-loccum.de/klperf.html [Zugriff am 08.06.2010].

KNOBLAUCH, H. (1996), *Die unsichtbare Religion im Jugendalter*, in W. Tzscheetzsch & H.-G. Ziebertz (Hg.), *Religionsstile Jugendlicher und moderne Lebenswelt* (Studien zur Jugendpastoral 2), München, 65-99.

KOBI, E. (2002), *Begriffliche Orientierungen*, in A. Pithan, G. Adam & R. Kollmann (Hg.), *Handbuch Integrative Religionspädagogik,* Gütersloh, 45-52.

KOERRENZ, R. (1997), *Hermeneutik des Lernens. Der anthropologische Wirklichkeitsbezug der biblischen Überlieferung,* in *Jahrbuch für biblische Theologie 12*, 221-242.

KOHLBERG, L. (1981), *The Philosophy of Moral Development. Moral Stages and the Idea of Justice*, San Francisco.

KOHLBERG, L. (1984), *The Psychology of Moral Development. The Nature and Validity of Moral Stages*, San Francisco.

KOHLER-SPIEGEL, H. (2007), *Wider das Vergessen – wider das Verstummen. Erfahrungen mit der Bibel,* in *Jahrbuch der Religionspädagogik 23,* 19-28.

KOLEN, M. (2001), *Zingeving en ethiek in de jeugdzorg. Omgaan met levensvragen, ethische vragen en cultuurverschillen*, Maarssen.

KOLLMANN, R. (2000), *Menschen mit Behinderungen in Katechese und Religionsunterricht*, in *Religionspädagogische Beiträge*, # 45, 89-102.

KOLLMANN, R. (2007), *Religion und Behinderung. Anstöße zur Profilierung des christlichen Menschenbildes,* Neukirchen-Vluyn.

KOOPS, W. (2000), *Gemankeerde volwassenheid. Over eindpunten van de ontwikkeling en doelen van de pedagogiek*, Houten/Diegem.

KROPAČ, U. (2009), *Rationalität religiöser Bildung in der Schule*, in *Religionspädagogische Beiträge*, # 62, 35-40.

LÄHNEMANN, J. (2007), *Interreligiöse Zugänge zur Bibel*, in *Jahrbuch der Religionspädagogik 23*, 70-83.

LANGEVELD, M. (1967[11]), *Beknopte theoretische pedagogiek, Groningen.*

LEIMGRUBER, S., A. PITHAN & M. SPIECKERMANN (Hg.) (2003), *Differenz als Chance. Lernen in der Begegnung* (Forum für Heil- und Religionspädagogik Band 2), Münster.

LENAERS, R. (2001), *De droom van Nebukadnezar. Of het einde van een middeleeuwse kerk,* Leuven.

LESCH, W. (1995), *Gesellschaft - Gemeinschaft – Gemeinwohl,* in V. Eid, A. Elsasser & G.W. Hunold (Hg.), *Moralische Kompetenz*, Mainz, 117-142.

LICKONA, T. (1991), *Educating for Character. How Our Schools Can Teach Respect and Responsibility,* New York.

LOMBAERTS, H. (1995), *Van generatie tot generatie,* in L. Leijssen, H. Lombaerts & B. Roebben (red.), *Geloven als toekomst. Godsdienstpedagogische visies en bijdragen aangeboden aan Professor Jozef Bulckens bij zijn emeritaat*, Leuven/Amersfoort, 213-230.

LOMBAERTS, H. (1997), *Religion, Society, and the Teaching of Religion in Schools*, in M. Warren (ed.), *Sourcebook for Modern Catechetics*, (Vol. 2), Winona, 306-329.

LOMBAERTS, H. (2007), *The impact of the status of religion in contemporary society upon interreligious learning*, in D. Pollefeyt (ed.), *Interreligious learning* (BETL 201), Leuven/Paris/Dudley (MA), 55-86.

LOMBAERTS, H. & POLLEFEYT, D. (eds.) (2004), *Hermeneutics and Religious Education,* Leuven/Paris/Dudley (MA).

LOMBAERTS, H. & ROEBBEN, B. (red.) (2000), *Godsdienst op school in de branding. Een tussentijdse balans* (Cahiers voor Didactiek 7), Deurne.

LUBARSKY, S. (1996), *Dialogue: "Holy Insecurity", in Religious Education 91* (4).

MARTENS, E. (2009), *Children's Philosophy and Children's Theology – A Family Resemblance*, in G. Yde Iversen, G. Mitchell & G. Pollard (eds.), *Hovering over the Face of the Deep*, Münster, 97-115.

MEIJER, W.A.J. (1995), *The Plural Self. A Hermeneutical View on Identity and Plurality,* in *British Journal of Religious Education 17,* 92-99.

MENDL, H. (2009), *Wissenserwerb im Religionsunterricht. Die Bedeutung von Erfahrung in einem performativ ausgerichteten Religionsunterricht,* in *Religionspädagogische Beiträge,* # 63, 29-38.

MERCER, J.A. (2005), *Welcoming Children. A Practical Theology of Childhood*, St. Louis (MO).

MERCER, J.A. & ROEBBEN, B. (2007), *Europe: just do it! Recent developments in European religious education research*, in *Religious Education 102*, 438-450.

METTE, N. (1983), *Voraussetzungen christlicher Elementarerziehung. Vorbereitende Studien zu einer Religionspädagogik des Kleinkindalters,* Düsseldorf.

METTE, N. (1994a), *Religionspädagogik*, Düsseldorf.

METTE, (1994b), *Bildung und verbindliches Handeln. Identität in universaler Solidarität*, in *Stimmen der Zeit 119,* 453-464.

METTE, N. (2000^2), *Religionspädagogik,* Düsseldorf.

METTE, N. (2001), *Identity Before or Identity Through Familiarizing with Plurality? The Actual Discussion Concerning School Religious Education in Germany*, in B. Roebben & M. Warren (eds.), *Religious Education as Practical Theology. Essays in Honour of Professor Herman Lombaerts*, Leuven/Paris/Sterling (VA), 217-244.

METTE, N. (2005), *Einführung in die Katholische praktische Theologie*, Darmstadt.

METTE, N. (2007), *Praktisch-theologische Erkundungen 2*, Münster.

METTE, N. (2010), *Religionsunterricht – mehr als Ethik. Sein Beitrag zum Bildungsauftrag der Schule,* in *Stimmen der Zeit 228*, 303-314.

MICHIELS, R. & ROEBBEN, B. (red.) (1994), *Kerk op-nieuw. Variaties op het hedendaagse kerkgebeuren,* Leuven/Amersfoort.

MIEDEMA, S. (2000), *Levensbeschouwelijke vorming voor alle leerlingen op alle scholen,* in H. Alma e.a., *Zin op school. Zingeving in het voortgezet onderwijs*, Nijmegen, 72-87.

MIEDEMA, S. (2006), *Terugkeer en verdwijning van het sacrale in onderwijs en opvoeding*, in A. Dillen & D. Pollefeyt (red.), *God overal en nergens. Theologie, pastoraal en onderwijs uitgedaagd door een 'sacraal reveil'*, Leuven, 507-526.

MIEDEMA, S. (2007), *Contexts, Debates and Perspectives of Religion in Education in Europe. A Comparative Analysis,* in Jackson, R., Miedema, S., Weisse, W., Williaime, J.-P. (eds.) *Religion and Education in Europe. Developments, Contexts and Debates,* 267-283.

MIEDEMA, S. (2008a), *Niederlände*, in F. Schweitzer, V. Elsenbast & Chr. Th. Scheilke (eds.), *Religionspädagogik und Zeitgeschichte im Spiegel der Rezeption von Karl Ernst Nipkow,* Gütersloh, 288-298.

MIEDEMA, S. (2008b), *Religious Education Contextualised. Culture, Tradition, Lived Religion, Life-World and Identity Formation*, in H. Streib, A. Dinter & K. Söderblom (Hg.), *Lived Religion – Conceptual, Empirical and Practical-Theological Approaches. Essays in Honor of Hans-Günter Heimbrock*, Leiden/Boston, 299-308.

MIEDEMA, S. (2008c), *Terug in de godsdienstpedagogiek: de persoonlijke godsvraag*, in *In de Marge 17* (2), 35-42.

MIEDEMA, S. (2010), *Religieuze beleving op school. Een ontwikkelingsperspectief*, in *Narthex. Tijdschrift voor levensbeschouwing en educatie 10* (1/2), 63-68.

MIEDEMA, S. & ROEBBEN, B. (2008), The Two Contested Concepts of Culture and Tradition in Religious Education*, in* Religious Education 103*, 480-492.*

MÖCKEL, A. (1992), *Integration: Anliegen, Chancen, Schwierigkeiten, in: Katechetische Blätter* 117, 714-719.

MOKROSCH, R. (1999), *Brauchen Kinder und Jugendliche einen konfessionell geöffneten Religionsunterricht oder werden sie damit überfordert?,* in R. Frieling & C. Th. Scheilke (Hg.), *Religionsunterricht und Konfessionen (*Bensheimer Hefte 88), Göttingen, 23-51.

MOLTMANN, J. (1965[3]), *Theologie der Hoffnung. Untersuchungen zur Begründung und zu den Konsequenzen einer christlichen Eschatologie*, München.

MOORE, M.E.M. (1995), *Teaching Christian Particularity in a Pluralistic World*, in *British Journal of Religious Education 17*, 70-83.

NADEAU, J.-G. (1994), *Evangelization and Youth Culture seen from French Canada*, in *Concilium* (2), 88-97.

NADEAU, J.-G. (2007), *La méthodologie en théologie pratique,* in *Routhier, Gilles/Viau, Marce*l (Hg.), *Précis de théologie pratique* 221-234, Montréal/Bruxelles [2].

NAUER, D. (2001), *Seelsorgekonzepte in Widerstreit*, Stuttgart.

NAUTA, R. (2001a), *Het goede behouden. Over wilde devotie en de waarde van de traditie*, in K. Sonnberger, Klaus, H. Zondag & F. van Iersel (Hg.), *Redden pastores het? Religieus leiderschap aan het begin van de 21ste eeuw*, Budel, 4-16.

NAUTA, R. (red.) (2001b), *Excuus, pardon, vergeef me, het spijt me. Exercities in de excuuscultuur,* Nijmegen.

NIJHUIS, H.G.M. (1996), *Waarde(n)vol leren. Analyse en evaluatie van waarden en normen in schoolboeken* (Opleiding en identiteit 4), Den Haag.

NIPKOW, K.E. (1994), *Ziele interreligiösen Lernens als mehrdimensionales Problem*, in J.A. van der Ven & H.-G. Ziebertz, *Religiöser Pluralismus und interreligiöses Lernen,* Kampen/Weinheim, 197-232.

NOUWEN, H. (1972), *The Wounded Healer. Ministry in Contemporary Society*, New York.

OOSTERHUIS, H. (2004), *Ich steh vor Dir*, Freiburg-im-Breisgau.

OSER, F.K. (1996), *Learning from Negative Morality,* in *Journal of Moral Education 25,* 67-74.

OSMER, R.R. & SCHWEITZER, F. (2003), *Religious Education between Modernization and Globalization. New Perspectives on the US and Germany*, Grand Rapids.

OTT, R. (1995), *Lernen in der Begegnung mit der Bibel,* in H.-G. Ziebertz & W. Simon (Hg.), *Bilanz der Religionspädagogik,* Düsseldorf, 291-304.

PANNIKAR, R. (1978), *The Intra-Religious Dialogue,* New York.

PARKER, E.L. (2003), *Trouble Don't Last Always. Emancipatory Hope Among African American Adolescents,* Cleveland.

PELLETIER, A.M. (2002), *Pour que la Bible reste un livre dangereux*, in *Etudes 397*, 335-345.

PETERMANN, H.-B. (2009), *'The story wants to make us think...' – Opportunities for Theologising and Philosophising with Children*, in G. Yde Iversen, G. Mitchell & G. Pollard (eds.) (2009), *Hovering over the Face of the Deep*, Münster, 129-145.

PETERS, R.S. (1966), *Ethics and Education*, London (1978[5]).

PEUKERT, H. (2002), *Reflexionen über die Zukunft religiöser Bildung,* in *Religionspädagogische Beiträge,* # 49, 49-66.

POHL-PATALONG, U. (2007), *"...sed vitae discimus". Religionsunterricht zwischen Religiosität und christlicher Tradition – didaktische Orientierungen*, in *International Journal of Practical Theology 11*, 173-192.

PROKOPF, A. & ZIEBERTZ, H.-G. (2000), *Abduktive Korrelation – eine Neuorientierung für die Korrelationsdidaktik?*, in *Religionspädagogische Beiträge*, # 44, 19-50.

PROVOOST, A. (2003), Flutzeit, Berlin/München.

RAHNER, K. (1966), *Gedanken zu einer Theologie der Kindheit*, in *Schriften zur Theologie* (Band 7), Einsiedeln/Zürich/Köln, 313-329.

RICKERS, F. (1998), *Interreligiöses Lernen. Die religionspädagogische Herausforderung unserer Zeit,* in F. Rickers & E. Gottwald (Hg.), *Von religiösen zum interreligiösen Lernen: wie Angehörige verschiedener Religionen und Konfessionen lernen,* Neukirchen-Vluyn, 119-139.

RICOEUR, P. (1986), *Life: A Story in Search of a Narrator*, in M.C. Doeser & N. Kraaj (eds.), *Facts and Values. Philosophical Reflections from Western and Non-Western Perspectives,* Dordrecht, 121-132.

RIEDEL-SPANGENBERGER, I. (2004), *Art. Missio Canonica*, in S. Häring & H. Schmitz (Hg.), *Lexikon des Kirchenrechts*. Freiburg, kol. 662-664.

RIEGEL, U. & ZIEBERTZ, H.-G., *Religious Education and Values*, in *Journal of Empirical Theology 20*, 52-76.

RIEGGER, M. (2003), *Compassion: Learning and Doing. A Study on the Implementation of the Compassion Project at a State School in Germany*, in *Journal of Empirical Theology 16* (2), 5-32.

ROEBBEN, B. (1994), *To initiate into a world of difference. A design for dynamic-integral values education,* in *Louvain Studies 19,* 338-349.

ROEBBEN, B. (1995a), *Een tijd van opvoeden. Moraalpedagogiek in christelijk perspectief,* Leuven/Amersfoort.

ROEBBEN, B. (1995b), *Catching a Glimpse of the Palace of Reason. The Education of Moral Emotions,* in *Journal of Moral Education 24,* 185-197.

ROEBBEN, B. (1995c), *Do We Still Have Faith in Young People? A West-European Answer to the Evangelization of Young People in a Postmodern World*, in *Religious Education 90*, 327-345.

ROEBBEN, B. (1995d), *Zelfverheldering in geloof. Jeugdpastoraat als bron van theologie*, in L. Leijssen, H. Lombaerts & B. Roebben (red.), *Geloven als toekomst, Godsdienstpedagogische visies en bijdragen aangeboden aan Professor Jozef Bulckens bij zijn emeritaat,* Leuven, 285-298.

ROEBBEN, B. (1995e), *Erziehung als Gastfreundschaft. Über Normen, Werte und Sinngebung in der Erziehung in der Familie*, in *Jugendwohl. Zeitschrift für Kinder- und Jugendhilfe,* 480-489.

ROEBBEN, B. (1996a), *Opvoeden tot samen-leven. Morele sensibiliteit als brug tussen waardeninitiatie en waardencommunicatie*, in *Verbum 63* (4-5), 69-78.

ROEBBEN, B. (1996b), *Religieuze socialisatie vanuit en voorbij de kerk. Situatie, problemen en perspectief,* in *Praktische theologie 23*, 366-381.

ROEBBEN, B. (1996c), *Jongeren met veel mogelijkheden maar weinig speelruimte. Initiatie in een wazige samenleving,* in H. Lombaerts & L. Boeve (red.), *Traditie en initiatie. Perspectieven voor de toekomst*, Leuven/Amersfoort, 191-221.

ROEBBEN, B. (1997), *Shaping a Playground for Transcendence. Postmodern Youth Ministry as a Radical Challenge,* in *Religious Education 92,* 332-347.

ROEBBEN, B. (1998a), *Godsdienstonderwijs tussen droom en daad. Kritische bedenkingen bij 'Kiezen en delen'*, in *Verbum* 65 (3-4), 68-73.

ROEBBEN, B. (1998b), *"The Sweet Battlefield of Love". Values Education and Sex Education*, in *The Journal of Values Education*, 37-42.

ROEBBEN, B. (1998c), *Moralpädagogik und moralische Sensibilität,* in *Jugendwohl. Zeitschrift für Kinder- und Jugendhilfe 79* (11), 510-519.

ROEBBEN, B. (1999a), *"Middelpuntvliedende kracht". De interreligieuze dynamiek van het christelijk godsdienstonderwijs,* in J. Haers & T. Merrigan (red.), *Christus in veelvoud. Pluraliteit en de vraag naar eenheid in de hedendaagse christologie,* Leuven/Amersfoort, 229-242.

ROEBBEN, B. (1999b), *Youth Ministry in and beyond the Church. The Sacrament of Confirmation in the Roman Catholic Church as a Testcase*, in *Journal of Beliefs and Values 20* (1), 51-59.

ROEBBEN, B. (1999c), *Spiritual and Moral Education in/and Cyberspace: Preliminary Reflections*, in *Journal of Education and Christian Belief 3,* 85-95.

ROEBBEN, B. (1999d), *Religiöse Erziehung im Cyberspace. Propädeutische Reflexionen*, in *Christlich-Pädagogische Blätter* (3), 152-158.

ROEBBEN, B. (red.) (2000), *Religieus opvoeden in een multiculturele samenleving*, Leuven.

ROEBBEN, B. (2001a), *Youth, Modernization and the Identity of the Catholic School. The Case of "Days of Reflection" in Flanders,* in H.-G. Ziebertz et al., *Religious Individualization and Christian Religious Semantics* (Empirische Theologie 8), Münster/Hamburg/London, 97-114.

ROEBBEN, B. (2001b), *The Vulnerability of the Postmodern Educator as Locus Theologicus. A Study in Practical Theology*, in *Religious Education 96*, 175-192.

ROEBBEN, B. (2001c), *Religious Education Through Times of Crisis. Reflections on the Future of a Vulnerable School Subject,* in B. Roebben & M. Warren (eds.), *Religious Education as Practical Theology. Essays in Honour of Professor Herman Lombaerts*, Leuven/Paris/Sterling, 245-272.

ROEBBEN, B. (2001d), *Moralpädagogische Überlegungen im Hinblick auf die Entwicklung christlicher Identität im Kulturwandel,* in T. Schreijäck (Hg.), *Christwerden im Kulturwandel. Analysen, Themen und Optionen für Religionspädagogik und Praktische Theologie. Ein Handbuch,* Freiburg/Basel/Wien, 248-274.

ROEBBEN, B. (2001e), *Art. Belgien (katholisch)*, in N. Mette & F. Rickers (Hg.), *Lexikon der Religionspädagogik* (Band 1), Neukirchen-Vluyn, kol. 146-149.

ROEBBEN, B. (2002), *Religieuze educatie op school. Een Vlaams perspectief op een leergebied in beweging,* in *Pedagogisch Tijdschrift 26,* 295-321.

ROEBBEN, B. (2003a), *Bewogenheid in beweging. Een visie op de spiritualiteit van een christelijke school*, Brussel.

ROEBBEN, B. (2003b), *Succesvol door bescheidenheid. Praktisch-theologische overwegingen over kerkelijk jongerenwerk,* in *Praktische Theologie 30*, 74-86.

ROEBBEN, B. (2003c), *Exploring, Explaining, Experiencing Differences. Theological Educational Leadership in a Postmodern Faculty of Theology*, in M.E. Brinkman, N.F.M. Schreurs, H.M. Vroom & C.J. Wethmar (eds.), *Theology between Church, University, and Society* (Star series 6), Assen, 149-163.

ROEBBEN, B. (2003d), *Religious Communication in Modern Culture. The Case of Young Adults*, in B. Roebben & L. van der Tuin (eds.), *Practical Theology and the Interpretation of Crossing Boundaries. Essays in Honour of Professor M.P.J. van Knippenberg*, Münster/Hamburg/London, 165-186.

ROEBBEN, B. (2004a), *Toetsingsrapport van Methoden Godsdienst/Levensbeschouwing voor Katholieke Basisscholen*, Utrecht, College van Bisschoppelijk Gedelegeerden voor het Katholiek Onderwijs, 2004, 53 p. [non-published research paper].

ROEBBEN, B. (2004b), *Modern Narrative Identities and the Bible. Notes on a Subversive Concept of Religious Education,* in H. Lombaerts & D. Pollefeyt (eds.), *Hermeneutics and Religious Education* (BETL 180), Leuven, 215-231.

ROEBBEN, B. (2004c), *The Mirror effect: Reflective Theological Education and Religious Consciousness in Young Adult Ministry,* in R. Larsson & C. Gustavsson (eds.), *Towards a European Perspective on Religious Education* (Bibliotheca Theologiae Practicae 74), Lund, 332-343.

ROEBBEN, B. (2005a), *Grensverleggend leren. Europa als morele en levensbeschouwelijke leerruimte*, in *Narthex. Tijdschrift voor levensbeschouwing en educatie 5* (3-4), 47-53.

ROEBBEN, B. (2005b), *Leven en leren in de narthex*, in *Tijdschrift voor Geestelijk Leven 61*, 371-382.

ROEBBEN, B. (2005c), *Light of Day. Scaffolding a Theology of Youth Ministry*, in *Journal of Youth and Theology 4* (1), 23-32.

ROEBBEN, B. (2007a), *Godsdienstpedagogiek van de hoop. Grondlijnen voor religieuze vorming*, Leuven.

ROEBBEN, B. (2007b), *Witnessing on the Way. West-European Perspectives on the Roman-Catholic Church as a Learning Community, in Journal of Youth and Theology* 6, #2, 60-68.

ROEBBEN, B. (2008a), *Fellowship of fate and fellowships of faith. Religious education and citizenship education in Europe,* in *Journal of Beliefs and Values* 29, 207-211.

ROEBBEN, B. (2008b), *Repenser l'enseignement religieux comme pèlerinage. Pour un apprentissage religieux "narthical",* in *Lumen Vitae. Revue internationale de catéchèse et de pastorale 63,* 51-70.

ROEBBEN , B. (2009a), *De speelruimte van het geloof. Getuigenis van een theoloog,* Leuven.

ROEBBEN, B. (2009b), *Seeking Sense in the City. European Perspectives on Religious Education*, Münster.

ROEBBEN, B. (2010a), *Mocht God bestaan, wat zou je hem dan vragen? Theologische evenwichtsoefeningen in levensbeschouwelijke vorming*, in *Narthex. Tijdschrift voor Levensbeschouwing en Educatie 10* (1), 57-62.

ROEBBEN, B. (2010b), *Restoring the Human Face of Youth*, in *Journal of Youth and Theology 9* (1), 6-7.

ROEBBEN, B. & BURGGRAEVE, R. (1992), *Opvoeding als opvordering. Over de relatie tussen opvoeding en ethiek,* in G. Maertens & J. Verstraeten (red.), *Ethische perspectieven op mens, maatschappij en milieu,* Tielt, 191-238.

ROEBBEN, B. & L. VAN DER TUIN (2004), *Mapping the Roads of Transcendence. Religious Education in a Multicultural Society*, in D. Nauer, R. Nauta & H. Witte (eds.), *Religious Leadership and Christian Identity*, Münster, 130-142.

ROEBBEN, B. & T. ZONDERVAN (2006), *'Als God eens onder ons was'. Theologische professionals reflecteren op hun werk met jongvolwassenen*, in *Praktische Theologie 33*, 399-413.

ROEBBEN, B. & T. ZONDERVAN (2008), *„Und wenn Gott unter uns wäre". Praktische Kulturtheologie und die Lebenswelt junger Erwachsener*, in *International Journal of Practical Theology 12,* 256-273.

ROEBBEN, B. & K. DE WILDT (2010), *Religious Socialisation and Religious Education in the Netherlands. Developments and Perspectives,* in K. Tenfelde (Hg.), *Religiöse Sozialisationen im 20. Jahrhundert. Historische und vergleichende Perspektiven*, Essen, 219-230.

ROOSE, H. & BUTT, C. (2009), *'God cannot always forgive'. Reading Mt 18:21-35 with children*, in G. Yde Iversen, G. Mitchell & G. Pollard (eds.), *Hovering over the Face of the Deep*, 37-51.

RUSTER, T. (2000), *Der verwechselbare Gott. Theologie nach der Entflechtung von Christentum und Religion*. Freiburg.

SAJAK , C.P. (2009), *Gelassenheit durch Distanz. Religionslehrer im Spannungsfeld kirchlicher Erwartungen und schulischer Realität*, in *Herder Korrespondenz* [Sonderheft ‚Arbeiten in der Kirche'], 61-64.

SANDER, H.J. (2005), *Theologischer Kommentar zur Pastoralkonstitution über die Kirche in der Welt von heute ‚Gaudium et spes'*, in P. Hünermann and B.J. Hilberath (eds.), *Herders Theologischer Kommentar zum Zweiten Vatikanischen Konzil* (Volume 4), Freiburg, 581-886.

SAVAGE, S., S. COLLINS-MAYO & B. MAYO (eds.) (2006), *Making Sense of Generation Y: The World of 15-25-year-olds*, London.

SCHAMBECK, M. (2006), *Mystagogisches Lernen. Zu einer Perspektive religiöser Bildung*, Würzburg.

SCHILLEBEECKX, E. (1989), *Mensen als verhaal van God*, Baarn.

SCHILLEBEECKX, E. (2005), *Christelijke identiteit, uitdagend en uitgedaagd. Over de rakelingse nabijheid van de onervaarbare God*, in M. Kalsky, A. Lascaris, L. Oosterveen & I. Van Der Spek, *Ons rakelings nabij. Gedaanteveranderingen van God en geloof*, Nijmegen/Zoetermeer, 13-32.

SCHMIDT, P. (1993), *Verstaan we nog zelf wat we zeggen? Over de mededeelbaarheid van de geloofstaal*, in J. Claes & J. Kerkhofs (red.), *Geloof en cultuur. Christen-zijn in het Europa van morgen*, Averbode/Apeldoorn, 87-103.

SCHNEIDERS, S. (2003), *Religion versus Spirituality: A Contemporary Conundrum*, in *Spiritus: A Journal of Christian Spirituality 3* (2), 163-185.

SCHOBERT, I. (2002), *Glauben-lernen heisst eine Sprache lernen*, in *Religionsunterricht an höheren Schulen 45* (1), 20-31.

SCHWAB, U. (1997), *Geschlossene Konzeptionen und permanenter Wandel – Religiosität in der Moderne zwischen institutioneller Bindung und individueller Konstruktion*, in A. Grözinger & J. Lott (Hg.), *Gelebte Religion. Im Brennpunkt praktisch-theologischen Denkens und Handelns* (Hermeneutica 6), Rheinbach, 130-141.

SCHWARZ, E. (2003), *Philosophieren und Theologisieren mit Kindern. Ein Akademielehrgang besonderer Art*, in *Jahrbuch für Kindertheologie 2*, 203-206.

SCHWEITZER, F. (1991), *Theologische Lehre und das Subjekt des Lernens. Der Beitrag der Allgemeinen Didaktik zur Praktisch-theologischen Hermeneutik*, in D. Zilleßen, S. Alkier, R. Koerrenz & H. Schroeter (Hg.), *Praktisch-theologische Hermeneutik. Ansätze, Anregungen, Aufgaben*, Rheinbach-Merzbach, 87-98.

SCHWEITZER, F. (1996), *Die Suche nach eigenem Glauben. Einführung in die Religionspädagogik des Jugendalters*, Gütersloh.

SCHWEITZER, F. (1999a), *Schlüsselerfahrungen – ein neues religionpedägogisches Konzept?,* in *Jahrbuch für Religionspägogik 16,* 191-212.

SCHWEITZER, F. (1999b), *„Identität und Verständigung" und „Bildende Kraft des Religionsunterrichts"*, in R. Frieling & C.Th. Scheilke (eds.), *Religionsunterricht und Konfessionen,* Göttingen, 71-86.

SCHWEITZER, F. (2000), *Das Recht des Kindes auf Religion. Ermutigungen für Eltern und Erzieher*, Gütersloh.

SCHWEITZER, F. (2003a), *Was ist und wozu Kindertheologie?,* in *Jahrbuch für Kindertheologie 2*, 9-18.

SCHWEITZER, F. (2003b), *Elementarisierung im Religionsunterricht. Erfahrungen, Perspektiven, Beispiele,* Neukirchen

SCHWEITZER, F. (2004a), *Comparative Research in Religious Education: International-Interdenominational-Interreligious*, in R. Larsson & C. Gustavsson (Hg.), *Towards a European Perspective on Religious Education*, Lund, 191-200.

SCHWEITZER, F. (2004b), *The Postmodern Life Cycle. Challenges for Church and Theology*, St. Louis (MO).

SCHWEITZER, F. (2006), *Religionspädagogik* (Lehrbuch Praktische Theologie Band 1), Gütersloh.

SCHWEITZER, F. (2007), *Religious individualization: new challenges to education for tolerance*, in *British Journal of Religious Education 29*, 89-100.

SEDMAK, C. (2002), *Doing Local Theology. A Guide for Artisans of a New Humanity*, Maryknoll/New York.

SEDMAK, C. (2003), *Theologie in nachtheologischen Zeit*, Mainz.

SIMMONS, J.K. (2006), *Vanishing Boundaries: When Teaching About Religion Becomes Spiritual Guidance in the Classroom*, in *Teaching Theology and Religion 9* (1), 37-43.

SIMON, S.B., HOWE, L.W. & KIRSCHENBAUM, H. (1978), *Naar eigen waarden. Emotionele en sociale ontwikkeling in het voortgezet onderwijs. Deel 2 – Praktijkboek,* Rotterdam.

SINCLAIR, A. (2004), *An Exercise in the Theory of Practice. The Hermeneutics of Bibliodrama in the Sinclair Classroom,* in *Journal of Jewish Education 70* (3), 61-73.

SJAH, J.M. (2002), *Axis mundi*, in *Narthex. Tijdschrift voor levensbeschouwing en educatie 2* (1), 26-29.

SNIK, G. (1991), *Modellen van levensbeschouwelijke vorming,* in *Nederlands Tijdschrift voor Opvoeding, Vorming en Onderwijs 7* (1), 36-49.

SNIK, G. (1992-93), *Morele opvoeding in het licht van het liberalisme-communitarisme-debat,* in *Wijsgerig perspectief 33* (2), 36-43.

SPECK, O. (1985), *Art. Heilpädagogik*, in *Theologische Realenzyklopädie* (Band XIV), Berlin, 754-755.

STACHEL, G. & D. MIETH (1978), *Ethisch Handeln Lernen. Zu Konzeption und Inhalt ethischer Erziehung*, Zürich.

STAPPAERTS, P. (1993), *God tussen kerk en discotheek*, Leuven.

STERKENS, C., HERMANS, C.A.M. & VAN DER VEN, J.A. (1999), *Theories About the Relationship Between Religions in Religious Education,* in A. Ploeger & C. Sterkens (eds.), *Search for Meaning. Education into Realms of Meaning in a Plural Society* (Theologie und Empirie 31), Kampen, 163-190.

STEUTEL, J.W. (1992), *Deugden en morele opvoeding. Een wijsgerig-pedagogische studie,* Meppel/Amsterdam.

STREIB, H. (1994), *Erzählte Zeit als Ermöglichung von Identität und seine Implikationen für die religionspädagogische Rede von Identität und Bildung,* in D. Georgi, H.-G. Heimbrock & M. Moxter (Hg.), *Religion und die Gestaltung der Zeit,* Kampen, 181-198.

STREIB, H. (1998b), *The Religious Educator as Story-Teller. Suggestions from Paul Ricoeur's Work,* in *Religious Education 93*, 314-331.

STREIB, H. (2001), *Inter-Religious Negotiations: Case Studies on Students' Perception of and Dealing with Religious Diversity*, in H.-G. Heimbrock, C.Th. Scheilke & P. Schreiner (eds.), *Towards Religious Competence. Diversity as a Challenge for Education in Europe*, Münster, 129-149.

TAPPAN, M.B. & BROWN, L.M. (1996), *Envisioning a Postmodern Moral Pedagogy,* in *Journal of Moral Education 25,* 101-109.

TAVECCHIO, G. (2009), *Spreken met vmbo-leerlingen over zingeving*, in *Narthex. Tijdschrift voor levensbeschouwing en educatie 9* (3), 49-53.

TAYLOR, M.J. (1996), *Voicing Their Values. Pupils' Moral and Cultural Experience*, in J.M. Halstead & M.J. Taylor (eds.). *Values in Education and Education in Values*, London, 121-142.

TER AVEST, I. (2009a), *Conflict Matters. 'The Making of' a Difference*, in I. ter Avest (Hg.), *Education in Conflict* (Religious Diversity and Education in Europe, 9), Münster, 15-37.

TER AVEST, I. (2009b), *Eigenheid ontstaat in het contrast*, in *Narthex. Tijdschrift voor levensbeschouwing en educatie 9* (4), 22-27.

TIELEMAN, D. (1995), *Geloofscrisis als gezichtsbedrog. Spiritualiteit en pastoraat in een postmoderne cultuur,* Kampen.

TILLICH, P. (1952), *The Courage to Be*, London.

TROTH, D.C. (1930), *Selected Readings in Character Education,* Boston.

VALADIER, P. (1990), *Identité chrétienne et morale,* in J. Doré, *Sur l'identité chrétienne,* Parijs, 91-102.

VAN DAM, E. (1999), *Schuldgevoel, schaamte en morele opvoeding. Een theoretisch-pedagogische analyse en rechtvaardiging*, Amsterdam.

VAN DEN BERK, T. (1999), *Mystagogie. Inwijding in het symbolisch bewustzijn,* Zoetermeer.

VAN DEN BOSCH, H. (2006), *In het spoor van Gods gedaanteverandering. Praktische theologie als hermeneutiek van de cultuur,* in *Tijdschrift voor Theologie 46*, 33-57.

VAN DEN BOSCH, H. (2007), *Een knipoog van Onze Lieve Heer. Het leerproces van een catecheet tussen feitelijkheid en belofte,* in S. van Erp, V. de Haas & R.J. Peeters (red.), *Vreemde in eigen huis. Theologen op zoek naar hun erfenis*, Heeswijk, 177-189.

VAN DER TUIN, L. (2008), *God droeg zondagavond een blauwe trui, Fontys Hogeschool Theologie en Levensbeschouwing*, Eindhoven.

VAN DER VEN, J.A. (1985), *Vorming in waarden en normen*, Kampen.

VAN DER VEN, J.A. (1986), *Diagnose en therapie betreffende de vorming in waarden en normen,* in *Verbum 53* (5-6), 168-177.

VAN DER VEN, J.A. (1994), *Kontingenz und Religion in einer säkularisierten und multikulturellen Gesellschaft,* in J.A. van der Ven & H.-G. Ziebertz, *Religiöser Pluralismus und interreligiöses Lernen,* Kampen/Weinheim, 15-37.

VAN DER VEN, J.A. (1995), *Het religieus bewustzijn van jongeren en de crisis van het jongerenpastoraat*, in *Praktische Theologie 22,* 342-364.

VAN DER VEN, J.A. (1998), *Formation of the Moral Self* (Studies in Practical Theology 1), Grand Rapids/Cambridge.

VAN DER VEN, J.A. & ZIEBERTZ, H.-G. (1994), *Religiöser Pluralismus und interreligiöses Lernen,* Kampen/Weinheim.

VAN ERP, S. (2007), *Traditions of Formation. Technology as Theology*, in *Bulletin ET 18,* 240-243.

VAN ERP, S. (2007), *De dans als vrijplaats van de schepping. Een systematisch-theologisch perspectief op de godsdienstpedagogiek,* in *Narthex. Tijdschrift voor Levensbeschouwing en Educatie* 7, #1, 22-28.

VAN HARSKAMP, A. (2000), *Het nieuw-religieuze verlangen,* Kampen.

VAN KNIPPENBERG, T. (1998), *Tussen naam en identiteit. Ontwerp van een model voor geestelijke begeleiding,* Kampen.

VAN KNIPPENBERG, T. (2005), *Existentiële zielzorg tussen naam en identiteit*, Zoetermeer.

VAN KNIPPENBERG, T. (2006), *Oefenen in afhankelijkheid. Geestelijke leiding aan ouderen: een praktisch-theologisch perspectief,* in P. Mulders & S. Körver (red.), *Oud maar niet af. Reflecties over ouder worden in onze cultuur*, Nijmegen, 53-64.

VAN SPAENDONCK, J. (1995), *De verborgen tiener. Alleen zijn, dagdromen en zingeving in de jeugdjaren*, Kampen.

VELING, T. (2007), *Listening to the 'Voices of the Pages' and 'Combining the Letters'. Spiritual Practices of Reading and Writing,* in *Religious Education 102,* 206-222.

VERMEER, P. (2009), *Denominational schools and the (religious) socialisation of youths: a changing relationship*, in *British Journal of Religious Education 31*, 201-211.

Visietekst van de Vlaamse bisschoppen 'Het vak RK godsdienst in de scholen van Vlaanderen' (1996), Brussel.

VUIJSJE, H. (2002^6), *Pelgrim zonder God*, Amsterdam/Antwerpen.

WARD, P. (2008), *Participation and Mediation. A Practical Theology for the Liquid Church*. London.

WANKE, J. (1998), *Chancen und Grenzen des schulischen Religionsunterrichts in einer säkularen Gesellschaft,* in *Christlich-Pädagogische Blätter 111* (2), 110-116.

WHITE, D. (2005), *Practicing Discernment with Youth. A Transformative Youth Ministry Approach*, Cleveland (OH).

WIGMANS, C.M. (2004), *De oude wortels van het nieuwe leren. Bouwstenen voor geïnspireerd onderwijs,* Alphen aan de Rijn.

WITVLIET, Th. (2003), *Het geheim van het lege midden. Over de identiteit van het Westers christendom*, Zoetermeer.

WRIGHT, A. (2006), *Research in Religious Education. Philosophical and Theological Perspectives,* in *Religious Education 101* (2), 175-178.

WRIGHT, A. (2009), *The Integrity of Students' Theological Discourse: Critical Realism and the Variation Theory of Learning*, in G. Yde Iversen, G. Mitchell & G. Pollard (eds.) (2009), *Hovering over the Face of the Deep,* Münster, 163-175.

YDE IVERSEN, G., MITCHELL, G. & POLLARD, G. (eds.) (2009), *Hovering over the Face of the Deep. Philosophy, Theology and Children*, Münster.

ZIEBERTZ, H.-G. (1999), *Religion, Christentum und Moderne. Veränderte Religionspräsenz als Herausforderung*, Stuttgart/Berlin/Köln.

ZIEBERTZ, H.-G. (2000), *Methodologische Multiperspektivität angesichts religiöser Umbrüche. Herausforderungen für die empirische Forschung in der Praktischen Theologie*, in B. Porzelt & R. Güth (Hg.), *Empirische Religionspädagogik. Grundlagen – Zugänge – Aktuelle Projekte,* Münster/Hamburg/London, 29-44.

ZIEBERTZ, H.-G. (2001), *Art. Empirische Religionspädagogik*, in N. Mette & F. Rickers (Hg.), *Lexikon der Religionspädagogik* (Band 2), Neukirchen-Vluyn, kol. 1746-1750.

ZIEBERTZ, H.-G. (2003), *Religious Education in a Plural Western Culture. Problems and Challenges*, Münster/Hamburg/London.

ZIEBERTZ, H.-G. *(2005), Models of Inter-Religious Learning: an Empirical Study in Germany*, in L.J. Francis, M. Robbins & J. Astley (eds.), *Religion, Education and Adolescence. International Empirical Perspectives*, Cardiff, 204-221.

ZIEBERTZ, H.-G., HEIL, S. & PROKOPF, A. (2001), *Schülerorientierung und korrelative Professionalität. Konsequenzen einer abduktiven Korrelationsdidaktik*, in H. Mendl & M. Schiefer-Ferrari (Hg.), *Tradition, Korrelation, Innovation. Trends der Religionsdidaktik in Vergangenheit und Gegenwart*, Donauwörth, 162-174.

ZONDERVAN, T. (2004), *Forms of God. Meditation, Liturgy and Gregorian Chant in Religious Youth Work*, in *Tà Katoptrizomena. Magazin für Theologie und Ästhetik* # 27.

ZONDERVAN, T. (2006), *Faith in Networks. Religious Education of Dutch Young Adults in a 'Post-Ecclesial Era*, in *Journal of Youth and Theology* 5 (1), 52-67.

ZONDERVAN. T. (red.) (2008), *Bricolage en bezieling. Over jongeren, cultuur en religie*, Averbode.

ZWERGEL, H. (1994), *Zur emotionalen Verankerung religiöser Lernprozesse*, in *Religionspädagogische Beiträge*, # 33, 40-60.

Nachweis der Erstveröffentlichungen

Kapitel 1 – Moralische Bildung und Kulturwandel – bearbeitete Fassung von B. ROEBBEN, *Moralpädagogische Überlegungen im Hinblick auf die Entwicklung christlicher Identität im Kulturwandel, in* Th. SCHREIJÄCK (Hrsg.), *Christwerden im Kulturwandel. Analysen, Themen und Optionen für Religionspädagogik und Praktische Theologie. Ein Handbuch,* Freiburg/Basel/Wien, Herder Verlag, 2001, 248-274.

Kapitel 2 – Jugendliche und Lebensorientierung – bearbeitete Übersetzung des zweiten Kapitels aus B. ROEBBEN, *Godsdienstpedagogiek van de hoop. Grondlijnen voor religieuze vorming*, Leuven, Acco, 2007, 45-57.

Kapitel 3 – Religiöse Bildung und Verletzlichkeit – bearbeitete Fassung meiner Antrittsvorlesung an der Universität Dortmund, veröffentlicht als B. ROEBBEN, *Religion und Verletzbarkeit. Standort und Herausforderung einer integrativen Religionspädagogik*, in A. WUCKELT, A. PITHAN & C. BEUERS (Hg.), *„Was mein Sehnen sucht…" – Spiritualität und Alltag* (Forum für Heil- und Religionspädagogik, Band 5), Münster, Comenius, 2009, 37-56.

Kapitel 4 – Religiöse Bildung als Pilgerreise – veröffentlicht als B. ROEBBEN, *Narthikales religiöses Lernen. Neudefinition des Religionsunterrichts als Pilgerreise, in Religionspädagogische Beiträge* (2008) # 60, 31-43.

Kapitel 5 – Religiöse Bildung und Kindertheologie – bisher unveröffentlicht.

Kapitel 6 – Religiöse Bildung und die Bibel – bearbeitete Fassung von B. ROEBBEN, *„Die Bibel lesen, um das Leben zu verstehen". Bibeldidaktik als subversives Handeln im Klassenraum,* in TH. POLA & B. ROEBBEN (Hg.), *Die Bibel und ihre vielfältige Rezeption. Vorträge zu Ehren von Detlev Dormeyer* (Dortmunder Beiträge zu Theologie und Religionspädagogik Bd. 4), Münster u.A., Lit-Verlag, 2010, 135-160.

Kapitel 7 – Religiöse Bildung und Diversität – bearbeitete Übersetzung des siebten Kapitels aus B. ROEBBEN, *Godsdienstpedagogiek van de hoop*, 141-160.

Kapitel 8 – Religionslehrerausbildung und katholische Theologie – Übersetzung des achten Kapitels aus B. ROEBBEN, *Seeking Sense in the City. European Perspectives on Religious Education*, Münster u.A., Lit-Verlag, 2009, 169-184.

Kapitel 9 – Religiöse Kommunikation in der spätmodernen Kultur – Übersetzung des neunten Kapitels aus B. ROEBBEN, *Godsdienstpedagogiek van de hoop*, 179-198.

Kapitel 10 – Jugendliche und Seelsorge – bearbeitete Fassung der elften und zwölften Kapitel aus B. ROEBBEN, *Godsdienstpedagogiek van de hoop*, 219-234 und 235-248.

Kapitel 11 – Praktische Kulturtheologie in der Lebenswelt junger Erwachsener – veröffentlicht als B. Roebben & Ton Zondervan, *„Und wenn Gott unter uns wäre". Praktische Kulturtheologie und die Lebenswelt junger Erwachsener*, in *International Journal of Practical Theology* 12 (2008) 2, 256-273.